BRATISLAVA

Mit Donautiefland, Kleinen Karpaten und Záhorie

Gunnar Strunz

Trescher Verlag

3., aktualisierte Auflage 2015

Trescher Verlag
Reinhardtstr. 9
10117 Berlin
www.trescher-verlag.de

ISBN 978-3-89794-296-7

Herausgegeben von Detlev von Oppeln und
Bernd Schwenkros

Reihenentwurf und Gesamtgestaltung:
Bernd Chill
Satz, Bildbearbeitung: Martina Sailer
Lektorat: Hinnerk Dreppenstedt
Stadtpläne und Karten: Johann Maria Just,
Martin Kapp

Gedruckt auf chlorfrei gebleichtem Papier

Printed in Germany

Vorwort

Bratislava gehört auch 25 Jahre nach dem Fall des Eisernen Vorhangs noch zu den unbekannteren Donaumetropolen. Die slowakische Hauptstadt steht nach wie vor im Schatten von Wien und Budapest, und ihre Schönheiten sind auch weit weniger bekannt als etwa die des nur 320 Kilometer entfernten Prag. Die Gründe dafür liegen vor allem in der Geschichte. Im Jahr 1918 wurden, unter Ignorierung aller historischen und kulturellen Unterschiede, der böhmisch-mährische und der slowakische Kulturraum zu dem synthetischen Staatsgebilde Tschechoslowakei vereint. Innerhalb dieses Staates wurde stets die böhmische Komponente betont, und Prag fungierte als Kapitale des Landes. Bratislava lag buchstäblich am Rand der politischen Entwicklung, die Trennung Mitteleuropas nach 1945 verstärkte diese Entwicklung erheblich. Eine der schönsten und schönstgelegenen Donaustädte geriet so nach und nach in Vergessenheit.

Jahrhundertelang verschmolzen hier am Kreuzungspunkt bedeutender historischer Handelswege die Einflüsse, die Kultur und die Sprache der Deutschen und Österreicher, der Slowaken und Ungarn. Bratislava, deutsch Preßburg und ungarisch Pozsony genannt, war mehrere Jahrhunderte ungarische Hauptstadt, Krönungsort der ungarischen Könige und durch die Zeiten hindurch immer ein wichtiges Handelszentrum. Nur war es nie die Hauptstadt eines eigenständigen slowakischen Staates. Allein in den Jahren von 1939 bis 1945 gab es eine offiziell unabhängige Slowakei mit der Hauptstadt Bratislava; sie war aber lediglich ein Satellitenstaat des Deutschen Reiches. Erst seit 1993 ist die Slowakei unabhängig, Bratislava seitdem eine der jüngsten europäischen Hauptstädte.

Bratislava liegt nur 60 Kilometer von Wien entfernt und wurde und wird daher oft als deren ›kleine Schwester‹ bezeichnet. Das ist sachlich völlig unbegründet und unverständlich, denn diese Charakterisierung wird dem ganz besonderen Charakter der Stadt nicht gerecht. Die Stadt war für die ›östlichen‹ Völker ein Tor nach Westeuropa und bildete für jene aus dem ›Westen‹ den Zugang ins Magyarische und Slawische, ja sogar in den Balkan hinein. Noch das heutige Gesicht der Stadt ist von diesen verschiedenen Einflüssen bestimmt, vor allem das sorgsam restaurierte Zentrum kommt in Teilen einer Begegnung mit mehreren Jahrhunderten gleich, unter denen das Barock- und Rokokozeitalter besonders präsent ist.

Diese Stadt, ihre Geschichte, ihre Bedeutung, ihre Brückenfunktion und auch ihre touristische Attraktivität vorzustellen und wieder etwas stärker in das Bewusstsein zu rücken, ist Anliegen dieses Reiseführers.

Herzlich willkommen in Bratislava!

Hinweise zur Benutzung

Das Gebiet der heutigen Slowakei ist viele Jahrhunderte lang von Slowaken, Ungarn, Deutschen und Juden besiedelt gewesen, die zur gleichen Zeit mit- und nebeneinander lebten. Heute sind nur noch etwa 3000 sogenannte Karpatendeutsche in der Slowakei ansässig. Diese verwenden ganz offiziell und selbstverständlich die früheren deutschen Ortsnamen derjenigen Siedlungen, die bis 1945 eine deutsche Bevölkerung aufwiesen. Aus diesem Grund sind bei vielen erwähnten Orten der Umgebung Bratislavas neben den heute allgemein verwendeten slowakischen Bezeichnungen auch diese Namen mit angegeben.

Das Liszt-Denkmal vor dem Martinsdom

Den Namen Bratislava führt die Stadt erst seit 1919, und auch die slowakische Bevölkerung gebrauchte davor einen anderen, nämlich Prešporok. Die Deutschen sprachen stets von Preßburg, die Ungarn von Pozsony. Deshalb wird im Text nur dann von Bratislava gesprochen, wenn die Darstellung die Zeit nach 1919 thematisiert. Aus dem gleichen Grund wird, je nach Kontext, der alte ungarische oder deutsche Name verwendet.

Die Slowakei weist in all ihren Regionen eine vorzüglich entwickelte touristische Infrastruktur auf. Aus diesem Grund beschränken sich die reisepraktischen Informationen gerade für die Umgebung Bratislavas auf die wichtigen Angaben. Die Angaben etwa zu Lokalen und Übernachtungsmöglichkeiten stellen eine bewusste Auswahl aus einer großen Fülle dar und sind als Hinweise auf besonders empfehlenswerte Einrichtungen zu verstehen. Weiterführende Informationen können den angegebenen, ausgewählten Internetseiten entnommen werden.

Bei allen Hinweisen im Text auf bestehende offizielle Rad- und Wanderwege ist es grundsätzlich ratsam, die empfohlenen hervorragenden (grünen) Wanderkarten 1:50 000 aus dem VKU Harmanec Verlag heranzuziehen, um den tatsächlichen Verlauf der Trassen in der Natur bestimmen zu können. Die Ausschilderung im Gelände ist bisweilen ungenau und kann sogar fehlen.

Schwerpunkt dieses Reiseführers ist die Stadt Bratislava. Da die slowakische Hauptstadt in ein schönes Umland gebettet ist und sich Tagestouren in die nähere Umgebung anbieten, werden diese Sehenswürdigkeiten ebenfalls vorgestellt. Den beschreibenden Kapiteln folgt jeweils ein Abschnitt mit reisepraktischen Hinweisen, nicht zuletzt Fahrverbindungen. Alle wichtigen touristischen Informationen zu Bratislava finden sich im Kapitel Bratislava-Informationen ab Seite 156.

Häufig vorkommende Abkürzungen:
nám.   Platz
ul.   Straße

Zeichenlegende

Touristenbüros, allgemeine Informationen

Busverbindungen

Unterkünfte

Camping- und Zeltplätze

Restaurants

Weinstuben

Museen und Galerien, sonstige Sehenswürdigkeiten

Feste, regelmäßige Veranstaltungen

Thermen, Heilbäder

Garten- und Parkanlagen

Zoologischer Garten

Allgemeine Informationen zu Sportmöglichkeiten

Golfplatz

Wander- und Radwege, Wanderkarten

Einkaufsmöglichkeiten

Eine von vielen Weinprobiermöglichkeiten in den Kleinen Karpaten

Das Wichtigste in Kürze

Informationen vor Reisebeginn

Slowakische Tourismus-Zentrale Deutschland, Hildebrandstr. 25, 10785 Berlin, Tel. 030/25942640, Fax 25942641, www.slovakia.travel, office.de@slovakia.travel. Hier ist eine Fülle von Prospekten kostenlos erhältlich.
Slowakische Tourismus-Zentrale Österreich, Opernring 1, 1010 Wien, Tel. 01/5139569, Fax 5139763, www.slovakia.travel, office.at@slovakia.travel.

Geld und Zahlungsmittel

Die Slowakei ist seit 2009 Euroland. Abhebungen mit Kredit- und/oder ec-Karte sind an vielen Geldautomaten möglich, in Bratislava ist in fast allen Geschäften Kartenzahlung möglich. Alte slowakische Kronen können in allen Banken umgetauscht werden.

Einreise

Das EU-Mitglied Slowakei ist auch ein Schengen-Staat und bis auf die im Osten angrenzende Ukraine nur von Ländern umgeben, die ihrerseits das Schengen-Abkommen unterzeichnet haben. Mit Ausnahme der Grenze zur Ukraine findet so an der Staatsgrenze keine Kontrolle mehr statt. Dennoch empfiehlt es sich, stets ein gültiges Passdokument mitzuführen, wobei Kinder im Pass der Eltern eingetragen sein müssen oder einen eigenen Kinderausweis besitzen sollen. Für den Pkw empfiehlt es sich, die grüne Versicherungskarte mitzuführen.

Wichtige Telefonnummern

Internationale Vorwahl Slowakei: 00421.
Vorwahl Bratislava: (0)2.
Notruf: 155 oder 112 (Notarzt Rettung), 112 aus allen Netzen ohne Vorwahl.
Feuerwehr 150.
Polizei 158.
Sperrung von ec- und Kreditkarten: 0049/116116 bzw. 0049/30/40504050.

Unterkünfte

Übernachtungsmöglichkeiten aller Preisklassen – vom noblen Luxushotel über modern-sachliche Bauten bis zur Jugendherberge und zum Hostel – sind vorhanden, viele davon im und am Zentrum. Eine kommentierte und klassifizierte Auswahl findet sich ab S. 163.

Preßburg zu Beginn des 20 Jahrhunderts

Unterwegs

Die Stadt Bratislava besitzt ein sehr gutes Netz an Bussen, O-Bussen und Straßenbahnen. Alle Stadtteile und Außenbezirke sind flächendeckend erschlossen. Wer nicht in andere Regionen der Slowakei weiterreisen möchte, ist auf ein eigenes Fahrzeug nicht unbedingt angewiesen.

Auch die Anreise kann bequem mit Bussen (aus Wien und verschiedenen Städten in Deutschland z.B. mit Eurolines), mit einem Tragflächenboot (aus Wien), mit dem Flugzeug oder mit der Eisenbahn (beispielsweise aus Wien, Berlin und Hamburg ohne Umsteigen) durchgeführt werden.

Sicherheit

Bratislava ist eine sehr sichere Stadt. Alle Stadtteile können gefahrlos auch nachts besucht werden.

Preisniveau

Die Preise sind in Bratislava slowakeiweit sicher die höchsten, doch immer noch niedriger als in Österreich oder Deutschland. Vielleicht mögen die Übernachtungspreise durchaus vergleichbar mit Hauptstädten westlicher gelegener Länder sein, Restaurants, Supermärkte etc. sind dagegen in Bratislava preislich günstiger als in Deutschland und Österreich. Kraftstoffe sind in der Slowakei mittlerweile deutlich günstiger als in Österreich. In allen Hotels der Stadt ist pro Übernachtungstag eine geringe Übernachtungssteuer bzw. ›Kurtaxe‹ zu entrichten.

Sprache und Verständigung

Mit Deutsch und Englisch kommt man in Bratislava sehr gut zurecht; slowakische Sprachkenntnisse sind nicht vonnöten.

Klima und Reisezeit

Bratislava besitzt ein kontinental geprägtes Klima mit deutlichen Unterschieden der Jahreszeiten. Die Sommer sind meist warm und trocken, die Winter kalt und feucht. Mit 667 Millimetern pro Jahr ist die Stadt als niederschlagsarm zu kennzeichnen; sie liegt in einer der wärmsten und trockensten Gegenden der Slowakei. Kältester Monat ist der Januar mit durchschnittlichen Tagestemperaturen zwischen 0 und -4 Grad, der heißeste ist der Juli, wo zwischen 14 und 27 Grad Tagestemperatur herrschen können. Gleichzeitig gilt der Juli als sehr regenreich. Die mittlere Lufttemperatur beträgt im Stadtzentrum durchschnittlich 10,7 Grad. Bis auf die Monate Januar und Februar ist die slowakische Hauptstadt zu allen Jahreszeiten besuchenswert. Anfang des Jahres sind viele Museen zeitweise geschlossen, manche kleineren Hotels haben ebenfalls nicht geöffnet, da sie Renovierungen durchführen.

Die bedeutendsten Sehenswürdigkeiten

Burg Bratislava (S. 115).
Michaelergasse mit Michaelertor (S. 75).
Primatialpalast (S. 71).
Hauptplatz mit Altem Rathaus (S. 67).
Panoramablick vom Brückenturm der Neuen Brücke (Nový Most) (S. 103).
Burg Devín (S. 144).
Burg Červený Kameň (Kleine Karpaten, etwa 35 km nordöstlich, S. 199).

Ausführliche reisepraktische Hinweise finden sich im Kapitel Reisetipps von A bis Z ab Seite 234.

Seit seiner Gründung wurde Bratislava durch Slowaken,
Ungarn und Deutsche geprägt. Diese Einflüsse
zeigen sich noch heute allerorten, nicht zuletzt in
der Küche.

Am Hlavné nám.

LAND UND LEUTE

Bratislava im Überblick

Geographische Lage: 48° 9′ N, 17° 9′ O.
Fläche: 367,66 qkm.
Höhe ü. NN: 140 m (Hauptplatz).
Einwohner: 417 389 (31.12. 2013).
Einwohnerdichte pro km²: 1135.
Telefon-Vorwahl: 02.
Postleitzahlen: 80000–89900.
Autokennzeichen: BA, BL.
Ortszeit: MEZ.
Webpäsenz: www.bratislava.sk.
Stadtwappen: Dreitürmige Burg auf rotem Grund. Die Türme besitzen goldene Kuppeln, und das Fallgitter des Burgtors ist halb geöffnet.
Oberbürgermeister: Milan Ftáčnik, seit November 2010. Im Stadtparlament regiert eine konservativ-liberale Koalition mit deutlicher Mehrheit.
Politische Gliederung: 5 Bezirke mit zusammen 17 Stadtteilen.
Partnerstädte: Bratislava hat zwölf Partnerstädte, darunter Wien (seit 1993), Ulm (seit 1998) und Bremen (seit 1989, doch derzeit ruhend).
Hochschulen: Zu den zahlreichen Universitäten und Hochschulen der Stadt zählen die 1919 gegründete Comenius-Universität (die größte des Landes; sie geht auf die 1465 gegründete, aber bereits 1490 wieder geschlossene Universitas Istropolitana zurück), die Slowakische Technische Universität von 1937 sowie die Hochschule für Musische Künste und die Hochschule für Bildende Künste (beide 1949 gegründet). Weitere Hoschuleinrichtungen sind unter anderem: Wirtschaftsuniversität Bratislava (1940), Slowakische Medizinische Universität (2002), Hochschule für Rechtswissenschaft (2004, privat).
Insgesamt sind in Bratislava rund 65 500 Studenten eingeschrieben (Stand 2008).

Das Stadtwappen

Wirtschaft: Bratislava und seine Umgebung ist die reichste und am stärksten wachsende Region der Slowakei. Gut ein Viertel des slowakischen Bruttoinlandsprodukts wird hier erwirtschaftet. 75 Prozent aller Erwerbstätigen sind im Dienstleistungssektor beschäftigt, etwa 20 Prozent in der Auto-, Maschinen-, Lebensmittel- und Chemieindustrie.
Medien: Bratislava ist das slowakische Medienzentrum mit Fernsehstationen wie Slovenská televízia (staatlich), TV Markíza, TV JOJ und TA3 (pri-vat) und der öffentlich-rechtlichen Rundfunkgesellschaft Slovenský rozhlas. Wichtige Presseorgane sind SME, Pravda, Nový čas, Hospodárske noviny (Wirtschaft) und Slovak Spectator (englischsprachig). Es gibt zwei Nachrichtenagenturen: Tlačová agentúra Slovenskej republiky (TASR) und Slovenská tlačová agentúra (SITA).
Flughafen: Auf dem nach Milan Rastislav Štefánik benannten Flughafen wurden 2011 1,6 Mill. Passagiere abgefertigt, fünfmal soviel wie 2001.

Lage und Größe

Bratislava liegt im äußersten Südwesten der Slowakei. Sie ist die einzige Hauptstadt der Welt, deren Territorium unmittelbar an zwei andere Staaten – Österreich und Ungarn – grenzt. Die Stadtgrenze ist in weiten Bereichen mit der Staatsgrenze deckungsgleich, die an einer Stelle nur etwa 3,5 Kilometer vom Stadtzentrum entfernt ist. Das gibt Bratislava unter den Hauptstädten der Welt einen einzigartigen Charakter. Das Stadtgebiet umfasst eine Fläche von rund 367 Quadratkilometern (zum Vergleich: Berlin 898, Wien 415 Quadratkilometer). Knapp 420 000 Menschen leben hier (Stand 31. Dezember 2013), das sind etwa 8 Prozent der slowakischen Bevölkerung. Das Zentrum von Bratislava wird Staré Mesto (Altstadt) genannt, wobei dieser administrative Bezirk mehr als die eigentliche historische Altstadt umfasst, die verhältnismäßig klein ist. Es gibt fünf übergeordnete Bezirke, die nochmals in insgesamt 17 Stadtteile unterteilt sind. Jeder von ihnen besitzt eine eingeschränkte Selbstverwaltung und einen eigenen Bürgermeister. Ružinov (zu Bratislava II) und Nové Mesto (zu Bratislava III) im Osten und Norden der Innenstadt sind flächenmäßig die größten, bezüglich der Einwohnerzahl ist Petržalka (zu Bratislava V) im Süden der größte Stadtteil. Die Stadt liegt auf 140 Meter Meereshöhe (Hauptplatz) am Südwestende der Kleinen Karpaten, im mittleren Bereich der Donau. Sie ist etwa 65 Kilometer von Wien entfernt, 325 km von Prag und 195 km von Budapest. Bratislava ist Sitz des Präsidenten, des Parlaments wie auch der ausländischen Botschaften im Land.

Bratislava erstreckt sich beiderseits der Donau (slowakisch Dunaj), die die Stadt von West nach Südost durchfließt. Im Westen des Stadtgebiets liegt die Thebener Pforte (Devínska brána), das Durchbruchstal zwischen dem Braunsberg

Blick über die Apollobrücke zur Burg

am südlichen, dort österreichischen und dem Thebener Kogel am nördlichen, slowakischen Ufer. An dieser Stelle mündet der Grenzfluss March (Morava) von Norden kommend in die Donau. An der östlichen Stadtgrenze zweigt die Kleine Donau (Malý Dunaj) ab, ein linker Seitenarm der Donau in der Donautiefebene (Podunajská nížina), der mit der Donau die Große Schüttinsel (Žitný ostrov) ausbildet. Drei Viertel des Stadtgebiets zählen zum Tiefland.

Das restliche Viertel ist von bergiger Landschaft geprägt; der Gebirgszug der Karpaten beginnt im Stadtgebiet von Bratislava mit den Thebener Karpaten, dem südwestlichsten Abschnitt der Kleinen Karpaten (Malé Karpaty). Zu ihnen gehört innerhalb des Stadtgebiets auch der Berg Kamzík (439 m), der mit seinem markanten Fernsehturm eines der Wahrzeichen der Stadt ist. Im Gebirge entspringen mehrere Bäche, von denen die Vydrica (Weidritz) der größte und wasserreichste ist. Der tiefste Punkt des Stadtgebiets liegt auf 126 Meter an der Donau bei Čunovo, die höchstgelegene Stelle ist der Gipfel des Thebener Kogels (Devínska Kobyla) auf 514 Meter Höhe.

Die Hauptstadt Bratislava ist Teil des Lands (Großbezirks) Bratislava, einem der acht Hauptverwaltungseinheiten (Kraj) des Landes. Zu diesem Bezirk gehören weiterhin die Unterbezirke Malacky, Senec und Pezinok.

Klima und Reisezeit

Klimatisch gesehen liegt die Stadt in einer der wärmsten Zonen Mitteleuropas. Im Juni und Juli beträgt die durchschnittliche Tagestemperatur 26 Grad, nachts liegt sie bei knapp 14 Grad. Statistisch sind von Juni bis August pro Tag acht Sonnenstunden zu erwarten. Als kältester Monat gilt der Januar mit durchschnittlichen Werten von 4,5 Grad unter Null nachts und 0,8 Grad am Tag. Mit dieser mittleren Tagestemperatur ist aber selbst dieser Monat keine schlechte Reisezeit, sondern insbesondere für Studien- und Bildungsreisen hervorragend geeignet. Allerdings haben viele Hotels und Restaurants in diesem Monat nur eingeschränkt geöffnet; es ist ein Monat der Übergangssaison. Von Mitte April bis Mitte Oktober ist ein Aufenthalt in Bratislava durchweg angenehm; wer an der Kleinkarpatischen Weinstraße wandern oder im Donautiefland längere Fahrradtouren unternehmen möchte, sollte sich wegen der hochsommerlichen Temperaturen nicht unbedingt den Juli dafür aussuchen.

Aktuelle Wetterinformationen slowakischer meteorologischer Institute gibt es unter www.meteo.sk wie auch unter www.bratislava.sk und www.wetter.com.

Bevölkerung, Religion und Sprache

Die Bevölkerung der Slowakei setzt sich aus 86 Prozent Slowaken und 10 Prozent Ungarn zusammen, die anderen 4 Prozent bilden Roma, Tschechen, Deutsche sowie weitere kleinere Minderheiten wie Serben und Polen. In der Hauptstadt mit ihren etwa 430000 Bewohnern leben fast nur Slowaken (über 90 Prozent), der Anteil der Ungarn beträgt etwa 3,4 Prozent, der der Tschechen unter 2 Prozent, und der Anteil der Deutschen ist mit unter 0,3 Prozent noch viel geringer.

Andere Minderheiten sind Mährer, Kroaten, Ruthenen, Ukrainer, Polen und Roma (jeweils etwa 400 bis 600 Personen). Gleich am südöstlichen Stadtrand Bratislavas beginnt entlang der Donau das Siedlungsgebiet der Ungarn, wie man dort überall an den zweisprachigen Ortsschildern erkennen kann. Die Ungarn bilden hier die Mehrheit der Bevölkerung.

Bei der letzten Volkszählung 2011 bekannten sich 52,1 Prozent der Bewohner der Stadt zum römisch-katholischen Glauben, 5,3 Prozent waren evangelisch (evangelisch-ausgburgisch), 0,9 Prozent griechisch-katholisch. Juden gab es 748. Andere Glaubensrichtungen – Calvinisten, Russisch-Orthodoxe, Methodisten, Baptisten – haben zusammen etwa 6500 Anhänger. 29,3 Prozent der Bewohner der Stadt bezeichnen als Atheisten oder machten bei der Volkszählung keine Angaben. Der Islam scheint als Glaubensrichtung in Bratislava noch kaum vorhanden zu sein. Es gibt auch keine Moschee in der Stadt.

Amtssprache ist Slowakisch, doch werden gemäß der Bevölkerungsverteilung in ähnlichen Anteilen auch Ungarisch, Tschechisch und Deutsch gesprochen. Ältere Leute haben oft sehr gute Deutschkenntnisse, doch auch bei den Jüngeren spricht man neben dem obligaten Englisch viel Deutsch, insbesondere in der Gastronomie und im Tourismusgewerbe, denn die Stadt wird von vielen Reisenden aus Österreich und Deutschland besucht.

Politik und Wirtschaft

Bratislava ist Sitz des Nationalrats der Slowakischen Republik (Národná rada Slovenskej republiky), des Präsidenten, der Ministerien, des Obersten Gerichts (Najvyšší súd) und der Nationalbank der Slowakei (Národná banka Slovenska). Sie ist gleichzeitig Hauptstadt des Bezirks Bratislava (Bratislavský kraj) mit rund 560 000 Einwohnern sowie Sitz zahlreicher diplomatischer Vertretungen. Milan Ftáčnik ist seit November 2010 Oberbürgermeister. Dieser parteilose Kandidat kam mit Unterstützung der Linkspartei SMER zu seinem Amt. Der Oberbürgermeister wird für jeweils vier Jahre gewählt und hat seinen Amtssitz im Primatialpalast. Seit 1990 ist die Stadtverwaltung wie folgt aufgebaut: Oberbürgermeister (primátor), Stadtrat (Mestská rada), Stadtvertretung (Mestské zastupiteľstvo), die Kommissionen der Stadtvertretung (Komisie mestského zastupiteľstva) und der eigentliche Magistrat (Magistrát). Dabei hat die Stadtvertretung gleichsam die Legislative inne. Sie versammelt sich einmal im Monat. Ihr gehören 45 Abgeordnete an, die wie der Bürgermeister für vier Jahre gewählt werden. Zahlreiche Aufgaben der Stadtvertretung werden auf einzelne Kommissionen verteilt. Der 28-köpfige Stadtrat besteht aus dem Oberbürgermeister und seinen Stellvertretern, den Bürgermeistern der einzelnen Stadtteile und bis zu zehn Mitgliedern der Stadtvertretung. Der Stadtrat ist einerseits Aufsichtsorgan der Stadtvertretung, andererseits Beratungsorgan des Oberbürgermeisters. Bei der letzten Kommunalwahl am 27. November 2010 erhielt eine konservativ-liberale Koalition aus sieben Parteien eine Zweidrittelmehrheit.

Im Großbezirk Bratislava werden 25 Prozent des Bruttoinlandsprodukts der Slowakei erwirtschaftet. Die sogenannte Kaufkraftparität lag 2011 bei

Oberbürgermeister Milan Ftáčnik

186 Prozent des EU-Durchschnitts. Die offizielle Arbeitslosenqoute lag im Mai 2010 in Bratislava bei 3,6 Prozent, der durchschnittliche Bruttolohn 2012 bei 1177 Euro (slowakischer Durchschnitt: 900 Euro). Mehr als 75 Prozent der Erwerbstätigen sind im Dienstleistungssektor beschäftigt, vor allem in Handel, Banken, Informationstechnik, Telekommunikation, Tourismus. Ein Fünftel arbeitet in der Industrie: Automobile, Chemie, Maschinenbau, Lebensmittel, Elektrotechnik. Der Primärsektor Landwirtschaft gibt in Bratislava nur etwa 1,5 Prozent der Erwerbstätigen eine Beschäftigung.

Volkswagen produziert in Bratislava, im Ortsteil Devínsky Nová Ves, bereits seit 1991. Weltkonzerne wie HP, IBM, Dell, Lenovo, AT&T, SAP, Qimonda und Accenture haben wegen der Nähe zu den westlichen Märkten und der hohen Dichte an Universitäten und Forschungseinrichtungen im Raum Wien-Bratislava nach 1990 Servicezentren eröffnet oder planen dies in Kürze.

Wichtige slowakische Unternehmen, die den Sitz in der Stadt haben, sind beispielsweise alle slowakischen Telekommunikationsgesellschaften – Orange SK, O₂ Slovakia –, die großen Banken wie Slovenská sporiteľňa und Tatra Banka, weiterhin Hewlett-Packard Slovakia, Henkel Slovensko, Kraft Foods Slovakia, Whirlpool Slovakia, Železnice Slovenskej republiky und Tesco Slovakia. Bedeutend ist auch Slovnaft, der größte Produzent petrochemischer Erzeugnisse. Slovnaft beschäftigt derzeit 4500 Mitarbeiter, verarbeitet jährlich 5,5 bis 6 Millionen Tonnen Erdöl und betreibt in der Slowakei 210 Tankstellen.

Sport

Als einer der Austragungsorte der Eishockey-Weltmeisterschaft 2011 rückte Bratislava in den Brennpunkt internationalen Sportgeschehens. In der obersten slowakischen Fußball-Liga ist zur Zeit auch der 1919 gegründete ŠK Slovan Bratislava vertreten, der erfolgreichste slowakische Verein überhaupt. Sein größter Erfolg war der Gewinn des Europapokals der Pokalsieger im Jahr 1969. Ältester Fußballverein der Stadt ist der FC Petržalka 1898, der älteste Verein der Stadt, der auch an der UEFA Champions League 2005/06 teilnahm. In Čunovo am südlichen Stadtrand werden jedes Jahr zahlreiche nationale und internationale Kanu- und Kajak-Wettbewerbe ausgetragen. Im nationalen Tenniszentrum (Sibamac Arena) fand 2005 das Finale des Davis Cup statt.

Geschichte Bratislavas und der Slowakei

Nachweislich ließen sich erstmals am Ende der jüngeren Steinzeit, also vor etwa 5000 Jahren, Menschen im Gebiet des späteren Bratislava nieder. Reste von Siedlungen aus dieser Zeit fand man in den Bratislaver Ortsteilen Karlova Ves, Lamač und Dúbravka im Nordwesten der Stadt. Vermutlich vor 4500 Jahren entstanden erste Siedlungen auf dem heutigen Burgberg und in Devín. Im 5. Jahrhundert vor der Zeitrechnung kamen die Kelten von Westen und errichteten an der mittleren Donau ein Reich, dessen administratives Zentrum auf dem Burgberg Bratislavas entstand. Dass sie exakt diesen Punkt wählten, geschah nicht von ungefähr. Denn genau hier kreuzte die aus dem Ostseeraum kommende ›Bernsteinstraße‹ die Donau. Dieser bedeutende Handelsweg führte von der Donau weiter nach Südwesten, querte am Semmering die Alpen und erreichte über das heutige Slowenien schließlich die Adria.

Aus der Keltenzeit sind viele Münzfunde bekannt. Die Münzen tragen deutliche Aufschriften, die die Namen von Fürsten und Kriegern nennen. Immer wieder taucht hierbei der Name ›Biatec‹ auf, der Name eines Fürsten des mächtigsten Keltenstammes. Die keltische Epoche gilt als kultureller Höhepunkt der vorrömischen, der sogenannten ›barbarischen‹ Zeit. Durch rege Handelsverbindungen standen die Kelten mit Westeuropa und dem Römischen Reich in Verbindung.

Unter römischer Herrschaft

Die Römer waren für die Kelten zu einem gefährlichen Nachbarn geworden, seit sie ihre äußersten Vorposten im ersten vorchristlichen Jahrhundert bis zur Donau vorgeschoben hatten. Die Donau wurde zum Grenzfluss des Römischen Reichs.

Keltische Münzen

Land und Leute

Die genaue geschichtliche Entwicklung ist nicht bekannt, doch wichen die Kelten bald nach der Zeitenwende vor den Römern zurück, nachdem bereits germanische Stämme wie Quaden und Markomannen sie vom Westen her heftig bekriegt hatten.

Entlang der Donau entstand nun eine Kette römischer Heerlager und Befestigungen, ein Teil des sogenannten ›Limes romanus‹. An ihm lagen Städte wie Vindobona (Wien), Carnuntum (bei Hainburg), Gerulata (bei Rusovce, unmittelbar südlich von Bratislava) und Aquincum (heute Budapest). Um das Jahr 100 überschritten römische Legionen die Donau, gingen die Waag (Váh) nordwärts bis zum heutigen Trenčín – dort gibt es in einem Felsen heute noch eine originale römische Inschrift aus dem Jahr 179 – und errichteten unter anderem auf den Burgbergen von Devín und Bratislava kleine militärische Stützpunkte. Funde römischer Ziegel mit dem Siegel der römischen Legionen, die am Bau beteiligt waren, bezeugen dies. Um das Jahr 200 begannen die Römer, sich mit der einheimischen Bevölkerung zu mischen; bis dahin hatte ein offizielles Heiratsverbot mit Nichtrömern bestanden. Viele Soldaten wurden sesshaft, begannen Acker- und vor allem Weinbau mit Weinreben zu betreiben, die sie oft aus ihrer Heimat mitgebracht hatten. Weitere archäologische Funde aus dem historischen Zentrum Bratislavas beweisen, dass ein reger Handel zwischen dem Lager an der Donau und Rom bestand.

Bis zum Ende des 4. Jahrhunderts behaupteten die Römer ihre nordöstliche Grenze an der Donau. Mit dem Tod des Kaisers Theodosius im Jahr 395 zerbrach das Reich. Ost- und Westrom bildeten sich, wobei das Donauland dem Weströmischen Reich angehörte.

Die Einwanderung der Slawen

In der Zeit der Völkerwanderung strömten von Osten nach und nach Hunnen und Awaren in die Region und eroberten sie. Die Awaren lebten ursprünglich in Mittelasien. Pannonien, wie das mittlere Donaugebiet damals hieß, musste von dem römischen Feldherrn und Statthalter Aetius 433 an die Hunnen und Awaren abgetreten werden. Slawen begannen einzuströmen, besiedelten auch die Gegend des späteren Preßburg und die Donauebene, wobei die nomadisierenden Awaren die nächsten 200 Jahre noch die Region beherrschten. Von Westen kamen um 550 germanische Stämme ins Land, doch sie blieben gegenüber den Awaren Lehnspflichtige.

Dem ursprünglich fränkischen Kaufmann Samo gelang es in der ersten Hälfte des 7. Jahrhunderts, die verstreuten Slawen in einem Reich zu versammeln, nachdem er 623 erfolgreich einen Aufstand gegen die Awaren angeführt hatte. Wenig ist über dieses Ur-Slawenreich bekannt, man weiß nur, dass es außerhalb des bis dahin bestehenden Awarengebietes gelegen haben muss. Mit dem Tod Samos 658 scheint dieses Reich untergegangen zu sein. Über die folgenden 150 Jahre ist nichts bekannt; die Awaren waren wohl wieder die alleinigen Herrscher. Erst mit dem Sieg Karls des Großen über die Awaren Ende des 8. Jahrhunderts war deren Herrschaft vollständig gebrochen. Durch Karl erhielten die Slawen endlich ihre Freiheit. Aus Dankbarkeit schufen sie aus seinem Namen ihren Begriff für König: král.

Svätopluk mit seinen Söhnen, Darstellung von 1900/01

Dies war die Geburtsstunde des ersten großen Slawenstaates. Da auch das Gebiet nordwestlich der Donau dazugehörte – die spätere Markgrafschaft Mähren –, wird es heute allgemein als Großmährisches Reich bezeichnet. Erster Fürst war Mojmír I. Er ließ nach 833 feste Burgen auf den Hügeln von Devín und Bratislava errichten, wobei die erstere eine wichtige Grenzfestung war, die in den Fuldaer Annalen um 864 unter dem Namen ›Dowina‹ erwähnt wird.

Einer seiner Nachfolger, Svätopluk, regierte von 871 bis 894 auf der Burg Theben. Der jüngste seiner drei Söhne, Preslav (Brazlav), erhielt die Burg auf dem Hügel des späteren Bratislava als Lehen. Als ›Braslavesburch‹ oder ›Brezalauspurc‹ erscheint sie zu Beginn des 10. Jahrhunderts in deutschen Chroniken. In dieser Zeit kam bereits das Ende des Großmährischen Reichs: Bayerische Heere, die den Großmährern zu Hilfe eilten, wurden mit diesen zusammen am 4. Juli 907 bei Brezalauspurc von den Ungarn unter deren Großfürst Arpád vernichtend geschlagen, wie es die Salzburger Annalen berichten.

Die ungarische Herrschaft

Die Ungarn besetzten die Region, doch Brezalauspurc selbst konnte im Besitz eines slawischen Fürsten namens Božan bleiben. Von ihm rührt der zweite, lateinische und ungarische Name der Stadt her: Posonium oder Pozsony. 1011 Jahre lang, bis 1918, sollte die Stadt nun zu Ungarn gehören.

Der Sieg des deutschen Königs Otto I. – später der ›Große‹ genannt – auf dem Lechfeld bei Augsburg im Jahr 955 beendete den Expansionsdrang der Ungarn

Die ungarischen Könige István, László, Géza und Árpád. Bild von Luigi Giarré und Vincenzo Stanghi, 1831

nach Westen. Ihr Großfürst Géza trat zum Christentum über und veranlasste die Missionierung seines Herrschaftsgebietes. Sein Sohn Vajk wurde 973 auf den Namen Stephan getauft. Dieser Stephan wurde 1001 in Gran an der Donau (heute Esztergom) zum ersten ungarischen König gekrönt – die ungarische Monarchie war geboren. Einige Zeit war Pozsony nun Sitz des Königs und damit die erste ungarische Hauptstadt.

Auf dem Gebiet der späteren Slowakei entstand jetzt das Großherzogtum von Neutra (Nitra), das 1108 aufgelöst wurde und als Provinz Oberungarn weiterexistierte. Die Anwerbung deutscher Kolonisten, die das Land urbar machen sollten, wurde in dieser Provinz verstärkt betrieben. Unter den Königen Géza II. und Béla III. (1148–1196) blühte Oberungarn auf. Unterhalb der Burg Pozsony bestand seit Mitte des 12. Jahrhunderts eine kleine Stadt, ein Zentrum des Handels im Gebiet zwischen Donau und Kleinen Karpaten. An der Donaufurt, einer der ganz wenigen im mittleren Bereich des Flusses, existierte seit der Römerzeit eine Mautstation, bei der 1252 auch ein steinerner Wasserturm errichtet wurde.

Zu Beginn des 13. Jahrhunderts begannen die geistlichen Würdenträger, von der Burg in die Stadt zu ziehen, und 1221 wurde mit dem Bau einer ersten Kirche, der Salvatorkirche, begonnen. Die Verleihung des Marktrechts einige Jahre zuvor, im Jahre 1217, durch König Béla IV. war wohl die Ursache dieses ersten Aufschwungs in der Stadtgeschichte. Diese glückliche Phase wurde durch den Mongoleneinfall 1241 jäh beendet, Hungersnot und Pest forderten zudem ihren Tribut. Zum Wiederaufbau des Landes wurden weitere Siedler ins Land geholt. Insbesondere für den Bergbau holte man Spezialisten aus dem Harz und aus dem sächsischen Erzgebirge. Nachweislich besaß die Stadt um die Mitte des 13. Jahrhunderts schon einen befestigten Mauerring, der sie jedoch von der kleinen, älteren Siedlung Podhradie direkt unterhalb der Burg abtrennte.

Auffallend ist bei der Betrachtung des Stadtplanes, dass es keine regelmäßige Anlage um den Hauptplatz gibt. Daran ist erkennbar, dass das heutige Bratislava schon vor dem 13. Jahrhundert bestanden haben muss. Es war also keine im wörtlichen Sinne ›gegründete‹ Stadt, sondern eine allmählich und organisch gewachsene.

Aufschwung und Blüte am Übergang zur Neuzeit

Durch verschiedene Vergünstigungen wurde die Einwanderung ins Land den deutschen Siedlern schmackhaft gemacht. König Andreas III. verlieh dem erblühenden Pressburg-Pozsony 1291 den Status einer königlichen Freistadt mit vielen Vorrechten. Etwa 6000 Bewohner lebten zu Beginn des 14. Jahrhunderts in Stadt und Burg. Pozsony und sein Umland waren duch Handel und vor allem durch den stark florierenden Erzbergbau auf Gold und Silber im zentralen Teil Oberungarns sehr wohlhabend geworden, ebenso erreichten Kultur und Bildung einen für die Zeit relativ hohen Stand. Die auch heute noch bestehenden großen mittelalterlichen Bauwerke entstanden in dieser Zeit: 1297 wurde das Franziskanerkloster geweiht, 1302 begann man auf den Mauern der alten abgebrochenen Salvatorkirche, an der westlichen Stadtmauer, mit der Errichtung der Martinskirche, die aber erst 150 Jahre später geweiht werden konnte. Auf einem Dokument aus dem Jahre 1302 ist das älteste Stadtwappen zu sehen. Es zeigt die Stadtmauer mit einem Tor, hinter dem drei Türme aufragen.

Im 14. Jahrhundert setzte sich diese goldene Epoche der Stadtgeschichte fort. Zwar rückten bereits die Osmanen auf dem Balkan nach Norden vor, doch bestand für Oberungarn noch keine Gefahr. In der 50-jährigen Regierungszeit von König Sigismund von Luxemburg (1387–1437), einem Sohn des böhmischen Königs und deutschen Kaisers Karl IV., wurde der Stadt das Recht auf eigene Münzprägung und ein neues, erweitertes Wappen erteilt (ab 1436). Das Wappen der Stadt zeigt eine dreitürmige Burg, die keineswegs die reale Burg darstellt, sondern eine allgemeine mittelalterliche Festungsanlage symbolisieren soll.

Unter Matthias Corvinus (1443–1490) – ungarisch Mátyás Hunyadi –, König von Ungarn (seit 1458) und Böhmen (seit 1469), nahm die kulturelle Blüte einen weiteren Aufschwung. Unter ihm erreichte auch Ungarn mit seiner Hauptstadt Buda die größte Flächenausdehnung. Matthias Corvinus erhielt vom Papst die Erlaubnis, in seinem Land eine Universität zu gründen. Sie sollte auf den Prinzipien des Humanismus und den anderen geistigen Strömungen der Renaissance beruhen. Matthias Corvinus nahm das Angebot der Bürgerschaft von Pozsony an, die Hochschule dort zu errichten. Als ›Academia Istropolitana‹ – Universität der Stadt an der Donau – nahm die Universität 1467, zwei Jahre nach der Gründung, in der Ventúrska ul. Nr. 3 ihren Lehrbetrieb auf. Das Gebäude besteht heute noch, wenn auch umgebaut und vergrößert.

Erster Kanzler der Universität war der höchste kirchliche Würdenträger des Landes: Johann Vitéz, Erzbischof von Esztergom. Die neue Hochschule wurde schnell europaweit bekannt, der Unterricht jedoch mit dem Tod des Königs 1490 bereits wieder eingestellt. Denn nach dem Tod des Matthias fiel Ungarn an Wladis-

Matthias Corvinus förderte die Entwicklung Pozsonys ungemein

law II. (1456–1516) aus dem polnisch-litauischen Geschlecht der Jagiellonen; ihm war die Universität nicht wichtig. Wladislaw schloss 1491 mit Maximilian I. von Habsburg den sogenannten Preßburger Erbvertrag, in dem die zukünftigen Kinder beider Geschlechter bereits vor ihrer Geburt für einander bestimmt wurden und später miteinander verheiratet werden sollten.

In der großen Überschwemmung von 1516, die die Stadt schrecklich zurichtete, sahen viele Bürger die Vorahnung baldigen Unheils. Tatsächlich vermochten es die schwachen Jagiellonenfürsten nicht, das großartige Erbe Matthias' zu erhalten, und die ungarische Macht und ihr Reichtum schwanden dahin. Die Türken unter Süleyman dem Prächtigen (1494–1566) verstärkten ihre Vorstöße ins Land hinein. Der Sohn des Wladislaw, Ludwig II. Jagiello (1505–1526), konnte ihnen am 29. August 1526 bei Mohács – ganz im Süden des heutigen Ungarn, an der Donau – nur mit einer kleinen und schwachen Armee gegenübertreten. In dieser unheilvollen und für die weitere geschichtliche Entwicklung so folgenschweren Schlacht kamen der König, weite Teile des Adels und 25000 Soldaten um. Unaufhaltsam drangen die türkischen Heere nun durch die Donauebene zur Hauptstadt Buda vor und nahmen sie ein.

Mit dem Tod dieses letzten Jagiellonen kam der westliche Teil des damaligen Ungarn – wie auch Böhmen, mit dem es in Personalunion vereinigt war – an das Haus Habsburg. Denn 1515 konnte Wladislaw II. von dem habsburgischen Kaiser Maximilian II. in langwierigen Verhandlungen bewegt werden, seinen Sohn Ludwig mit Maximilians Enkelin Maria zu verheiraten. Außerdem sollte Ludwigs Schwester Anna sich mit einem von Maximilians Enkeln vermählen, entweder mit Karl oder mit Ferdinand. Maximilian und Wladislaw befanden sich in finanziellen Schwierigkeiten und konnten durchaus von diesem Gegengeschäft profitieren. Die Doppelhochzeit, die im Juli 1515 im Wiener Stephansdom stattfand, sicherte beiden Familien alle Erbansprüche zu, falls Ludwig oder Ferdinand kinderlos sterben sollten. Dass Habsburg nur elf Jahre später dieses Erbe tatsächlich antreten sollte, schien zu dieser Zeit unvorstellbar.

So war nur wenige Wochen nach der Schlacht von Mohács Ferdinand I. von Habsburg (1503–1564) der neue König von Ungarn und Böhmen. Die habsburgischen Fürsten, die nach Karl V. die Kaiser des Heiligen Römischen Reiches waren, trugen gleichzeitig nun auch die Kronen Böhmens und Ungarns.

Die Türken verzichteten nach der Einnahme der ungarischen Hauptstadt Buda zunächst auf einen weiteren Vormarsch, erreichten aber 1529 Wien. Sie konten die Stadt nicht einnehmen und zogen sich zurück, doch konnte Ferdinand in den folgenden Jahren nur den Westteil Ungarns mit Oberungarn behaupten. Zusammen mit der Hauptstadt Buda blieb der zentrale Teil in osmanischer Hand und in der des neu entstandenen osmanischen Satrapenstaats Siebenbürgen.

Preßburg wird ungarische Hauptstadt

Dass die ungarische Hauptstadt auch nach 1529 türkisch besetzt blieb, geriet Pozsony-Preßburg zu größtem Vorteil, da es nun anstelle von Buda dessen Funktion als Hauptstadt übernehmen musste. Der Stadt wurde diese Würde von Ferdinand 1536 per Gesetz verliehen. Alle Zusammenkünfte des ungarischen Landtags wurden fortan hier abgehalten. Pozsonys Hauptkirche, der Martinsdom, avancierte auf diese Weise 1563 zur neuen Krönungskirche der ungarischen Herrscher. Auch der Erzbischof musste seinen Amtssitz räumen; er zog aus dem besetzten Esztergom nach Trnava (Tyrnau), etwa 50 Kilometer nordöstlich von Pozsony. Nach dem Tode Ferdinands I. wurde sein Nachfolger, Kaiser Maximilian II. (1527–1576), 1563 als erster ungarischer Herrscher in Pozsony gekrönt. Pozsony sollte nur vorübergehend, bis zur Vertreibung der Türken, die Rolle der ungarischen Hauptstadt übernehmen. Doch nachdem sich die Türken – nach ihrem erneuten Debakel vor Wien 1683 – aus Mitteleuropa zurückgezogen hatten, dauerte es noch hundert Jahr, bis unter Kaiser Joseph II. die ungarischen Behörden in ihre vormalige Hauptstadt zurückverlegt wurden. Pozsony blieb daher rund 250 Jahre lang, bis 1783, ungarische Hauptstadt.

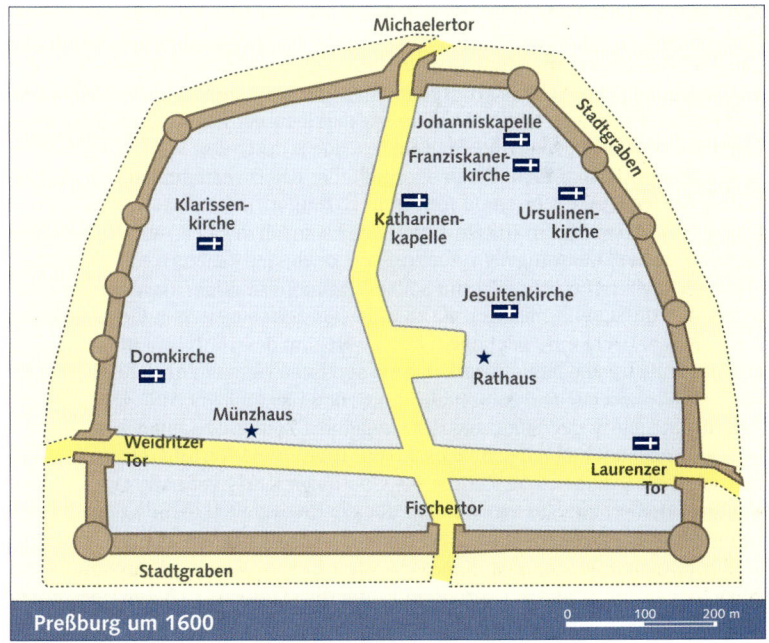

Preßburg um 1600

Die Stephanskrone mit dem schiefen Kreuz

Zehn ungarische Könige und eine ungarische Königin (Maria Theresia) sind in Pozsony-Preßburg gekrönt worden, auch nach der Zurückverlegung der Hauptstadt blieb Pozsony-Preßburg die ungarische Krönungsstadt. Der letzte Feier dieser Art fand 1830 statt, als der österreichische Kaiser Ferdinand I. (1793–1875) hier die ungarische Krone empfing. Dieser Kaiser wird manchmal auch Ferdinand V. genannt, denn als König von Ungarn und Böhmen war er der fünfte seines Namens, als bloßer Kaiser von Österreich allerdings der erste.

Die ungarische Königskrone wird auch Stephanskrone bezeichnet, doch wird in jüngster Zeit bezweifelt, ob sie tatsächlich auf den legendären König Stephan zurückgeht, der sie sich 1001 in Gran aufs Haupt setzte. Nach neueren Forschungen stammt der Kronreif aus dem 4. oder 5. nachchristlichen Jahrhundert, wobei die Besonderheit der Krone das ihr aufsitzende schiefe Kreuz ist. 1916 wurde mit ihr Karl I. als letzter Herrscher gekrönt. 1945 gelangte sie in die USA, wurde aber 1978 von Präsident Jimmy Carter an Ungarn zurückgegeben. Sie befindet sich heute im Nationalmuseum in Budapest.

Die Funktion als neue ungarische Hauptstadt in Verbindung mit der Nähe zu Wien, Hauptstadt des Kaiserreichs, ließ Pozsony nach den Bedrängungen der Türkenzeit wieder aufleben. Das bis dahin in der Stadt kaum vertretene ungarische Element verstärkte sich insbesondere durch den Zuzug zahlreicher ungarischer Adelsfamilien, die in der Stadt ihre Paläste errichteten.

Die Präsenz des Erzbischofs von Gran (Esztergom) war allerdings hinderlich für die Entfaltung des Protestantismus. Zwar war seit der Zeit um 1530 Luthers Lehre auch nach Oberungarn vorgedrungen, doch fand sie meist nur Akzeptanz bei der slowakischen Bevölkerung. Die Gegenreformation triumphierte nach dem Ende des Dreißigjährigen Krieges in den habsburgischen Gebieten über alle protestantischen Bewegungen. Erst zu Beginn des 18. Jahrhunderts konnte nach vielem Hin und Her offiziell eine evangelische Gemeinde mit einer evangelischen Schule entstehen, zahlreiche Lehrer und Pfarrer kamen aus Deutschland und ließen sich in der Stadt und der Umgebung nieder. Doch die Protestanten hatten immer noch einen schweren Stand. Eine große Verfolgungswelle 1672 vertrieb viele evangelische Pfarrer aus Oberungarn. Als 1681 die evangelische Religion wieder ›zugelassen‹ war, wurden die Protestanten in die Vorstädte verbannt, besonders in die Michaelervorstadt. Doch von den ungarischen Adligen, die Protestanten waren, gingen in dieser Zeit immer wieder antihabsburgische Aufstände aus; erwähnt sei vor allem Emmerich Thököly. Erst 1711 bestätigte man im Frieden von Szatmár den evangelischen Ungarn ihre seit fast hundert

Jahren immer wieder eingeforderten Rechte, die weit über die bloße Religions-
freiheit hinausgingen.

Damit begann abermals eine Zeit inneren Friedens für die Stadt. In dieser Zeit
wirkte Matthias Bel (1684–1749), einer der größten Gelehrten seiner Zeit. Als
Rektor der evangelischen Schule brachte er das Geistesleben zu hohem Ansehen.
Er bezeichnete sich selbst als ›von der Sprache her Slawe, von der Nation her Ungar,
doch von der Gesinnung her Deutscher‹ – und war damit seiner Zeit weit voraus.

Mehrere Pestepidemien, von denen die von 1679 und 1713 die größten waren,
beeinträchtigten das städtische Leben erheblich. 1679 fielen fast drei Viertel der
Bevölkerung, nach zeitgenössischen Quellen 12000 Menschen, dem ›Schwarzen
Tod‹ zum Opfer. Der Rat der Stadt ließ eine Sühnekapelle errichten, um den Zorn
Gottes abzuwenden. Weit vor der Stadt wurde sie in Blumenau, dem heutigen
Lamač, errichtet und der heiligen Rosalie geweiht. Dort, in der Rozálska ul., steht
sie bis heute. Fast 4000 Tote waren bei der Epidemie von 1713 zu beklagen. Die
Dreifaltigkeits- oder Pestsäule am Fischmarkt, bereits 1713 aufgestellt, sollte
immer an diese bösen Zeiten erinnern.

Eine Volkszählung von 1720 ergab bei einer Gesamtbevölkerung von inzwischen immerhin wieder 7152 Bürgern 387 Slowaken, 6018 Deutsche, 702
Ungarn und 45 Juden.

Das Zeitalter Maria Theresias

Mit dem Tode Kaiser Karls VI. 1740 trat ein Problem auf. Denn Karl besaß
keine männlichen Nachkommen, sondern nur drei Töchter. Die älteste, Maria
Theresia (1717–1780), war mit Franz Stephan I. von Lothringen (1708–1765)
verheiratet und musste zunächst das Erbe und das Amt ihres verstorbenen Vaters
übernehmen. Doch da es keine männlichen Nachkommen gab, wurden aufgrund
älterer vertraglicher Übereinkünfte seitens der Wittelsbacher wie auch der

Hohenzollern berechtigte Ansprüche
auf die kaiserliche Erbfolge und die
habsburgischen Territorien erhoben.
Nur der plötzliche Tod des Wittelsba-
chers Karl VII. ermöglichte einen Son-
derweg. Durch diesen konnte Maria
Theresias Ehemann Franz Stephan am
4. Oktober 1745 in Frankfurt am Main
zum deutschen Kaiser Franz I. gekrönt
werden. Maria Theresia besaß zu keiner Zeit die Kaiserwürde, wenngleich
sie auch in den meisten Geschichts-
büchern als ›österreichische Kaiserin‹
bezeichnet wird. Das ist gleich doppelt
falsch, denn ein eigenes Kaiserreich
Österreich gab es erst seit 1806, und
Maria Theresia war während ihrer fast

*Unter Maria Theresia nahm Preßburg
einen starken Aufschwung*

Preßburg im 18. Jahrhundert

40-jährigen Regierungszeit offiziell ›nur‹ Königin von Ungarn und Böhmen.
Die Nachfolge auf dem ungarischen Thron blieb von all diesen Streitigkeiten
nach dem Tod ihres Vaters aber unberührt. Von den 63 Titeln, die ihr ihr Vater
Karl hinterlassen hatte, war der des ungarischen König der einzige, den niemand anders beanspruchte. So konnte sich Maria Theresia am 25. Juni 1741
in Pozsony-Preßburg zur Königin von Ungarn krönen lassen. Ein Zeitgenosse
hielt diesen Tag so fest: »… Maria Theresia war sicherlich eine der schönsten
Frauen Europas. Sie war von feinem Wuchse und majestätischer Haltung. Ihr
Auge, obgleich hellgrau, war ausdrucksvoll und mild. Sie war eben vom Kindbett
aufgestanden und das Matte, Schmachtende, verlieh ihr neuen Reiz. Die Krone
war ihr zu weit, als man sie ihr anvertraute, musste sie ausgefüttert werden. Sie
war ihr zu schwer, so dass sie bei der Tafel ablegen musste. Das heiße Wetter
und die Bewegung bei dieser Feier, die ziemlich lange andauerte, verbreiteten
bei ihr eine Röte im Gesicht, die den Glanz ihrer Schönheit erhöhte. Ihre Haare
fielen in weichen Locken über ihre Schultern und sie war ganz bezaubernd …«
    Die Königin liebte die Stadt und hielt sich oft in ihr auf. Sie ließ zahllose
Feste veranstalten. Viele auch nicht-ungarische Adlige zogen nach Preßburg und
ließen sich dort Palais bauen. Wieder blühte die Stadt auf; ihr Erscheinungsbild
im Zentrum ist bis heute nachhaltig von dieser Epoche geprägt. Die große Rolle,

die der ungarische Adel im Land spielte, drängte die Slowaken aber gleichzeitig in die Rolle eines Dienstbotenvolks. Grund und Boden der Slowaken wurden von den großen ungarischen Familien unter sich aufgeteilt. Der kleine und schwache slowakische Adel konnte nie sich in höhere Positionen aufschwingen und verschwand nach und nach.

Die Bevölkerung der Stadt stieg in dieser Zeit stark an. Mit über 30 000 Bewohnern war Preßburg nun die größte Stadt Ungarns, sie hatte mehr Bewohner als die Buda. Bratislava wuchs, und die mittelalterlichen Stadtmauern wurden zu einem großen Hindernis. 1775 ordnete Maria Theresia deshalb den Abriss aller Befestigungsanlagen an. Und dies veränderte das Gesicht mehr als die gesamte baugeschichtliche Entwicklung in den Jahrhunderten davor.

Berühmte europäische Baumeister bauten die Burg um, und das Preßburg der Gotik, der Renaissance und der frühen Barockzeit verschwand weitgehend. Denn mit dem Abriss der Stadtmauern, mit dem der Stadttore – nur das Michaelertor ließ man stehen –, mit dem Zuschütten des Stadtgrabens gingen erhebliche Umbaumaßnahmen auch älterer Adelspalais einher. Man wollte der Stadt ein ganz neues Antlitz verleihen.

Nun bestimmten auch neue Ideen und Weltanschauungen das Leben. Das Zeitalter der Aufklärung hielt Einzug, und die Stadt war gleichzeitig ein Mekka der Schönen Künste. Maler, Musiker, Schauspieler strömten nach Preßburg, und um mit Ulrich von Hutten zu reden:»Es war eine Lust in dieser Zeit zu leben«.

Nach Maria Theresias Tod übernahm ihr Sohn Joseph II. 1780 die Regierungsgeschäfte. Ihm war Preßburg fast gleichgültig, er verlegte die ungarischen Behörden und Kammern 1783 nach Buda zurück – denn immerhin waren die Osmanen schon seit hundert Jahren aus der Region abgezogen. Diese Entscheidung bedeutete eine tiefe Zäsur. Die administrative Bedeutung der Stadt verschwand, in gleichem Maß verödete das gesellschaftliche Leben. Provinzialismus machte sich breit.

Das Zeitalter Napoleons

Seit 1792 zogen Napoleons Heere durch Mitteleuropa, und 1805 erschienen französische Truppen auch vor Bratislava und besetzten es mit 10 000 Mann. Am 2. Dezember besiegte Napoleon das deutsch-österreichische Heer und dessen russische Verbündete in der sogenannten Dreikaiserschlacht bei Austerlitz in der Nähe von Brünn (heute Slavkov, Tschechien). Am zweiten Weihnachtstag schlossen Russland und das Heilige Römische Reich Deutscher Nation im Primatialpalast den berühmten ›Preßburger Frieden‹. Er brachte für den regierenden Kaiser Franz II. große Gebietsverluste. Letztlich ermöglichte der Ausgang der Schlacht Napoleon, im darauffolgenden Jahr das seit 961 bestehende Heilige Römische Reich Deutscher Nation schlichtweg aufzulösen. Aus Franz II., deutscher Kaiser, wurde nun Franz I., Kaiser von Österreich. Erst ab 1806 bestand ein eigenständiges österreichisches Kaisertum, wenn auch nur von Napoleons Gnaden.

Napoleons Soldaten blieben bis 1809 in der Stadt und auf der Burg. Danach wurde die Burg zu einer Kaserne. Die Unachtsamkeit der Garnisonssoldaten

Land und Leute

Preßburg im 17. Jahrhundert; Darstellung in naiver Malweise aus dem 20. Jahrhundert

löste den großen Burgbrand vom 28. Mai 1811 aus, der die Rokoko-Schönheit der Burgräume vernichtete und nur die Umfassungsmauern stehen ließ. Die Burg verfiel, sie diente als Steinbruch und blieb fast 150 Jahre Ruine.

Industrialisierung und Autonomiebestrebungen

Wie in anderen Städten Mitteleuropas veränderte sich im 19. Jahrhundert der Charakter Preßburgs erheblich. Die Industrielle Revolution gab der Stadt nach und nach ein neues Gesicht. 1818 begann auf der Donau ein regelmäßiger Dampfschiffahrtsbetrieb, 1840 wurde eine Pferdebahn eingerichtet – erst bis Svätý Jur, 1846 bis nach Trnava –, 1848 wurde die Stadt an das Eisenbahnnetz angebunden. Zunächst bestand nur eine Verbindung zum heute österreichischen Marchegg am westlichen Ufer der March (Morava), doch verlängerte man die Linie bald bis nach Wien. Die Marchbrücke gilt als älteste Eisenbahnbrücke auf dem Gebiet des damaligen Ungarn.

Die freiheitlichen Bewegungen, die in vielen Ländern Europas 1848 in revolutionären Aufständen kulminierten, erreichten auch Oberungarn. National-slowakische Bewegungen erwuchsen, wie auch überall in der österreichischen Monarchie nationale Autonomiebewegungen erstarkten. Der Kampf um eine einheitliche slowakische Schriftsprache, die bis dahin fehlte, war dabei ein zentrales Anliegen. Ľudovít Štúr widmete sich mit jungen Studenten dieser Frage und sah in ihr gleichzeitig ein Instrument zur nationalen Erneuerung. Das Jahr 1848 ist zusätzlich für die Stadtgeschichte von besonderer Bedeutung, da in diesem Jahr der ungarische Landtag letztmalig hier zusammenkam.

Für Kaiser Franz Joseph I. (1830–1916), der seit 1848 regierte und der außenpolitisch mit mehreren verlorenen Kriegen gegen Preußen und Italien wenig erfolgreich war, waren die immer stärker werdenden Autonomiebewegungen ein ernstes innenpolitisches Problem. Schon im ersten Jahr seiner Regierung wäre er fast Opfer eines Attentats ungarischer Nationalisten geworden. Die Slowaken dagegen waren bereit, mit ihm zusammen gegen die Ungarn zu kämpfen. Sie erhofften sich dadurch eine stärkere Selbständigkeit und die Wahrung ihrer nationalen Rechte. Immerhin bildete sich ein eigener slowakischer Schulverein, und es entwickelte sich nun erstmals eine selbständige slowakische Literatur. Doch der Kaiser sah sich mehr und mehr gezwungen, den ungarischen Teilen seines Reiches besondere Zugeständnisse zu machen. Im sogenannten ›Ausgleich‹ von 1867 wurde innerhalb der Monarchie in einer Art Unionsstaat ein gleichberechtigtes Ungarn geschaffen. In der Doppelmonarchie gab es nur drei gemeinsame Ministerien: für Äußeres, für den Krieg und für die Finanzen. Als direkte Folge dieses Vertrages wurden Kaiser Franz Joseph und Kaiserin Elisabeth – meist als ›Sisi‹ bezeichnet – in Buda zu König und Königin von Ungarn gekrönt. In der zweiten Hälfte des 19. Jahrhunderts zogen mehr und mehr Slowaken und Ungarn aus der Umgebung in die Stadt. Der Anteil der deutschen Bevölkerung ging von rund 75 Prozent um 1850 – zu dieser Zeit lebten 7500 Slowaken, 31600 Deutsche und 3150 Ungarn in Bratislava – auf etwa 42 Prozent zu Anfang des 20. Jahrhunderts zurück.

Eine Folge des ›Ausgleichs‹ war, dass nun im Gebiet der späteren Slowakei eine intensive Magyarisierung einsetzte. Ein starker Zuzug ungarischer Bevölkerungsteile setzte ein. Die slowakische Sprache wurde dagegen aus den Schulbüchern und Ämtern verbannt. Es war ein herber Schlag für die slowakische Nationalbewegung, und viele Slowaken verließen damals ihre Heimat. Rund 600 000

Die Habsburger Monarchie Anfang des 19. Jahrhunderts   0   150   300 km

Die Doppelmonarchie Österreich-Ungarn 1910

Menschen wanderten aus – ein empfindlicher Aderlass, der namentlich in den ländlichen Regionen zum Rückschritt führte. Bratislava dagegen prosperierte. 1890 wurde eine erste Donaubrücke gebaut, um die Stadt besser an das Südufer mit der Vorstadt Engerau (heute Petržalka) und ihren Gärten anzubinden. 1895 nahm eine erste Straßenbahnlinie den Betrieb auf. Die Einwohnerzahl erreichte 1910 fast 80 000 Menschen, davon 13 000 Slowaken, 33 000 Deutsche und 31 000 Ungarn. Die Stadt war im europäischen Maßstab wohlhabend.

Am 17. Mai 1913 ereignete sich eine der größten Katastrophen in der Stadtgeschichte. In der Židovská (Judengasse) unterhalb der Burg brach ein großer Brand aus, dem fast hundert Häuser zum Opfer fielen. Dadurch wurde die alte Judenstadt weitgehend zerstört. Mit dem Tod des Kaisers Franz Joseph 1916, nach 68 Jahren Regierungszeit, endete eine Epoche. Sein Nachfolger wurde Karl I. (1887–1922), der keine Akzente mehr setzen konnte: Mit der Niederlage 1918 zerbrach der österreichisch-ungarische Vielvölkerstaat, wenngleich das Königreich Ungarn pro forma noch bestehen blieb. Der König verließ das Land und ging ins Exil nach Madeira, wo er vier Jahre später starb.

Die Tschechoslowakische Republik

Die Bestimmungen der Pariser Friedensverträge brachten tiefgreifende Veränderungen für den mitteleuropäischen Raum mit sich. Ungarn, nun ohne das frühere ›Oberungarn‹ und einige andere Landesteile, sollte ein selbständiger

Staat werden. Preßburg mit seinem Land, das vom ungarischen Militär kontrolliert wurde, fiel nach der Ausrufung des Retortenstaats der Tschechoslowakischen Republik (ČSR) dieser zunächst nicht zu. Prag setzte für die Slowakei wegen der günstigen Bahnverbindung zwischen beiden Städten zunächst deren Teilregierung in Žilina ein. Am 1. Januar 1919 besetzen tschechoslowakische und italienische Soldaten Preßburg, das zu dieser Zeit noch etwa 80 Prozent nichtslawische Bevölkerung besaß. Am 4. Februar zog die Regierung aus Žilina im Preßburger Grassalkovich-Palais ein. Vom Militär wurde in diesen Wochen für die Stadt der Name ›Wilson-Stadt‹ (Wilsonovo Město) verwendet: Woodrow Wilson war in jener Zeit Präsident der USA. Um die Mitte des Februar wurde dann beschlossen, der Stadt, die von der Tschechoslowakei okkupiert war, aber offiziell noch zu Ungarn gehörte, einen neuen Namen zu geben. Weder Prešpurk noch Prešporok wurden aber angenommen, schließlich entschieden sich die Machthaber in Prag, mit der Namensgebung an den großmährischen Fürsten Brazlav (Preslav, Bratislav) anzuknüpfen. Er war zu Beginn des 10. Jahrhunderts Burgherr in ›Brezalauspurc‹ gewesen. Die Fürsten wählten mit ›Bratislava‹ eine sanfte, weibliche Namensform von Bratislav. Bratislava war jetzt die nominelle Hauptstadt des slowakischen Teilstaates geworden, genaugenommen aber nur Verwaltungssitz der östlichen Hälfte der Tschechoslowakei.

Die Umbenennung ging letztlich auf Ľudovit Štúr zurück, der einen neuen slowakischen Namen für die Stadt schon 80 Jahre früher gefordert hatte. In diesem Zusammenhang muss auf die Namensähnlichkeit mit Wratislaw verwiesen werden. Ein böhmischer Herzog dieses Namens gründete im 10. Jahrhundert das schlesische Breslau (heute Wrocław), das zunächst Wratislavia hieß. Die deutschen Namen Preßburg und Breslau lassen sich also etymologisch gleich ableiten, haben in deutscher Sprache auch einen ähnlichen Klang.

Wenn auch der neue Staat ČSR in seinem Namen die Slowakei paritätisch berücksichtigte, wenn sich auch mehrere nationale Institutionen wie das Slowakische Nationaltheater oder die Comenius-Universität etablieren konnten, war

Die Tschechoslowakei zwischen den Weltkriegen

Tomáš Garrigue Masaryk war der dominie-
rende Politiker der Zwischenkriegszeit

doch bald unübersehbar, dass man in Prag die Geschicke des ganzen Landes bestimmte. Tschechische Beamte kamen in großer Zahl in die Stadt. Zwar gab es, den Bestimmungen des Versailler Vertrages gemäß, besondere Minderheiten-Schutzverordnungen für die Deutschen und Ungarn, aber die Realität sah anders aus.

Ein Zuzug von Slowaken begann. Fabrik- und Villenviertel entstanden, insbesondere am Stadtteil Vinohrady (Weinberge), nordwestlich der Altstadt, setzte ein regelrechter Bauboom ein. Bratislavas Einwohnerzahl wuchs auf 130 000 im Jahr 1938 an. Der slowakische Anteil an der Einwohnerzahl stieg auf knapp 60 Prozent, der deutsche und ungarische nahm auf 22 und 13 Prozent ab. Unter den Stadtbewohnern waren auch ungefähr 15 000 Juden.

Der slowakische Staat unter Jozef Tiso

Für Adolf Hitler war die Tschechoslowakei aufgrund ihrer äußeren Form ein ›Drachen‹, der das Deutsche Reich bedrohte und vor allem seinen Expansionsgelüsten im Wege stand. So begann er schrittweise mit der Zerschlagung dieses Staates. Im September 1938 besetzten deutsche Truppen gemäß dem ›Münchener Abkommen‹ die mehrheitlich deutsch bewohnten Randgebiete der Tschechoslowakei, das sogenannte Sudetenland. Die anderen europäischen Mächte sahen untätig-verstört dem Treiben des Diktators zu. Im März 1939 vollzog Hitler unter Bruch eben dieses Abkommens die, wie er es nannte, ›Zerschlagung der Rest-Tschechei‹. Es wurde als ›Protektorat Böhmen und Mähren‹ dem Deutschen Reich unterstellt. Die Slowakei wurde am 14. März 1939 eine scheinbar souveräne Slowakische Republik, die aber unter dem Präsidenten Jozef Tiso (1887–1947), einem Geistlichen, ein bloßer Satellitenstaat Hitlers war.

Aus der Herkunft Tisos formte sich ein System eines merkwürdigen Kleriko-Faschismus und damit ein ganz eigenes Selbstverständnis dieses Staats. Tiso hatte in den beiden Jahren zuvor das Amt des slowakischen Ministerpräsidenten innerhalb der Tschechoslowakei innegehabt. Er übernahm 1939 die Präsidentschaft aus dem Wunsch heraus, dadurch dem Land besser nützen zu können. Doch er war letztlich im politischen Geschäft zu unerfahren, um seinen eigenen Kurs durchsetzen zu können. Ständig stand er in Gewissenskonflikten mit den tatsächlichen Anforderungen des politischen Tagesgeschehens und seiner trotz alledem sehr gläubigen Grundeinstellung. Er mobilisierte für Hitler zwei slowakische Divisionen, die dieser an der Ostfront einsetzen ließ. Tatenlos sah er dem slowakischen Aufstand und der Partisanenbewegung zu – unfähig zu einer Entscheidung. Besonders die Entschlusslosigkeit gegenüber den Deportationen der slowakischen Juden, die an ihm vorbei durchgesetzt wurden – etwa drei Viertel aller slowakischen Juden wurden ermordet –, zerstörten seine Reputation vollends. Seine niemals beigelegte persönliche Feindschaft mit dem Tschechen Edvard Beneš, der im Exil die Wiedererrichtung der Tschechoslowakei vorbereitete, wurde ihm dann vollends zum Verhängnis. 1947 wurde er in Bratislava hingerichtet.

Jozef Tiso

Hanns Elard Ludin (1905–1947) wurde 1941 zum deutschen Gesandten in Preßburg ernannt. Er war zuvor Reichswehrleutnant und Polizeipräsident in Karlsruhe und bis 1939 oberster SA-Führer in Baden gewesen. Als oberster Vertreter der NSDAP im Land personifizierte er die eigentliche Staatsmacht. Obwohl er ein durchaus brutaler Charakter war, versuchte er gegenüber der slowakischen Bevölkerung eine ungewöhnlich behutsame und beschwichtigende Politik anzuwenden. Historiker rätseln bis heute, was ihn dazu veranlasst haben mag. Vielleicht übersah er deshalb die Vorbereitungen zum Slowakischen Nationalaufstand (SNP) vom 29. August 1944. Dessen harte Niederschlagung im darauffolgenden Monat – teilweise unter Ludins Kommando – war der Grund für den Prozess, dem er sich nach dem Krieg stellen musste. Ludin wurde 1947 in Bratislava hingerichtet. Ludin untergeben war Hans Gmelin, der für ideologische Fragestellungen zuständig war. Dieser wurde allerdings nach dem Kriege nicht hingerichtet, sondern konnte Oberbürgermeister von Tübingen werden. Seine Tochter ist die ehemalige Bundesministerin Herta Däubler-Gmelin, die 1942 in Bratislava zur Welt kam.

Bis zum Juni 1944 verschonte der Krieg die Stadt. Doch am 16. Juni flogen die Amerikaner einen Angriff gegen die Apollo-Mineralölraffinerie am Donauufer südöstlich der Altstadt. Sie wurde vollständig zerstört. Auch das Viertel um die die Ul. Grösslingova nordwestlich davon wurde schwer beschädigt. 118 Tote und 600 Verletzte waren zu beklagen. Ende März 1945 stand die Zweite Ukrainische Front der Roten Armee unter Marschall Malinowskij, von Nordosten kommend, vor Bratislava. Die Einheiten der deutschen Wehrmacht planten, die Stadt in eine Festung zu verwandeln; um dem Gegner den Vormarsch zu erschweren, sprengte man die Eisenbahnbrücke (damals die einzige Donaubrücke in der Stadt überhaupt) über die Donau. Doch es herrschte bereits ein allgemeines Klima der Auflösung, die Tiso-Regierung wie auch die Ludin-Behörden zogen es vor, ihr Heil in der Flucht zu versuchen und sich Richtung Österreich durchzuschlagen.

Am 3. April 1945 begann der Angriff der Roten Armee auf Bratislava, rasch drangen die Sowjets ins Zentrum vor. Die Deutschen und die Tiso-Armee hatten kaum etwas entgegenzusetzen. Es gelang den Truppen der Roten Armee noch am Abend des gleichen Tages, bis zum zwölf Kilometer entfernten Devín durchzustoßen und ihre Gegner dort aufzureiben. Bratislava war am Morgen des 4. April fest in russischer Hand. Aufgrund des schnellen Vormarsches der Sowjets und der Tatsache, dass es den Deutschen nicht mehr gelungen war, die Stadt in eine Festung zu verwandeln, blieben die Kriegsschäden insgesamt gering. Das Zentrum blieb weitgehend unbeschädigt, nur eben die Donaubrücke war zerstört.

Die Nachkriegszeit

Im Sommer 1945 wurden jene Deutschen, die bis dahin die Stadt nicht verlassen hatten, in das neu errichtete Gefangenenlager Engerau (Petržalka) südlich der Donau verbracht. Bis Ende 1946 wurden alle verbliebenen Deutschen nach Österreich ausgewiesen. Von offizieller Seite wurden von nun an die deutschen Wurzeln der Stadt totgeschwiegen.

Unmittelbar nach Kriegsende wurde das Stadtgebiet vergößert. Nach Karlova Ves, das wegen seiner Trinkwasserquellen schon 1944 an Bratislava gekommen war, wurden 1946 Devín, Petržalká, Dúbravka, Lamač, Rača und Vajnory eingemeindet und 1972 eine weitere erhebliche Anzahl von Dörfern – darunter Jarovce, Rusovce, Devínská Nova Vés und andere – der Stadt angeschlossen. Im Februar 1948 entstand die Tschechoslowakei wieder, diesmal unter sozialistischen Vorzeichen. 1960 wurde der Name um den Begriff ›sozialistisch‹ erweitert, seitdem hieß der Staat in seiner gebräuchlichen Abkürzung ČSSR.

Zu Beginn der 1960er Jahre lebten in Bratislava 242 000 Bewohner. Davon waren nun 95 Prozent Slowaken, 4 Prozent Tschechen und je ein halbes Prozent

Protest gegen die russischen Besatzer vor der Universität in Bratislava

Land und Leute

Die Annahme der slowakischen Verfassung 1992; links Vladimir Mečiar

Ungarn und Deutsche. Durch große Zuwanderungen aus allen Gebieten des Landes stieg die Einwohnerzahl weiterhin sehr schnell an. Die Stadt erlebte eine stürmische Entwicklung wie nie in den Jahrhunderten davor. Riesige Plattenbausiedlungen entstanden, zunächst Ružinov im Osten, dann Karlova Vés und Dúbravka im Westen der Stadt und gegen Anfang der 1980er Jahre auch am Südufer der Donau. Es entstand eine der größten Trabantenstädte aller Zeiten und Völker: Petržalka (vormals Engerau). Mit zunächst 120 000 Bewohnern war es die größte Neubausiedlung der damaligen Tschechoslowakei. Heute leben in dieser Siedlung etwa 130 000 Menschen.

Die seit Jahrhunderten schwelende Unzufriedenheit der Slowaken, in keinem eigenen Staat leben zu dürfen, und ihr stetes Bemühen um größere Mitspracherechte waren die entscheidenden Antriebskräfte, die die Reformen des ›Prager Frühlings‹ 1968 erzwangen. Denn in der ČSSR hatten die Slowaken nichts außer einer vordergründigen Anerkennung angeblicher Eigenständigkeit, einem eigenen Ministerpräsidenten und eigener kommunistischer Partei. Die politischen Entscheidungen für die Slowakei wurden in Prag getroffen, ohne dass man dabei allzuviel in Bratislava angefragt hätte. Auch nach dem Ende der kurzen Ära Dubček, eines Slowaken, blieb alles beim alten.

Die im Wortsinn einschneidendsten Veränderungen in der Nachkriegsgeschichte Bratislavas waren der Bau der vierspurigen Autostraße am Westrand der Altstadt und der Bau der Neuen Brücke. Die Straße schlug eine breite Schneise durch die Altstadt; seitdem ist die Burg von der eigentlichen Stadt getrennt. In diesem Zusammenhang wurde auch die überdimensionierte Nový Most (Neue Brücke) errichtet, wurden die historischen Viertel zwischen Burg und Donau – Weidritz und Zuckermantel – unnötigerweise niedergerissen. In den Jahren bis 1972 wurden dem Stadtbild damit unwiderrufliche Schäden zugefügt.

Auch in der Tschechoslowakei überwanden die Menschen 1989/90 das sozialistische System. Bemerkenswert ist, dass die darauf folgende Trennung der Slowaken und Tschechen sehr sachlich verlief. Seit dem 1. Januar 1993 existiert eine unabhängige Slowakei mit der Hauptstadt Bratislava. Wie die anderen postsozialistischen Staaten auch, blieb die Slowakei in den 90er Jahren von politischen und wirtschaftlichen Verwerfungen nicht verschont. Mittlerweile haben sich jedoch die Verhältnisse deutlich konsolidiert, und Bratislava hat einen deutlichen Aufschwung genommen. Dazu hat auch die Autoindustrie beigetragen.

Über eine eine halbe Million Menschen wohnen derzeit in Groß-Bratislava. In dem selbständigen Staat, den es so nie vorher gegeben hat, sind nun endlich die jahrhundertealten Träume der Slowaken nach Selbstbestimmung verwirklicht. Aber das neue Bratislava ist sich auch seiner Vergangenheit bewusst und pflegt seine deutschen und ungarischen Wurzeln – vor allem die Erinnerung an die deutschen Einflüsse war 40 Jahre lang unerwünscht.

Bedeutende Persönlichkeiten

Es ist kaum verwunderlich, dass Bratislava, diesem Schmelztiegel der Kulturen, bedeutende Persönlichkeiten erwuchsen, die von allen drei Völkern fast gleichermaßen als die Ihrigen angesehen wurden und werden.

Elisabeth von Thüringen

Als erste Persönlichkeit, die eng mit Pozsony-Preßburg verbunden ist, muss Elisabeth von Thüringen genannt werden. Sie wurde 1207 als Tochter des ungarischen Königs Andreas II. auf der Burg geboren, noch als Kind mit dem thüringischen Landgrafen Ludwig verheiratet und lebte mit ihm auf der Wartburg bei Eisenach. Nach dessen Tod entschied sich Elisabeth, nur noch für die Armen und Hilfebedürftigen zu leben und sagte allen weltlichen Freuden ab. Die selbstauferlegte Kasteiung wie auch der psychische Druck, dem sie durch ihren geistlichen Beistand Konrad von Marburg in Thüringen, einem religiösen Eiferer und Hexenjäger, ausgesetzt war, zermürbte ihre zarte Gesundheit. Sie starb 1231, mit nur 24 Jahren. Bereits vier Jahre nach ihrem Tod wurde sie heiliggesprochen. Viele Legenden ranken sich um ihre Gestalt. Richard Wagner setzte ihr als weiblicher Hauptgestalt in der Oper ›Tannhäuser‹ ein unvergängliches musikalisches Denkmal. Sie ist die Namenspatronin aller europäischen Elisabethkirchen und wurde in der Elisa-

Erinnerung an Elisabeths 750 Todestag per Briefmarke von 1981

bethkirche in Marburg beigesetzt. Ihre Gebeine gingen allerdings in den Wirren der Zeiten verloren. In Bratislava gedenkt man der Heiligen (Alžbeta Durínska – Elisabeth von Thüringen) unter anderem durch ein Denkmal auf der Ostterrasse der Burg sowie durch zwei Kirchen, die sie als ihre Namenspatronin führen.

Wolfgang Kempelen

Wolfgang Kempelen – eigentlich Johann Wolfgang Ritter von Kempelen de Pázmánd –, der 1734 in Preßburg zur Welt kam und 1804 in Wien starb, war ein Universalgenie und wahrscheinlich einer der größten Erfinder aller Zeiten, wenngleich sein Name heute nur noch wenig bekannt ist. Kempelen sprach über 30 Sprachen und war ein naher Vertrauter des Kaisers Joseph II. Für diesen entwarf er neue Methoden zur Salzgewinnung, konstruierte ein Wasserleitungssystem für die Preßburger Burg wie auch für Schloss Schönbrunn und schrieb Schauspiele und Musikstücke. 1775 entwickelte er eine Schreibmaschine für Blinde. In seinen Skizzen zu verschiedenen technischen Konstruktionen erwies er sich als ein weit in die Zukunft hineinblickender Geist, so etwa in seinen Überlegungen zu Automatisierungsprozessen, wie sie so heute noch angewendet werden. Wissenschaftlich höchste Bedeutung hatte seine Sprechmaschine, die erste funktionstüchtige Apparatur für synthetisches Sprechen.

Aufsehen erregte er durch seinen Schachautomaten, bei dem durch einen höchst komplizierten Mechanismus die Figur eines Türken, die dem Spieler gegenübersitzt, auf dessen Züge reagiert und selbst die Schachfiguren bewegt. Doch in der Maschine saß ein nicht zu großer Mensch, der durch einen komplizierten Mechanismus dem Türken die jeweiligen Gegenzüge vorgab. Dennoch war angeblich der Türke nie zu besiegen. Kempelens Maschine rief viele Imitationen auf den Plan. Von diesem Automat rührt die Redewendung her, etwas sei ›getürkt‹, also vorgetäuscht. Die öffentlichen Vorführungen vieler seiner Erfindungen und Versuche musste Kempelen meist aus eigener Tasche bezahlen, was angeblich der Grund dafür war, dass er 70-jährig in Wien in völliger Armut verstorben sein soll. Eine Replik dieses Schachautomaten befindet sich im Café Roland auf dem Hauptplatz.

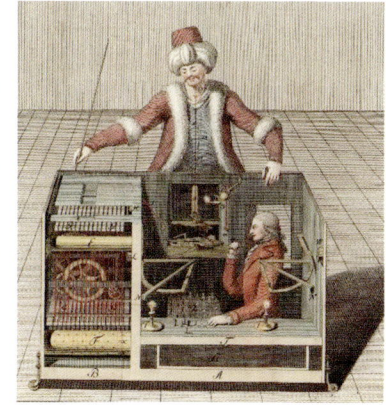

Der geniale Erfinder war zweifellos eines der letzten Universalgenies und steht in einer Reihe mit Leonardo da Vinci, Isaac Newton und Gottfried Wilhelm Leibniz. Wie Nicola Tesla geriet auch er nach seinem Tod zu Unrecht in Vergessenheit. Erst allmählich erinnerte man sich seiner. Die österreichische Gesellschaft für Informatikgeschichte verleiht eine Auszeichnung, die seinen Namen trägt.

Der ›Schachtürke‹ Kempelens

Johann Andreas Segner

Erfinder und Naturwissenschaftler war
auch der in Preßburg geborene Johann
Andreas Segner (1704–1777), der ab
1730 in seiner Heimatstadt als Arzt
tätig war und nach 1733 Professor der
Mathematik und Physik in Jena, Göt-
tingen und Halle wurde. In Halle starb
er auch, und dort liegt er begraben.
In zahlreichen Aufsätzen beschäftigte
sich Segner mit der Wasserkraft und
deren Nutzung. Seine Berechnungen
sind Grundlage der modernen Wasser-
turbinenkonstruktion. Das sogenannte
›Segnersche Rad‹ ist dafür die Basis.
Segner gilt als einer der bedeutendsten
Naturwissenschaftler seiner Zeit, der
als einer der ersten Professoren Expe-
rimentalvorlesungen abhielt.

Johann Andreas Segner um 1750

Chatam Sofer

Eine weitere wirkungsmächtige Persönlichkeit der Stadt kam als Moses Schreiber
1762 in Frankfurt am Main zur Welt. Zu größter Bedeutung avancierte dieser
Mann aber in Preßburg: Chatam Sofer wirkte fast 40 Jahre in Preßburg als Rabbiner. Er begründete hier eine jüdische Schule, an der er fast 150 junge Leute zu
Rabbinern ausbildete. Die Schule an der Preßburger Synagoge wurde durch ihn
eine europäische Einrichtung, ein Zentrum des europäischen Judaismus. Chatam
Sofer veröffentlichte Auslegungen des Talmud, Exegesen der Bücher Mose wie
auch eine große Zahl geistlicher hebräischer Lieder. Als er am 3. Oktober 1839
in Preßburg starb, gaben ihm 300 Studenten das Geleit. Die Rabbinerschule
bestand bis 1940, wurde von den Nationalsozialisten geschlossen, wird jedoch
heute unter der Bezeichnung ›Preßburger Synagoge‹ in Jerusalem weitergeführt.
Für orthodoxe Juden ist Chatam Sofer eine der größten Persönlichkeiten. Sein
Grab ist erhalten, wurde Ende der 1990er Jahre restauriert und mit seiner Umgebung zu einer besonderen Weihestätte umgeformt. Es befindet sich westlich
der Bratislaver Burg, an deren Fuß, nahe der Mündung des Straßenbahntunnels
durch den Burgberg.

Viktor Tilgner

Der bedeutende österreichische Bildhauer Viktor Tilgner (1844–1896) ist ebenfalls Preßburger. Eine Fülle von Plastiken insbesondere in Wien stammt von
ihm. Als eine seiner bedeutendsten Schöpfungen gilt die Statue W. A. Mozarts

im Wiener Burggarten. Sie ist gleichzeitg auch sein letztes Werk und ist erst nach seinem Tod enthüllt worden. Bauplastiken für die Hofoper, die Hofburg und insbesondere eine Fülle von Porträtbüsten und Standbildern von Politikern, Künstlern und Wissenschaftlern des 18. und 19. Jhdts. machen sein Werk aus. Das Hummel-Denkmal in der Rigeleho und der Ganymed-Brunnen vor dem Alten Nationaltheater sind die einzigen Schöpfungen des Künstlers in seiner Heimatstadt. Tilgners nachgelassene bzw. unvollendete Werke befinden sich heute in der Städtischen Galerie von Bratislava.

Philipp Lenard

Der Naturwissenschaftler Philipp Lenard (1862–1947) ist der bislang einzige slowakische Nobelpreisträger. Als Physiker leistete er Bahnbrechendes auf dem Gebiet der Röntgen- und Kathodenstrahlen, für deren Erforschung er 1905 den Nobelpreis erhielt. Lenard war ein Kritiker von Albert Einstein, in dessen Relativitätstheorie er einige tatsächliche Unstimmigkeiten nachweisen konnte. Bedauerlicherweise gelangte er in seiner naturwissenschaftlichen Weltanschauung in seinen späten Jahren zu sehr ins Fahrwasser der NS-Ideologen und redete einer rassisch motivierten ›Deutschen Physik‹ das Wort, was das Ansehen seiner eigenen, durchaus bedeutenden Forschungstätigkeit und deren Ergebnisse dauerhaft diskreditierte. Lenard verteidigte dies 1936 im Vorwort zu seinem vierbändigen Werk wie folgt: »»Deutsche Physik?‹ wird man fragen. Ich hätte auch arische Physik oder Physik der nordisch gearteten Menschen sagen können, Physik der Wirklichkeits-Ergründer, der Wahrheits-Suchenden, Physik derjenigen, die Naturforschung begründet haben. […] In Wirklichkeit ist die Wissenschaft, wie alles was Menschen hervorbringen, rassisch, blutmäßig bedingt.«

Alexander Moyzes

Für die slowakische Musik hat neben Eugen Suchoň vor allem Alexander Moyzes (1906–1984) Bedeutung. Er kam in Klāštor pod Znievom – südlich von Žilina – zur Welt, wuchs jedoch in Bratislava auf. Seit 1941 war er Lehrer für Komposition an der Musikhochschule in Bratislava. Er schuf unter anderem zahlreiche Symphonien. Kompromisslos verschloss er sich den zeitgenössischen Strömungen in der Tonsprache und kreierte einen höchst eigentümlichen Stil, der sich nur aus der slowakischen Folklore speist, dennoch voller harmonischer Kühnheiten ist. Am eindrucksvollsten ist diese Symbiose wohl in den ›Tänzen aus der Gemer-Region‹, op. 51, gelungen. Die symphonische Dichtung ›Den Fluss Váh hinab‹ wurde in der Slowakei einst viel gespielt

Gustáv Husák

Auch der letzte Staatspräsident und Generalsekretär der KP der ČSSR, Gustáv Husák, stammt aus Bratislava, genaugenommen aus dem Vorort Dúbravka, wo er 1913 zur Welt kam. Er löste nach der Niederschlagung des Prager Frühlings

Land und Leute

den Reformer Alexander Dubček ab, der ebenfalls Slowake war. Obwohl Husák ursprünglich Reformen anstrebte, bewahrte er dann doch eine bedingungslose Blocktreue zur Sowjetunion und blieb bis Dezember 1989 in seinem Amt. Er starb bald darauf, im Jahr 1991.

Drei große Musiker

Gerade in der Musik wird deutlich, wie sehr Bratislava von ungarischen, slowakischen und deutschen Einflüssen geprägt war. Diese Mischung personifiziert sich in den drei bekanntesten Komponisten, deren Leben und Werke eng mit der Stadtverbunden sind.

Johann Nepomuk Hummel

Man kann keinesfalls sagen, dass er vergessen wäre, doch seine Werke spielen auf den Konzertpodien nicht die Rolle, die ihnen musikgeschichtlich zusteht: Johann Nepomuk Hummel (1778–1837) war ein Wunderkind am Klavier und verließ mit zwei Jahren seine Heimatstadt, um mit seinem Vater auf Konzerttournee zu gehen. 1789/90 war er Schüler von Wolfgang Amadeus Mozart und lebte in Wien, wo er auch nach dessen Tod im Jahr 1793 ansässig blieb, um seine Studien zu vervollkommnen. Als fürstlich Esterhazyscher Konzertmeister war Hummel als Nachfolger Joseph Haydns ab 1804 in Eisenstadt tätig, vernachlässigte aber durch intensives eigenes Komponieren seine Aufgaben in der Kapelle, worauf man ihn entließ. In den folgenden Jahren konzertierte Hummel europaweit als Klaviervirtuose und ging 1819 als Kapellmeister des Großfürsten nach Weimar, wo er endlich die Möglichkeit erhielt, gleichzeitig zu konzertieren und zu komponieren. 1834 unternahm er eine Konzertreise nach Wien und gab dabei am 20. Juni während eines Ausflugs nach Preßburg das letzte Konzert in seiner Vaterstadt. Hummel stab, knapp 59-jährig, am 17. Oktober 1837 in Weimar. Er wurde auf dem Weimarer Stadtfriedhof unweit der Fürstengruft beigesetzt.

Johann Nepomuk Hummel war einer der berühmtesten Pianisten im ersten Drittel des 19. Jahrhunderts, dementsprechend steht das Klavier im Mittelpunkt seines Schaffens, reine Orchestermusik gibt es von ihm kaum. Stilistisch steht er zwischen Klassik und Romantik, seine Klaviertechnik weist bereits auf Frédéric Chopin hin. Der junge Chopin orientierte sich in seinem Klaviersatz an Hummel und bezeichnete ihn als ›unser aller Meister‹.

Eine große Gabe der melodischen Erfindung verquickt sich bei ihm zu

Johann Nepomuk Hummel um 1814

atemberaubender, doch niemals vordergründiger Virtuosität, womit er die damalige Musikwelt faszinierte. Um 1830 waren seine Klavierkonzerte auf allen Konzertpodien Europas zuhause und wurden mehr als Beethovens Werke geschätzt. Am berühmtesten sind die Klavierkonzerte Nr. 3 in a-moll (op. 85) und Nr. 4 in h-moll (op. 89) sowie ein feuriges, melodienseliges Trompetenkonzert in E-Dur.

Franz Schmidt

Wie auch Hummel verließ Franz Schmidt (1874–1939) früh seine Geburtsstadt und ging nach Wien, um dort unter anderem bei Anton Bruckner zu studieren. Später war er Professor für Cello und für Komposition an der Wiener Hochschule für Musik. Weltberühmt wurde Schmidt durch seine 1914 entstandene Oper ›Notre Dame‹ nach dem Roman von Victor Hugo. Er komponierte daneben Orgelmusik und vier Symphonien, in denen er sich als der vielleicht einzige legitime Nachfolger seines Lehrers Bruckner zeigt. In Österreich schätzt man sein aufwendiges Oratorium ›Das Buch mit sieben Siegeln‹ nach Worten aus der Apokalypse des Johannes. Seine Musiksprache verknüpft den spätromantischen Stil Brahms´ und Bruckners mit ungarischen und slawischen Elementen und würzt diese Mischung mit starker Chromatik, wodurch er bisweilen die Tonalität zu sprengen versucht.

Zu Schmidts eindrucksvollsten Werken gehören seine zweite Symphonie in Es-Dur sowie die vierte Symphonie in C-Dur und das früher in keinem Wunschkonzert fehlende Intermezzo aus der einst vielgespielten Oper ›Notre-Dame‹. In unüberhörbar ungarischer Diktion malt Schmidt die neben Quasimodo wichtigste Figur des Werks, die Zigeunerin Esmeralda. Unvollendet blieb das große Chorwerk ›Deutsche Auferstehung‹, in dem er den Anschluss Österreichs an das Deutsche Reich besang.

Ernst (Ernö) von Dohnányi

Sicherlich der bedeutendste Musiker Ungarns zwischen Franz Liszt und Béla Bartók ist Ernst (Ernö) von Dohnányi. Er stammte aus altem ungarischen Adel und wurde 1877 in Preßburg geboren. Er war zur damaligen Zeit ein berühmter Klaviervirtuose, Dirigent, Komponist und Lehrer vieler später berühmt gewordener Künstler wie Georg Solti, Géza Anda und anderen.

Dohnányis musikalischer Stil war ursprünglich stark von Johannes Brahms geprägt, betonte aber später folkloristische Elemente der ungarischen Zigeunermusik, die er in seiner Orchestermusik zu farbig-impressionistischen Klängen stilisierte. Er komponierte unter anderem Symphonien, Solokonzerte, Klaviermusik, Kammermusik und ein Ballett. Seine Tonsprache zeichnet eine besondere Klangfülle aus.

Von Dohnányi ließ sich Im Jahr 1905, nach Jahren triumphaler Konzerttätigkeit, in Berlin nieder, kehrte aber 1915 nach Ungarn zurück. Sein Entschluss, 1944 vor der herannahenden Roten Armee aus Ungarn nach Österreich zu fliehen, bereitete ihm später viele Schwierigkeiten und führte dazu, dass seine Musik

Land und Leute

in den sozialistischen Ländern verpönt war. Er ging 1949 als Hochschullehrer nach Amerika und starb 1960 in New York. Sein Sohn Hans von Dohnanyi war Reichsgerichtsrat in Berlin und wurde als Widerstandskämpfer gegen Hitler Anfang 1945 hingerichtet. Seine Enkel sind der Dirigent Christoph von Dohnanyi und der frühere Hamburger Bürgermeister Klaus von Dohnanyi.

Herausragend unter den Werken Dohnányis sind die Ballettmusik ›Der Schleier der Pierrette‹, sein grandioses Klavierkonzert in e-moll, die ›Variationen über ein Kinderlied‹ für Orchester und eine leider viel zu selten gehörte Symphonie in d-moll. Doch ist in den letzten Jahren vieles aus seinem Schaffen mit zahlreichen CD-Einspielungen neu belebt worden.

Drei Nationalhelden

Man begegnet ihnen in der Slowakei geradezu überall. Sie waren vor der Einführung des Euro auf den alten Banknoten abgebildet, in jedem Ort sind nach ihnen Schulen, Plätze und Straßen, meistens sogar wichtige Hauptstraßen benannt, und sie genießen für unsere Verhältnisse eine fast mythische Verehrung. Die Rede ist von den drei großen Symbolgestalten der slowakischen Geschichte und slowakischen Identität: Anton Bernolák, Ľudovit Štúr und Milan Rastislav Štefánik. Diese drei Männer genießen große Verehrung, Štefánik in ganz besonderem Maße, wenn auch eingeräumt werden muss, dass sein politisches Denken, das immer auf einen tschechoslowakischen Staatenbund hinzielte, nicht von allen Slowaken geteilt wurde und wird.

Milan Rastislav Štefánik

Der Diplomat, Astronom, General der französischen Armee und Minister Milan Rastislav Štefánik kam am 21. Juli 1880 im westslowakischen Košariská, nahe der mährischen Grenze, als Sohn eines evangelischen Pfarrers zur Welt. Štefánik besuchte das Gymnasium in Preßburg, beendete aber seine Schulausbildung in Sopron und Szarvas, beide im heutigen Ungarn liegend. Nach der Reifeprüfung ging er nach Prag, um dort Physik mit dem Schwerpunkt Astronomie zu studieren. Sein Studium beendete er in Paris bei Camille Flammarion, einem seinerzeit sehr berühmten Astronomen. Štefánik erhielt eine Stellung an der Pariser Sternwarte und machte sich bald durch seine wissenschaftlichen Arbeiten einen

Milan Rastislav Štefánik in Generalsuniform

Das Grab Štefániks auf dem Bradlo

bedeutenden Namen. 1906 betraute man ihn mit der Leitung einer Expedition nach Zentralasien, wo eine Sonnenfinsternis beobachtet werden sollte. Weitere wissenschaftliche Expeditionen führten ihn in die Sahara, nach Brasilien und in die Südsee. In Ecuador und auf den Galapagosinseln errichtete er für die französische Regierung ein Telegrafennetz sowie eine Anzahl meteorologischer Stationen. Seine Verdienste um Staat und Wissenschaft wurden mit dem Ritterkreuz der Ehrenlegion belohnt.

Den Ersten Weltkrieg erkannte Štefánik als Möglichkeit für Tschechen und Slowaken, sich endlich von dem verhassten Habsburger Joch zu befreien. Die Zukunft seines Volkes sah er aber allein in einem gemeinsamen Staat mit den Tschechen. Während der Kriegsjahre wirkte er an einer Militärflugschule, wo er sich mit meteorologischen Problemen und deren Auswirkungen auf die militärische Luftfahrt befasste. Sein Denken richtete sich aber immer stärker auf die Bildung eines tschechoslowakischen Staates. Er sprach darüber mit dem damaligen französischen Ministerpräsidenten Aristide Briand sowie mit dem tschechischen Dichter und Philosophen Tomaš Garrigue Masaryk, der als Präsident des neu zu gründenden Staates vorgesehen war.

Ergebnis dieser Verhandlungen war die Bildung eines tschechoslowakischen Nationalrats, der bald damit begann, eine eigene tschechoslowakische Armee im Ausland aufzustellen. Štefánik reiste deshalb auch nach Russland, um weitere Unterstützung von der dortigen Revolutionsregierung für deren ›slawische Brüder‹ zu erhalten. In den USA warb Štefánik unter ausgewanderten Slowaken Freiwillige für diese Armee an. Im Herbst 1918 formierte sich aus dem Nationalrat eine selbständige tschechoslowakische Regierung mit Masaryk als Präsidenten, Edvard Beneš als Innenminister und Štefánik als Verteidigungsminister. Am 28. Oktober 1918 erfolgte die Ausrufung der Tschechoslowakischen Republik (ČSR). Bis heute ist dieser 28. rijna in der Tschechischen und Slowakischen Republik ein nationaler Feiertag; viele Straßen tragen den Namen dieses Tages – nur spricht man in der Slowakei vom 28. októbra.

Štefánik begab sich um die Jahreswende 1918/19 wieder nach Frankreich, um an den Vorbereitungen zu den Versailler Friedensverträgen teilzunehmen. Er widmete sich während dieses Aufenthalts auch der Arbeit am Aufbau einer tschechoslowakischen Luftflotte. Im April 1919 reiste er mit dem Flugzeug nach Italien, um seine Geliebte, die Marquise Giuliana Benzoni, zu besuchen und die Hochzeit mit ihr vorzubereiten. Am 4. Mai 1919 flog er von Campo Formio bei Udine nach Bratislava zurück. Doch während des Landeanflugs auf die Stadt stürzte die Maschine unter bis heute ungeklärten Umständen ab, alle Passagiere und Besatzungsmitglieder kamen ums Leben. Der Flughafen von Bratislava trägt Štefánik zu Ehren dessen Namen. Ein Steinmonument auf einem Feld östlich des Flughafens erinnert an die Absturzstelle. Leider befindet es sich innerhalb des Flughafengeländes und ist nur von Ivanka pri Dunaji recht umständlich zugänglich. Der große Slowake fand am 11. Mai 1919 seine letzte Ruhestätte auf dem Hügel Bradlo oberhalb des Städtchens Brezová, unweit seines Geburtsorts. 1928 wurde ihm aus weißem Zipser Marmor ein Ehrenmal errichtet.

Ľudovít Štúr

Der Philologe, Schriftsteller und Politiker Ľudovít Štúr (1815–1856) war der Sohn eines protestantischen Geistlichen. Er wurde in Uhrovec unweit von Trenčín im selben Haus geboren, in dem 106 Jahre später Alexander Dubček zur Welt kam. Ab 1829 besuchte Štúr das evangelische Lyzeum in Preßburg, wo in dem heranwachsenden jungen Mann immer stärker der Gedanke an einen eigenständigen slowakischen Staat Form annahm. Er wurde zum geistigen Haupt einer Studentenbewegung, die die Unabhängigkeit von Habsburg und besonders von Ungarn anstrebte. In Halle, wohin er sich zum Studium begab, lernte er die Philosophie Hegels kennen und entwickelte aus deren Gedanken ein Modell einer selbständigen Slowakei. Als unabdingbare Basis sah er im Kampf um einen nationalen Staat die Schaffung einer slowakischen Schriftsprache an.

Štúr verfasste eine slowakische Grammatik auf der Basis des mittelslowakischen Dialekts sowie mehrere etymologische Abhandlungen. Bis 1844 arbeitete er als Lehrer in Preßburg, doch sein unbeugsames Auftreten in der nationalen Frage, insbesondere gegen jede Form von Magyarisierung, brachte ihn um sein Amt. Als Abegordneter der Stadt Zvolen (Altsohl), etwa 190 Kilometer nordöstlich von Preßburg, forderte er 1847 in Preßburg auf einer berühmten Rede während einer Landtagssitzung die Schaffung eines slowakischen Nationalstaats. Seine Verhaftung wurde unverzüglich angeordnet, doch gelang es ihm, nach Wien zu fliehen und seinen Kampf von dort aus weiterzuführen.

Land und Leute

Ľudovít Štúr (dritter von rechts) als Mitglied der slowakischen Delegation 1849 in Wien

Doch der ausbleibende Erfolg seiner politischen Arbeit – auch im Staat Franz Josephs I. wurden den Slowaken so gut wie keine eigenständigen Rechte zugesprochen – ließ Štúr mehr und mehr resignieren. Schließlich zog er sich nach Modra am Fuß der Kleinen Karpaten zurück, wo sein Bruder Karol als Pfarrer tätig war. Nach dessen Tod 1851 führte Ľudovit Štúr die sozialen Projekte dieses engagierten Mannes weiter und war schriftstellerisch tätig. Am 12. Januar 1856 starb der große Slowake an den Folgen einer Blutvergiftung infolge eines ungeklärten Jagdunfalls, bei dem er am 22. Dezember 1855 durch einen Schuss in den Oberschenkel aus seinem eigenen Gewehr schwer verwundet wurde. Die mysteriösen Umstände dieses Vorgangs sind seit 150 Jahren ein Nährboden für alle möglichen Spekulationen und Verschwörungstheorien.

Ľudovít Štúr ist auf dem Friedhof in Modra neben seinem Bruder beigesetzt. Dass er ein Bündnis mit Russland anstrebte, um seine politischen Ziele erreichen zu können, wird von den Slowaken nach den Erfahrungen der Jahre nach 1945 heute als sein einziger Irrtum angesehen.

Anton Bernolák

Die dritte große slowakische Symbolgestalt ist der katholische Geistliche Anton Bernolák (1762–1813). Auch er strebte danach, eine einheitliche slowakische Schriftsprache zu entwickeln und kann daher als ein Vorläufer von Ľudovít Štúr angesehen werden. Doch anders als dieser wollte Bernolák den westslowakischen Dialekt zur Grundlage für die gemeinsame Sprache heranziehen. 1787 erschien sein ›Kodex der slowakischen Sprache‹. Letzlich setzte sich Ľudovit Štúrs Sprachenentwurf durch, da Bernolák seine Arbeiten aufgrund seines verhältnismäßig frühen Todes nicht zu Ende führen konnte.

Die slowakische Küche

So wie das ganze Land kulturhistorisch auf slowakischen, ungarischen und deutsch-österreichischen Wurzeln fußt, ist auch die Kochkunst in der westlichen Slowakei von ungarischen, slowakischen, österreichischen und nicht zuletzt auch von böhmischen Traditionen beeinflusst. Den 75 Jahren intensiver Berührung mit den Tschechen zwischen 1918 und 1993 verdankt die slowakische Küche eine ganz besondere Note, die durch den ungarischen Einfluss ein wenig ins Pikant-Scharfe modifiziert ist.

Gänsebraten mit lokša, ein Klassiker der slowakischen Küche

Typisch ist dabei unter anderem ein Gericht, das aus böhmischen Hefeknödeln und ungarischem, mit Paprika feurig gewürztem Gulasch besteht. Viele Speisen sind auf Kartoffelbasis zubereitet, wie brydzové pirohy (oder brydzové halušky), die man in Österreich ›Brimsennocken‹ nennt. Dabei handelt es sich um Teigtaschen, die mit Frischkäse gefüllt und mit verschiedenen Soßen, meist Specksoße mit Speckwürfeln (halušky), übergossen sind. Der Frischkäse, ›bryndza‹, ist meist ein Schafskäse. Diese Milchprodukte haben in der Slowakei eine lange Tradition und gehen auf die Milch- und Weidenwirtschaft der Bergbewohner in der Hohen und Niederen Tatra zurück. Charakteristisch sind auch herzhafte Speisen wie gewürzter Kartoffelbrei mit Sauerkraut, dem fast immer gebratener Speck, Wurst oder Fleisch beigegeben ist.

Eine Mahlzeit in der Slowakei beginnt meist mit einer Suppe (Polievka), die oft aus Kraut (Kapustnica), Knoblauch (Cesnaková) oder Bohnen (Fazuľová) kreiert ist. Sehr häufig werden diese Suppen in ausgehöhlten runden Broten serviert, denen das obere Drittel abgeschnitten ist und die so gleichzeitig als Terrine dienen. Beliebt sind auch klare Nudelsuppen (Vývar), die meist mit etwas Gemüse und Hühnerfleisch gereicht werden. Nicht bei allen Touristen ist die Kuttelflecksuppe (Držková) aus geschnittenem Rindermagen beliebt. Sie wird süß-sauer mit Knoblauch und/oder Majoran serviert. Cremesuppen aus Kren (Merrettich), Dill, Kürbis, Kartoffeln und Pilzen sind ebenfalls häufig anzutreffen. Bei den Gemüsegerichten wie auch den Gemüsebeilagen dominieren in der regionalen Küche die einheimischen Produkte, wie sie auch schon in den Suppen Verwendung finden. Dazu kommen noch Kohl und verschiedene Wurzelgemüse.

Hauptmahlzeiten bestehen meist aus Fleisch, weniger aus Fisch. Kommt Schweinefleisch zur Verwendung, ist es oft paniert. Sowohl zu Fisch als auch zu Fleisch werden neben Kartoffeln die verschiedensten Knödelsorten serviert, die in großer Vielfalt aus Semmeln, Kartoffeln oder Grieß zubereitet sind. Gänsebraten, der nicht nur während der Herbstzeit sehr beliebt ist, wird mit lokša serviert, Puffern aus Kartoffeln und Mehl. Als absolute Delikatesse gilt in der westlichen Slowakei Gänseleber mit lokša, die mit Mohn, Pflaumenmus oder Leberpastete gefüllt sind. Der Wildreichtum der Kleinen Karpaten spiegelt sich auch in der Küche wider. Hase, Reh, Hirsch und Wildbret zählen deshalb seit altersher zum Speiseplan in der Westslowakei. Wegen der Fülle der Weinsorten aus den Kleinen Karpaten versucht die regionale Küche, sich auf jene Speisen auszurichten, zu denen solche Weine gut passen.

Gerichte, die ›vegetarisch‹ genannt werden, findet man, im Unterschied zu früheren Zeiten, inzwischen auf allen Speiseplänen in der Slowakei. Die Bedeutung dieses Wortes ist allerdings etwas anders als bei uns. Mitunter finden sich unter dieser Rubrik auch Geflügel- bzw. Fischspeisen oder Gemüsegerichte, die mit Specksoße oder gerösteten Speckwürfeln bedeckt sind. Nicht selten bedeutet ›vegetarisch‹ auch bloße Rohkost. Eine Alt-Preßburger Süßspeise ist fast weltweit berühmt geworden, das ›Beugel‹, ungarisch ›Patkó‹ genannt und heute meist als ›Bagel‹ bekannt. Das Angebot an Süßspeisen in der Slowakei ist ansonsten dem in Österreich und Ungarn recht ähnlich, auch hier versteht man sich auf Strudel, Palatschinken und Ähnliches. Dazu wird eher Kaffee als Tee getrunken.

Das vielleicht beste und auch meistgetrunkene Bier der Slowakei ist Zlatý bažant (Goldfasan), das zu den 100 besten Bieren der Welt gerechnet wird. Es ist etwas weniger süß als die vergleichbaren großen böhmischen Sorten Prazdroj und Budvar. Beliebt ist auch Šariš aus Prešov im Osten des Landes. Als Aperitif trinkt man gern einen klaren Pflaumenschnaps (Slivovica) oder einen Wacholderschnaps (Borovička). Ein Überbleibsel der früher weit verbreiteten Bienenzucht ist der Honigwein Medovina. Das umfangreiche und auch wachsende Sortiment an Weinen hat das Bier als traditionelles Getränk zum Essen etwas in den Hintergrund gedrängt. Mittlerweile dominieren auch in der Slowakei die trockenen Sorten, es wird etwas mehr Weiß- als Rotwein angebaut.

Ein antialkoholisches Getränk, das man unbedingt einmal getrunken haben sollte, ist Kofola, ein colaähnliches Getränk, das in der Tschechoslowakei in den 1950er Jahren entwickelt wurde und einen Ersatz zur westlichen Coca-Cola bilden sollte, wie es ähnlich für die Club-Cola in der DDR galt. Für Kofola wird das bei der Kaffeeröstung überschüssig entstandene Koffein verwendet. In der Slowakei ist Kofola auch heute noch ein sehr beliebtes Getränk, das überall in Lokalen erhältlich ist. Kofo-Sirup, der Hauptbestandteil von Kofola, besteht aus 14 natürlichen Inhaltsstoffen, darunter Apfel-, Kirsch-, Johannisbeer-Extrakte, Kräuter-Aromen, Zucker und Karamell. Im Vergleich mit Cola westlicher Provenienz enthält Kofola 30 Prozent weniger Zucker und keine Phosphorsäure. Eine weitere antialkoholische slowakische Spezialität ist Vinea, eine Art Traubenlimonade, dem österreichischen ›Almdudler‹ geschmacklich verwandt.

Unter www.menu.sk gibt es Auskünfte über die Gastronomie in der Slowakei im allgemeinen, www.zlatahus.sk informiert über die Kunst der Zubereitung des slowakischen Gänsebratens, unter www.bryndziaren.sk erfährt man alles über die slowakischen Käsespezialitäten und Milchprodukte.

Land und Leute

Rezepte

Slowakische Krautsuppe

Zutaten: 500 g kleingeschnittenes Sauerkraut, 1 Paprikaschote,
1 Gemüsezwiebel, 150 g magerer Speck, 0,5 l Gemüsebrühe,
2 EL edelsüßer Paprika, 1 Lorbeerblatt,
5 Wacholderbeeren, 1 Becher Schmand.
Zubereitung: Den Speck in einer Pfanne anbraten, die Zwiebel darin glasig dünsten. Paprika hinzufügen und kurz mitrösten. Mit der Gemüsebrühe ablöschen, dann die anderen Zutaten hinzugeben und ca. eine Stunde kochen lassen. Die Suppe mit Salz, Pfeffer und Paprika abschmecken und je nach Bedarf mit Soßenbinder leicht andicken. Mit einem Klecks Schmand und evtl. dunklem Brot servieren.

Oft wird Schweinefleisch in die Suppe gegeben, im Winter auch Pilze – zumeist Steinpilze –; man kann einen Teil der Gemüsebrühe auch durch Weißwein ersetzen.

Rinderfilet mit Tarhoňa

Zutaten: 800 g Rinderfilet, 1 halbe Zwiebel, etwas Speck,
500 g Gemüse (Karotten, Sellerie, Petersilie),
50 g Speisepilze, 50 g Erbsen,
Salz, Pfeffer, Senf, Worcestersauce, Lorbeerblätter, Muskatnuss,
Mehl, Milch, Sahne, Weißwein, Zitronensaft.
Zubereitung: Das Rinderfilet wird geschnitten und weichgeklopft, sodann mit Salz und Pfeffer gewürzt. Anschließend werden die Filets mit einem nicht zu scharfen Senf bestrichen und mit Worcesterauße leicht begossen und dann gebraten.

Die gewürfelte Zwiebel mit einer passenden Menge ebenfalls gewürfeltem Speck in einer Pfanne braten, dazu wird das zerkleinerte Gemüse gegeben, ebenso die Speisepilze, Erbsen und einige Lorbeerblätter. Nach Belieben würzen. Anschließend gibt man ausreichend Wasser hinzu und lässt das Ganze kochen. Mit Mehl, das mit Milch und Sahne verdickt ist, dickt man es nun ein. Ist das Gemüse fertig gekocht, wird es mit geriebener Muskatnuss, Weißwein und Zitronensaft abgeschmeckt und den gebratenen Filets beigegeben.

Tarhoňa, das auch fertig gekauft werden kann, ist eine Beilage aus Mehl, Eiern und Salz. Diese Zutaten werden mit Wasser zu einer dicken Masse verknetet, der dann getrocknet wird. Nach der Trocknung schneidet man den Teig in einzelne Stückchen, brät ihn in Fett, gibt ihn in kochendes Wasser und dünstet ihn kurze Zeit. Das fertige Tarhoňa sieht wie Reis aus. Man sollte die Zubereitung ruhig einmal selbst versuchen.

Pirohy (Teigtaschen)

Zutaten: Für den Teig: 350 g Mehl, 1 Ei, Salz, 1/8 l warmes Wasser;
für die Füllung: 1 kg Kartoffeln, 100 g Frischkäse, 1/2 Bund Schnittlauch;
für die Garnitur: 1 große Zwiebel, 50 g Butter, 1–2 Becher Saure Sahne.
Zubereitung: Kartoffeln kochen und stampfen, Schnittlauch kleinschneiden, beides mit Salz und dem Frischkäse vermischen. Mehl, Ei, Salz und warmes Wasser in eine Schüssel geben und zu einem glatten Teig verkneten. Den Teig ausrollen, mit einem Glas oder einer Form Kreise mit ca. 6 cm Durchmesser ausstechen. Darauf ca. 1 TL

von der Füllung geben. Die Füllung in der Mitte eindrücken und die Ränder zusammenklappen. Anschließend die Ränder zusammendrücken, so dass die Füllung vollständig eingeschlossen ist. Die fertigen Teigtaschen in kochendes Salzwasser geben und so lange kochen, bis sie oben schwimmen.

Zwiebeln in Butter goldgelb anbraten. Die Teigtaschen auf einen Teller legen und etwas von den angebratenen Zwiebeln und saure Sahne darüber geben. Mit Schnittlauch dekorieren.

Für die Füllung gibt es verschiedene Variationsmöglichkeiten, so sind Sauerkraut, Pilze oder auch süße Füllungen mit Äpfeln und Zimt oder Marmelade beliebt.

Preßburger Hörnchen (Beugel)

Zutaten: 300 g Mehl (nicht zu fein), 100 g Butter, 60 ml Milch, 15 g Hefe, 30 g Zucker, Zitronenschale, 2 Eigelb, 1 Stück Würfelzucker, Salz, Zucker; für die Füllung: 100 g Walnüsse (oder Mohn), 150 g Zucker, 2 EL Milch, Vanillezucker, Zimt, Orangenschale.

Zubereitung: Man gibt das Mehl, die Butter, eine Prise Salz, etwas geriebene Zitronenschale, die Eigelb, den Zucker und eine Portion aufgegangenen Hefebrei (60 ml Milch, 15 g Hefe, 1 Stück Würfelzucker) zusammen. Alles gut vermischen, an einem warmen Ort stehen und aufquellen lassen. Dann formt man aus der Masse eine lange Rolle, die man in etwa eigroße Teile schneidet, wobei diese in kleine ovale Stücke ausgerollt werden. Alsdann bestreicht man diese mit einer Walnuss- oder Mohnfüllung, rollt sie zu kleinen Hörnchen zusammen, legt sie auf ein eingefettetes Blech und bestreicht sie mit Eigelb, dem etwas Wasser und Zucker beigemengt ist. Die Hörnchen lässt man noch einige Minuten stehen und bäckt sie dann, bis sie goldgelb sind.

Die Walnuss- oder Mohnfüllung lässt sich wie folgt herstellen: Die Walnüsse (oder den Mohn) mahlen und mit dem Zucker, einer Portion Vanillezucker, Zimt oder Orangenschale zusammen mit der Milch ganz kurz aufkochen lassen.

Preßburger Mohnstrudel

Zutaten: für den Teig: 500 g Mehl, 1/2 Päckchen Trockenhefe, 15 g Vanillezucker, Salz, 1 Ei, 60 g Pflanzenöl, 1/4 l Milch, etwas Öl und verquirltes Eigelb zum Bestreichen; für die Mohnfülle: 375–400 g Milch, 45 g (Vanille-) Zucker, 400 g geriebenen (Grau-) Mohn, 2 EL neutrales Pflanzenöl, 50 g Rosinen.

Temperatur: 175 Grad, Ober- und Unterhitze.

Backdauer: ca. 35 Minuten im vorgeheizten Ofen.

Zubereitung: Für die Fülle Milch (und Sahne, falls verwendet) mit Zucker aufkochen, Mohn, Öl und Rosinen einrühren, zu einem dicken Brei köcheln. Abkühlen lassen. Anschließend Mehl mit Salz, Hefe und Zucker vermischen. Mit Ei, Öl und so viel Milch verkneten, dass ein weicher Teig entsteht. Eine halbe Stunde aufgehen lassen. Teig halbieren, jede Hälfte rechteckig ausrollen, mit etwas Öl bestreichen und jeweils die Hälfte der abgekühlten Mohnmasse darauf verteilen. Einrollen, auf ein mit Backpapier belegtes Blech setzen, mit verquirltem Eigelb bepinseln und etwa 30 Minuten trocknen lassen. Mit einer Gabel mehrfach einstechen, ins Rohr schieben und goldbraun backen. Hinweis: Die genannten Mengen für die Mohn- bzw. Nussfülle reichen jeweils für die gesamte Teigmenge.

Das historische Zentrum Bratislavas beeindruckt mit einer Fülle von kulturellen Schätzen auf engem Raum. Charakteristisch für die slowakische Hauptstadt sind die zahlreichen schmucken Sakralbauten und die prächtigen Barock- und Rokokopalais.

STADTSPAZIERGÄNGE

Rathaus und Rolandsbrunnen am Hlavné nám.

Orientierung

Bratislava ist administrativ in fünf Bezirke eingeteilt, die aus 17 Stadtteilen bestehen. Die zentralen Bereiche sind zu Staré Mesto (Altstadt) zusammengefasst, wobei dieser Bezirk sehr viel größer als die historische, eigentliche Altstadt ist. Zu Staré Mesto gehört auch die oberhalb der Burg gelegene Region Slavín bis zur Pražská, der Ausfallstraße nach Norden. Westlich von Staré Mesto befinden sich die nach 1946 eingemeindeten Vororte Karlova Ves (Karlsdorf), Dúbravka (Kaltenbrunn) und Devín (Theben). Am nordwestlichen Rand des Stadtgebiets liegen Lamač, Devínska Nova Ves und Záhorská Bystrica. Östlich von Staré Mesto liegt Ružinov, nordöstlich Nové Mesto (Neustadt) und südöstlich Vrakuňa sowie Podunajské Biskupice. Zu Nové Mesto gehören auch die großen Waldgebiete am Südrand der Kleinen Karpaten mit dem Gebiet um den Kamzík, die von Norden her direkt bis an die städtische Bebauung heranreichen. Ganz im Nordosten, hinter Nové Mesto, liegen noch Rača und Vajnory. Auf dem Südufer der Donau befindet sich die Trabantensiedlung Petržalka (Engerau), noch weiter im Süden Jarovce, Rusovce und Čunovo als größere dörfliche Ansiedlungen. Diese einzelnen Distrikte sind zu den erwähnten fünf übergeordneten Verwaltungseinheiten zusammengefasst, wobei Staré Mesto auch als Bratislava I bezeichnet ist, Vrakuňa, Ružinov und Podunajske Biskupice als Bratislava II und Vajnory, Rača und Nové Mesto Bratislava III bilden. Die nordwestlichen Ortsteile (Karlova Ves, Dúbravka, Lamač, Devín, Devínska Nová Ves und Záhorská Bystrica) sind zu Bratislava IV zusammengefasst, und Petržalka sowie die südlichen Vororte Richtung ungarische und österreichische

Zu allen Tageszeiten bietet die Burg eine gute Orientierung

Grenze (Jarovce, Rusovce, Čunovo) gehören zu Bratislava V.

Die historische Altstadt Bratislavas ist verhältnismäßig klein. Sie bildet in etwa die Form eines gleichschenkligen Dreiecks. Die Schenkel verlaufen vom Kamenné nám. in Osten Richtung Nordwesten über den Hurbanovo nám. westlich bis zum Justizministerium direkt an der Stadtautobahn und Richtung Südwesten über die Jesenského ul. und den Hviezdoslavovo nám. bis zum Rybné nám. (Fischmarkt), ebenso direkt an der Stadtautobahn gelegen.

Diese trennt nur auf den ersten Blick willkürlich die Stadt vom Burgareal. Denn sie verläuft parallel zur alten Stadtmauer und zum Stadtgraben. Das jüdische Viertel und der Burgberg lagen also immer außerhalb der eigentlichen Stadt. Über die nicht mehr vorhandenen Vorstädte Weidritz und Zuckermandel bestand am Donauufer eine geschlossene Bebauung vom Fischmarkt (Rybné nám) bis weit nach Westen.

Im Folgenden soll die historische Innenstadt wie auch alle anderen touristisch bedeutsamen Stadtviertel auf ausgewählten Routen erkundet werden.

Vom Rybné nám. zum Hlavné nám.

Es bietet sich an, eine erste Erkundung der Innenstadt am Rybné nám. (Fischmarkt) zu beginnen und von hier zum Hlavné nám. (Hauptplatz) zu spazieren. Zum einen sind Anfangs- und Endpunkt zwei markante Orte, die viel über die Stadtgeschichte verraten, zum anderen liegen an und zwischen ihnen viele Sehenswürdigkeiten auf engem Raum. Nicht zuletzt bestehen in Nähe des Rybné nám., westlich der Nový Most, einfach zu erreichende Parkmöglichkeiten. So können diejenigen, die mit einem eigenen Fahrzeug anreisen, sich der Stadt äußerlich wie innerlich ganz einfach annähern.

Rybné nám.

Wo die 1972 fertiggestellte **Nový Most** (435 Meter Länge) über die Donau führt, befand sich seit alters her die Preßburger Donaufurt, eine der ganz wenigen Möglichkeiten der Flussquerung im Bereich der mittleren Donau. Die konservierten Reste eines mittelalterlichen Wachturms, der auf römischen Fundamenten errichtet wurde – sie befinden sich etwa 150 Meter westlich der Brücke – zeigen die besondere Bedeutung dieser Stelle an. Hier führte mit der Bernsteinstraße ein uralter Handelsweg über den Fluss, der über die Ostalpen bis zur Adria verlief.

Teils direkt unter der Brücke, teils zwischen der Abfahrt von ihr und der Uferstraße eingeklemmt, befindet sich ein wichtiger Busbahnhof, der von fast allen innerstädtischen Linien angefahren wird und von dem besonders jene in die südlichen und westlichen Vororte abgehen. Unmittelbar östlich und direkt an der Brücke, die hier brutal die historische Innenstadt beschneidet, steht am Rybné nám., dem leider annähernd vollständig die historische Bebauung abhanden gekommen ist, die **Pestsäule** von 1713. Sie macht einen etwas verlorenen Eindruck in ihrer fast nur von Neubauten gesäumten Umgebung. Gerade das zur Donau hin gelegene Hotel ›Park Inn‹, vormals ›Danube‹, wirkt in diesem Zusammenhang sehr störend. In diesem Bereich der Stadt wurde Ende der 1960er Jahre im Zuge des Brückenbaus fast alle historische Bausubstanz abgerissen, insbesondere die westlich gelegenen Ortsteile Weidritz (Vydrica) und Zuckermandel wurden dabei fast vollständig abgetragen. Man mag deshalb vielleicht die Existenz der Brücke schmähen, unbestritten bleibt jedoch, dass sie der Stadtsilhouette mit ihrem kühnen und grandiosen Schwung eine ganz besondere, unvergleichliche Note verleiht. Legendär ist der Handelsumsatz früherer Epochen auf dem Fischmarkt. Angeblich wurden im 19. Jahrhundert jedes Jahr durchschnittlich 2,4 Tonnen Karpfen, 1,2 Tonnen Zander, 1,2 Tonnen Hechte, 800 Kilogramm Welse und 1,6 Tonnen Stör pro Tag verkauft.

Am Rybné nám.

Stadtspaziergänge

Vom Rybné nám. zum Hlavné nám.

0   50   100 m

Legende

1. Botschaft der USA
2. Ehemalige Postbank
3. Grünstüblhaus
4. Kutschersfeld-Palais
5. Arthur-Fleischmann-Museum
6. Preßburger Winzerverein
7. Mirbach-Palais
8. Milan-Dobeš-Museum
9. Primatialpalais
10. Hummel-Gedenkmuseum
11. Alte Markthalle
12. Manderla-Haus
13. Jesenák-Palais
14. Universitätsbibliothek
15. Palais de Pauli
16. Zichy-Palais
17. Pálffý-Palais
18. Academia Istropolitana
19. Keglevics-Palais
20. Czáky-Palais
21. Propst-Palais
22. Esterházy-Palais

Auf dem anderen Ufer besitzt die Brücke einen futuristischen Stützpfeiler – ihren einzigen! –, den ein UFO-förmiges Aussichtsrestaurant mit einer Aussichtsplattform krönt. Man sollte unbedingt einmal auf diese Plattform fahren: Die Sicht über die ganze Stadt, die Burg und die Kleinen Karpaten sowie die Donauebene ist großartig. Man kann dorthin über die Brücke auch zu Fuß oder mit dem Fahrrad gelangen. Wer allerdings mit dem Auto unterwegs ist, muss einen Umweg um das Messegelände in Kauf nehmen – es gibt jenseits der Donau keine direkte Abfahrt, wenn auch direkt unter dem Pfeiler einige Parkmöglichkeiten.

Die Aussichtsplattform (6 Euro Eintritt) ist täglich von 10 bis 23 Uhr geöffnet, das unter ihr befindliche Restaurant UFO, früher ›Bystrica‹, ist nicht ganz preisgünstig, ein Besuch wegen des grandiosen Panoramablicks kombiniert mit einem kulinarischen Ereignis jedoch ein besonderes Erlebnis.

Hviezdoslavovo nám.

Vom Rybné nám. erstreckt sich ostwärts ein langgezogener und auch breiter Platz, der ähnlich dem Prager Wenzelsplatz eher einer überbreiten Straße ähnelt. Dies ist der alte Stadtgraben – der Fischmarkt lag einst vor der Stadtmauer –, der im Zuge der Stadterweiterung 1775 zugeschüttet wurde. 400 Meter lang zieht er sich, in seiner westlichen Hälfte dank zahlreicher Bäume eine ruhige Oase in der Stadt, bis zum Nationaltheater. Einst hieß diese große Platzanlage nur ›Promenade‹ und zeichnete sich durch Laubgänge aus, die durch verschiedene Reihen von Linden- und Ahornbäumen gebildet wurden.

Der Platz heißt heute Hviezdoslavovo nám. (Hviezdoslav-Platz) und ist nach dem größten slowakischen Poeten benannt, Pavol Országh Hviezdoslav (1849–1921). Er wurde als Pavol Országh geboren. Zunächst durch die Romantik geprägt, neigte er später zum Realismus und schuf innerhalb des slo-

Stadtspaziergänge

Der Hviezdoslavovo nám. zu einer ruhigen Stunde

wakischen Schrifttums bisher ungekannte literarische Formen und prägte vor allem den Wortschatz neu. Nach 1877 benutzte er das Pseudonym Hviezdoslav, das aus den Worten ›hviezda‹, Stern und ›slavá‹, Ruhm, zusammengesetzt ist. Seiner Feder entstammen lyrische und epische Gedichte, des weiteren behandelte er in Dramen und Verserzählungen biblische Stoffe und insbesondere Themen aus dem Leben des slowakischen Volkes, und übersetzte auch die Werke von Autoren der Weltliteratur (neben anderen Goethe, Shakespeare und Puschkin) ins Slowakische. Als sein Hauptwerk gilt das Versepos ›Hájnikova žena‹ (1886). Das Schaffen des bereits zu Lebzeiten Hochgeachteten wurde bisher nicht ins Deutsche übersetzt, da es aufgrund der oftmals ungewöhnlichen Wortschöpfungen und -spiele kaum vorlagengerecht übertragen werden kann.

Der Hviezdoslavovo nám. ist neben dem Hauptplatz sicherlich der repräsentativste Ort der Stadt. Die **diplomatischen Vertretungen** Deutschlands, der Tschechischen Republik und der USA befinden sich hier. Letztere ist weiträumig von einem Zaun umgeben, Sicherheitsleute in Zivil und Uniform patrouillieren, und es wurde ein besonderes Wachgebäude mit Schlagbaum direkt vor der Botschaft errichtet, was die Schönheit des Platzes doch erheblich beeinträchtigt.

Die Nordseite des Platzes weist in ihrer fast geschlossenen Bausubstanz des 18. und 19. Jahrhunderts die meisten historischen Gebäude auf. Vor Haus Nummer 12, nicht weit von der Pestsäule, erinnert ein **Bronzedenkmal** an den dänischen Märchendichter Hans Christian Andersen, der 1841 die Stadt besucht hat.

■ Hotel Carlton

Die Südseite des Platzes dominiert das unmittelbar neben der Botschaft der USA gelegene Hotel ›Carlton‹. Es sprengt mit seinen gewaltigen Ausmaßen die Proportionen des Platzes. Die Breite kommt nicht von ungefähr, denn hier sind drei ehemals selbständige Hotels – ›Carlton‹, ›National‹ und ›Savoy‹ – 1913 zusammengefügt und um 1929 erweitert und aufgestockt worden. Der Bauherr Henry Prüger übrigens ging pleite und beging Selbstmord.

Unzählige Berühmtheiten logierten hier. Politiker, Wissenschaftler, Sänger, Musiker, Schauspieler und Dichter wie Theodore Roosevelt, T. G. Masaryk, George W. Bush sen., Thomas Alva Edison, Enrico Caruso, Richard Strauss, Elisabeth Schwarzkopf, Henny Porten, Heinrich George, Paul Wegener, Max Reinhardt, Peter Ustinov, Paul Hörbiger, Roda Roda oder Gerhart Hauptmann – sie alle wohnten hier.

In der Platzmitte vor dem Hotel blickt Pavol Országh Hviezdoslav sinnend auf das, was sich vor ihm ausbreitet. Das **Denkmal** steht seit 1937 an dieser Stelle; ihm musste das Denkmal für den in Preßburg geborenen Komponisten Johann Nepomuk Hummel weichen, das

Das mächtige ›Carlton‹

sich heute unweit von hier befindet, vor der Botschaft der Bundesrepublik Deutschland in der Riegeleho ul.

Vor dem Hotel, gegenüber der Redoute, fuhr die sogenannte ›Preßburger Bahn‹, eine Straßenbahn, bis Wien. Reste der alten Trasse sind außerhalb Bratislavas zwischen dem österreichischen Wolfsthal und der slowakischen Grenze noch auszumachen. Innerhalb der Stadt erinnert nichts mehr an diese einst so berühmte und viel benutzte Einrichtung.

Das Nationaltheater, ein Bau des bekannten Wiener Architektenduos Fellner und Helmer

Stadtspaziergänge

■ Altes Nationaltheater

Am ›Carlton‹ verbreitert sich der Platz nach Osten. Man steht vor dem Alten Slowakischen Nationaltheater (Slovenské národne divadlo), einem im Stil der Neorenaissance gehaltenen Bau, der nach Plänen des bekannten Wiener Architektenduos Ferdinand Fellner und Hermann Helmer errichtet und 1886 fertiggestellt wurde. Es entstand an der Stelle eines 1793 erbauten kleineren Gebäudes, das nicht mehr den Repräsentationsbedürfnissen und den Ansprüchen zeitgemäßer Opernaufführungen genügte und 1881 abgerissen wurde. Über 2500 Glühbirnen beleuchten den Zuschauerraum. In diesem Haus begannen die weltberühmten slowakischen Sänger Lucia Popp, Edita Grúberova und Peter Dvorský ihre Karrieren, und direkt vor dem Nationaltheater und auf dem Hviezdoslav-Platz drehten George Clooney und Nicole Kidman im Jahr 1991 einige Szenen ihres Films ›The Peacemaker‹.

Unmittelbar vor dem Alten Nationaltheater steht der **Ganymed-Brunnen** des Preßburger Künstlers Viktor Tilgner (1844–1896). Finanziert wurde der Brunnen 1888 durch die damalige Preßburger Sparkasse, ein erstes Beispiel von Mäzenatentum einer Bank. Dargestellt

ist Zeus als Adler, der den jungen Ganymed, den Mundschenk der Götter, in den Olymp bringt. Nachbildungen von Hecht, Wels, Zander und Huchen als ›nationale‹ slowakische Fische ergänzen den Schmuck dieses Brunnens.

Links vor dem Brunnen kann man unter einer Plexiglasscheibe die unterirdischen **Reste des Fischertors** (Rybárská brána) sehen. Dieses Tor wurde gegen Ende des 16. Jahrhunderts erbaut, 1756 unter Maria Theresia renoviert, doch 1776 bei der Stadterweiterung bereits wieder abgerissen.

■ Rund um das Nationaltheater

Direkt am Nationaltheater führt die **Ul. Gorkého** als Verlängerung des Hviezdoslav-Platzes weiter ostwärts. An der Ecke zur Gorkého ul. befindet sich eines der nobelsten Nachtlokale der Stadt, der Club ›Svet‹, wo abends schicke Bratislaverinnen und jüngere Businessmen auf Einlass warten. Rechts neben dem ›Svet‹ führt eine neu gestaltete Passage durch die **ehemalige Postbank**. Hier trifft man auf zwei interessante Skulpturen: Adam und Eva. Adam ist ein nervös auf die Uhr blickender junger Geschäftsmann,

während Eva, in eine hautenge Leder-
hose gekleidet, lasziv mit einem Apfel
spielt.

Ebenso eine Verlängerung des Grabens
ist die unmittelbar südlich des Theaters
verlaufende **Jesenského ul.**, die parallel
zur Gorkého liegt. Rechts dieser Straße
ist am rosafarbenen Gebäude der
Ľudová banka (Volksbank) ein antik wir-
kendes **Relief** angebracht, das man
meist übersieht. Es ist das frühere Haus
des Fotografen Mindszenty, der in diesem Relief neben der Malerei auch die
Fotografie als Muse verewigen ließ. Die
linke der drei Damen ist mit einer Kamera als Attribut ausgestattet.

An dieser Stelle verbreitert sich der
Hviezdoslav-Platz nochmals und bildet
in seiner südöstlichen Ecke eine kleine
quadratische **Grünanlage**. Hier befindet
sich die **Kirche Unserer Lieben Frau**
(Notre Dame), die ursprünglich zusammen mit einem Kloster geplant war.
Allerdings wurde von der Kirche bis
1747 nur das Presbyterium in Angriff
genommen, wie man an den beiden
Mauerfragmenten links und rechts erkennt; die beginnende Rundung des nie
fertiggebauten Presbyteriums ist deutlich zu sehen.

An die im allgemeinen ›Kerzende-
monstration‹ genannte Versammlung
vom 25. März 1988 erinnert ein Gedenkstein vor der Kirche. Mehrere hundert gläubige Christen beteten hier mit
einer Kerze in der Hand und beunruhi-
gten durch ihre stumme Hingebung im
Gebet die Sicherheitsorgane derart, dass
man die Menge mit Wasserwerfern aus-
einandertrieb, wobei zahlreiche Verletzte zu beklagen waren.

An der **Palackého**, die diesen kleinen
Platz nach Süden abschließt, sind als
letzte Relikte des Preßburgs des 18.
Jahrhunderts einige baufällige Häuser

erhalten. Doch in nächster Nähe erscheint wieder die Welt des frühen
20. Jahrhunderts, abermals ein Bauwerk
im pompösen Stil. Es ist die **Redoute**,
errichtet 1911/12, die in ihrer äußeren
Form den vormaligen Kornspeicher, der
zuvor an diesem Platz bestand, zu imi-
tieren versucht. Hier befinden sich die
großen Konzertsäle Bratislavas, hier hat
heute die Slowakische Philharmonie ihre
Heimstatt; sie war 2010 wegen Renovierung allerdings ausgelagert.

Vom Alten Nationaltheater zum Hlavné nám.

Die **Rybárska brána** führt vom Alten
Nationaltheater über die Sedlárska zum
Hlavné nám. (Hauptplatz). In der Sedlárska steht vor dem Haus Nr. 1 die
merkwürdige Figur eines seinen Hut
schwenkenden Mannes, genannt der
schöne Náci. Verewigt ist damit Ignác
Lamar. Er kam 1897 in Engerau-Petržalka
zur Welt und war ein wunderliches Original der Stadt, ein Deutscher, der aus
unbekannten Gründen nach 1945 nicht
ausgesiedelt wurde und dessen Gegen-
wart in den Gassen und Kaffeehäusern
der Stadt über 30 Jahre lang gleichsam
eine feste Einrichtung war. Oft be-
schenkte er die schönen Frauen der
Stadt mit Blumen und sang ihnen dazu
ein Ständchen.

Der Weg von der Donau über die Mostová, den Hviezdoslav-Platz und weiter
zum Hauptplatz war und ist Teil des
einst berühmten Preßburger ›Korso‹,
einer Flaniermeile, die schon vor 150
Jahren so bestand. Cafés, Konditoreien
und Restaurants säumten und säumen
diese Strecke, auf der sich das wohlbe-
güterte Bürgertum der Stadt ein Stell-
dichein gab. So war es, und so ist es
geblieben. Der Korso verlief vom Michaelertor über die Sedlárska zum Haupt-

platz, von dort über das Fischertor zum Hviezdoslav-Platz, weiter an der Redoute vorbei durch die Mostová und endete an der Donau.

An der Ecke zum Hauptplatz besteht seit einigen Jahren wieder das einst berühmte **Café Mayer**. Sein Gründer Julius Mayer war k.u.k.-Hofkonditor. Auch hier war der erwähnte ›schöne Naci‹ Stammgast. Während der sozialistischen Epoche bestand das Café nicht – es gab hier allerdings eine Konditorei –; erst nach 1993 nahm es seinen Betrieb in alter Form wieder auf. Im selben Gebäude befindet sich auch die Botschaft Griechenlands.

Hlavné nám.

Der gar nicht so große Hlavné nám. ist das Herz der Stadt und weist gleichzeitig einige sehenswerte Bauten auf. Er zieht Touristen zudem dank seiner Souvenirstände und Cafés zu allen Tageszeiten an. Auf dem malerischen Hauptplatz findet in der Adventzeit der traditionelle Weihnachtsmarkt statt. Er zeichnet sich weniger – wie in Deutschland inzwischen üblich – durch grelle Schießbudenromantik aus, sondern ist ein Markt ganz im Zeichen von Tradition und Brauchtum. Hier werden unter anderem kulinarische winterliche Spezialitäten feilgeboten, wobei der dann hier herrschende unvergleichliche Duft von Gewürzen sprichwörtlich ist. Man kann original hergestellte Lebkuchen erwerben, man begegnet phantasievollem Weihnachtsbaumschmuck aus Stroh und aus Zuckerbäckerei. An vielen Ständen gibt es kulinarische Köstlichkeiten zu kaufen. Sehr zu empfehlen ist die traditionelle weihnachtliche Kohlsuppe, der geräucherte Wurst, Pilze und Pflaumen beigefügt sind und die durch gemahlenen Paprika die nötige ungarische Würzung erhält. Auch muss man unbedingt den hiesigen Glühwein (varéne vino) probieren, der rot und weiß angeboten wird. Man verfeinert ihn durch Ingwer, Honig, Nelken, Zimt und Zitronensaft. In den letzten Jahren fand als Basis dafür auch Met Verwendung. Probierenswert ist ebenso der ›hriato‹, eine Art Klarer mit Speck und Schmalz.

Stadtspaziergänge

Der Hauptplatz ist das erste Ziel vieler Touristen

■ **Rolandsbrunnen**

In der Mitte des Hauptplatzes, der sich weit und prächtig nach Osten öffnet, steht der Rolandsbrunnen (Rolandova fontána), manchmal auch Maximiliansbrunnen genannt. Er wurde 1572 auf Anweisung des Kaisers Maximilian II. errichtet und erinnerte durch seinen Bau an ein Unglück, das sich bei dessen Krönung zugetragen hatte und bei dem durch falsche Zündung von Feuerwerkskörpern mehrere Tote zu beklagen waren. Die Figur soll den Kaiser selbst darstellen, wobei sie erst in den Jahrhunderten danach mit der Figur des sagenumwobenen Paladins Karls des Großen in Beziehung gebracht worden ist. Nach dem Tode Maximilians wollte man in der Figur eine Rolandsgestalt sehen, wie sie beispielsweise auch in Bremen steht.

■ **Die Bauten am Platz**

Die Westseite des Hauptplatzes (Nr. 5) dominiert ein prachtvolles Jugendstilgebäude, das 1906 für die ungarische Eskontbank errichtet wurde. Hier sind heute das traditionsreiche **Café Roland** und ein Geldinstitut untergebracht. Eine Besichtigung der Vorhalle lohnt. Die Figur eines Türken ist der vom Schachautomaten des Wolfgang Kempelen nachempfunden. Dieser konstruierte 1770 eine damals aufsehenerregende Maschine, die Schach spielen konnte. Sie gelangte nach Kempelens Tod in die USA und verbrannte 1854 in einem Museum in Philadelphia. Eine Nachbildung dieser Maschine ist ebenfalls in der Vorhalle zu bewundern.

Das Eckgebäude zur Zelená ul. (Grünstüblgasse), Hlavné nám. Nr. 6 ist das **Palugyay-Palais**, 1880 im neobarocken Stil für die gleichnamige berühmte Preßburger Weinhändlerfamilie errichtet.

Das **Grünstüblhaus** (Zelený dom) jenseits der Zelená ist ein ursprünglich gotisches Haus und trägt seit alters her diesen Namen von der ursprünglich grün gehaltenen Wandbemalung im Innern. Das heute auch äußerlich grüne Haus besitzt eine schlichte klassizistische Fassade. Der Giebel aus dem Jahr 1775 stellt eine biblische Szene dar. Nach der erfolgreichen Flucht aus Ägypten sandte Moses zwei Kundschafter aus, um das Gelobte Land zu erkunden. Diese beiden, Josua und Kaleb, kehrten nach 40 Tagen mit einer Riesentraube zurück und zeigten, dass ein fruchtbares Land vor dem Volk Israel lag.

Der schon erwähnte Korso führt hier durch die Sedlarská ul. (Sattlergasse) bis zur Michalská ul. Größter Touristenmagnet in dieser verhältnismäßig kurzen Straße ist das Irish Pub an der linken Seite Richtung Michalská.

An der Nordseite des Hauptplatzes, an der Ecke zur Sedlárska, zieht das **Kutschersfeld-Palais** (Haus-Nr. 7), ein Roko-

Früher Maximilian, heute Roland, immer aber Blickfang

kohaus von 1762, die Blicke auf sich. Hier sind die französische Botschaft und das französische Kulturinstitut untergebracht. Nicht von ungefähr lehnt sich vor dem Gebäude eine Napoleon sehr ähnliche Figur über eine Bank: Nachdem Napoleon das österreichische Heer bei Austerlitz besiegt hatte, wurde in Preßburg der gleichnamige Frieden abgemacht. Der Korse spielte daher für die Stadt und ihre weitere Entwicklung eine nicht zu unterschätzende Rolle.

Der seinerzeit weltberühmte russische Komponist und Klaviervirtuose Anton Rubinstein (1829–1894) lebte hier 1847 während seines Aufenthaltes in der Stadt, und hier komponierte er vermutlich sein bis heute bekanntestes Werk, das Klavierstück ›Melodie in F‹ aus op. 3. Das Gebäude rechts daneben (Nr. 10) ist der ehemalige Sitz des Königlichen Statthalterrats. Dieser Königliche Statthalter war der Vertreter des ungarischen

Napoleon vor dem gleichnamigen Haus

Königs, der in seiner gleichzeitigen Eigenschaft als Kaiser des Heiligen Römischen Reiches in Wien residierte, und hatte seinerseits den Sitz in Preßburg. Auch auf der gegenüberliegenden Seite des Platzes findet man noch bemerkenswerte Häuser, neben dem Eckhaus mit dem Café ›Mayer‹ etwa die Nr. 2, in der heute die Botschaft Japans residiert.

Um das Alte Rathaus und den Primatialpalast

Eine Besichtigung dieser beiden für die Stadt so wichtigen Bauten und der umliegenden Straßen führt in das Herz der historischen Altstadt. Dort finden sich, in unmittelbarer Nähe zueinander, einige sehenswete Sakralbauten und die bedeutendsten Profanbauten der Stadt. Dazu zählen unter anderem das Mirbach-Palais und das Primatialpalais. Allein das Alte Rathaus verdient eine längere Besichtigung.

Altes Rathaus

Die Ostseite des Hauptplatzes dominiert Alte Rathaus (Stará radnica), genauer gesagt der Rathauskomplex, denn hier sind mehrere Gebäude aus mehreren Jahrhunderten durch Umbauten und Anbauten miteinander verbunden. Obwohl das Rathaus, gemessen an Rathäusern anderer Hauptstädte, nicht gerade groß ist, hinterlässt es doch einen imposanten Eindruck.

Das sogenannte **Jakobhaus**, das rechts an den Turm anschließt, ist das Kerngebäude der Anlage und geht auf die Mitte des 14. Jahrhunderts zurück. Die Stadt kaufte es Ende des 14. Jahrhunderts, die Ratsgeschäfte wurden aber erst 1434 darin aufgenommen. Damit hatte Preßburg als erste Stadt Oberungarns ein eigenes Rathaus bekommen. Um 1580 entstand der **Rathaushof** mit seinen prächtigen Renaissance-Arkaden an der Nord- und Ostseite, im Zuge dieser Erweiterung wurden die Fenster

Stadtspaziergänge

des alten Jakobhauses zum Hauptplatz 1599 ebenfalls im Renaissancestil umgestaltet. Neu gedeckt wurde das Dach des Rathauses mit kunstvoll patinierten Ziegeln erst vor kurzem.

Der **Renaissanceerker** über der Einfahrt zum Rathaushof ist ganz ungewöhnlich mit Majolika-Ziegeln gedeckt, der ursprünglich gotische **Turm** des Rathauses – gotische Relikte sind noch zahlreich zu erkennen – wurde mehrfach und das letzte Mal 1733 barock umgebaut. Auffallend ist die Darstellung der Mondphasen direkt unter der Turmuhr durch eine auf einer symbolischen Mondkugel angebrachte Gesichtsdarstellung. Bemerkenswert ist – in etwa sieben Meter Höhe – die Kanonenkugel, die von der Beschießung der Stadt 1809 herrührt. An das Preßburger Jahrtausendhochwasser vom 5. Februar 1850 erinnert eine Markierung, die zeigt, dass der Hauptplatz damals gut einen Meter unter Wasser gestanden hat.

Aus Platzgründen kaufte man in der Mitte des 19. Jahrhunderts das rechts an das Rathaus anschließende und schon in der Radničná stehende **Apponyi-Palais** hinzu. Es war ursprünglich um 1760 von einem vermögenden Adeligen dieses Namens errichtet worden. Die Prunkräumen dieses Palais dienen für Ausstellungen u. Ähnliches. Doch auch dieses Haus, in dessen Kellern sich seit 2008 ein **Weinmuseum** befindet, genügte bald den Ansprüchen der Stadtverwaltung nicht mehr. Man entschloss sich, Süd- und Ostflügel des Rathaushofs in Anlehnung an den Renaissancestil neu zu errichten. Kurz vor dem Ersten Weltkrieg war diese letzte Erweiterung fertiggestellt.

Im Alten Rathaus – über den Innenhof zugänglich – ist heute ein **Museum zur Stadtgeschichte** und insbesondere zur Stadtgerichtsbarkeit eingerichtet. Sehenswert sind dabei die Kassettendecke im Rathaussaal von 1577 und die Fresken im Gerichtssaal von 1695.

Františkánske nám.

An seiner Nordseite geht der Hauptplatz in den Franziskanerplatz (Františkánske námestie) über, der nach Norden ganz sanft ansteigt. Der Baumbestand dieses Platzes bewirkt, dass man sich plötzlich in einen stillen Winkel des sonst so umtriebigen Zentrums versetzt fühlt. Er ist, so vermutet man, die älteste Platzanlage Bratislavas, da die Franziskanerkirche an ihrer oberen Ecke der älteste erhaltene Sakralbau der Stadt ist.

Die schmale Kostolná trennt die **Jesuitenkirche** vom Rathauskomplex. Diese war ursprünglich eine protestantische Kirche aus dem Jahr 1636. Durch die Gegenreformation wurden nach und nach die Protestanten ihrer Kirchen entledigt, und so nahmen sich 1672 die Jesuiten dieses Gotteshauses an und begannen sogleich mit dessen Umbau.

Karte S. 60

▲ *Dieser Turm ist Teil des Alten Rathauses*

Eine Pause an der Jesuitenkirche

Dabei brachten sie ihr gewaltiges Ordenssymbol über dem Renaissanceeingang an. Ein kleiner Dachreiter als Turmersatz rührt von diesem Umbau her, da protestantische Kirchen in Oberungarn im 17. Jahrhundert keine Türme besitzen durften. Die Kanzel der Jesuitenkirche aus dem Jahr 1753 zählt man zu den schönsten Rokokokanzeln Europas.

Vor dem Eingang zur Kirche steht seit 1675 die **Mariensäule**, die allerdings meist wegen der sie umgebenden Bäume übersehen wird. Genaugenommen wird sie ›Säule zu Ehren der Siegreichen Jungfrau Maria‹ genannt. In allen habsburgischen Ländern stellte man nach dem Ende des Dreißigjährigen Krieges solche Säulen auf, zum einen wegen des Sieges der katholischen Lehre und der erfolgreich einsetzenden Gegenreformation und wegen einzelner Kriegserfolge, zum anderen auch bei bestandener oder abgewehrter Pestgefahr; dann wurden sie meist auch Pestsäule genannt. Diese

Säule wurde von Kaiser Leopold I. nach der erfolgreichen Niederschlagung der sogenannten Wesselenyschen Verschwörung als Dank an die Gottesmutter errichtet.

Zwischen Františkánske nám. und Primatialpalast

Schräg gegenüber der Jesuitenkirche führt die Biela ul. (Schneeweißgasse) zur Michalská. Ihr Name rührt der Legende nach von der weißen Farbe her, die die Häuser hier einst besaßen, um das Dunkel der Gasse etwas aufzuhellen und um den Häusern ein festliches Aussehen zu geben. Denn hier führte der Krönungsweg der ungarischen Könige vom Martinsdom zum Michaelertor entlang. Tatsächlich aber trägt die Gasse ihren Namen nach der angesehenen Bürgerfamilie Schneeweiß, die im 15. Jahrhundert hier ein großes Haus besaß. Von 1879 bis 1918 hieß sie Corvinusgasse, nach Matthias Corvinus, der die Universität gründete.

In der Biela Nr. 6 ist das kleine **Arthur-Fleischmann-Museum** eingerichtet, das Leben und Werk des in der Stadt geborenen Bildhauers (1896–1990) präsentiert. Im Hof sind noch einige hübsche Arkaden zu sehen. Das nördliche **Eckhaus** dieser Gasse zum Franziskanerplatz zeigt mit seiner mächtigen Stützmauer und den Rundungen des Mauerwerks seine gotische Herkunft an.

Haus Nr. 10 diente im 19. Jahrhundert viele Jahrzehnte als Schenke des Preßburger Winzervereins. Es stammt ebenfalls aus der gotischen Zeit und gehörte ursprünglich den Franziskanern. Lange befand sich darin die **Weinstube Veľkí františkáni** (›Alter Franziskaner‹). Das Traditionslokal ist leider bis auf weiteres geschlossen; das Gebäude wirkt überhaupt etwas vernachlässigt. Vor den

Wunderbares Rokoko: das Mirbach-Palais

Fenstern der Weinstube im Erdgeschoss ist im Straßenpflaster ein merkwürdiges Relief aus Kupfer eines zeitgenössischen Künstlers eingelassen, das einen Fantasievogel zeigt, dessen äußere Gestalt durch Scheren und anderes mechanisches Werkzeug gestaltet ist.

■ Mirbach-Palais
Haus Nr. 11 ist das Mirbach-Palais (Mirbachov palác), eines der schönsten Stadtpalais Bratislavas. Es wurde 1770 nach Entwürfen des Architekten Matthias Höllrigl für den Brauermeister Spech errichtet. Seinen Namen hat es von seinem letzten Besitzer, der es der Stadt unter der Auflage vermachte, dort ein Museum einzurichten. Daher findet man dort nun die **Städtische Galerie Bratislava**, die neben wechselnden Einzelausstellungen eine Dauerausstellung barocker lokaler Meister zeigt, darunter Werke von Georg Raphael Donner und Franz Xaver Messerschmidt. Das Mirbach-Palais gilt künstlerisch als besonders wertvoll, da es in seinen Treppenaufgängen

Karte S. 60 ▲

und Fassaden noch den Rokokostil der Zeit um 1770 in Reinform, ohne spätere Veränderung, aufzeigt.

■ Milan-Dobeš-Museum
Oberhalb des Mirbach-Palais führt die schmale und ruhige Zámočnicka ul. zum Michaelertor und zur Michalská. Direkt in der Krümmung dieser Gasse liegt das sehr interessante Milan-Dobeš-Museum (Nr. 13), das sich den slowakischen konstruktivistischen Tendenzen verschrieben hat. Die Wiener Autorin Irene Hannappi hat es trefflich so formuliert: »Milan Dobeš verknüpft ästhetische Kategorien visueller Wahrnehmung mit technischen Aspekten und integriert in seine Objekte virtuelle oder tatsächlich vorhandene Bewegungssequenzen.«

■ Franziskanerkirche
Schräg gegenüber dem Milan-Dobeš-Museum befindet sich die älteste Kirche der Stadt, die Franziskanerkirche mit angeschlossenem Franziskanerkloster, in

In der Františkánska, rechts die Franziskanerkirche

dessen Innerem ein Kreuzgang sehenswert ist. 1297 war der Bau in seiner ersten Phase vollendet. Einer Legende zufolge ist er mehr als 20 Jahre zuvor begonnen worden, nach dem Sieg des König Ladislaus II. über den Böhmenkönig Ottokar in einer Schlacht auf dem Marchfeld. Um 1450 ergänzte man die Kirche mit einem gotischen Turm an der Františkánska ul. An solchen dünnen Türmen kann man einen Bettelorden, wie die Franziskaner einer waren, stets erkennen. Durch ein Erdbeben im Jahr 1590 stürzte das gotische Gewölbe ein, es wurde durch ein Kufengewölbe ersetzt. Aus der gotischen Zeit sind das Presbyterium und Teile der Seitenwände des Schiffs noch erhalten; interessanterweise liegen Schiff und Presbyterium nicht in einer Achse. 1779 war der Turm so schadhaft, dass er abgetragen wurde. Er steht seit 1897 im Janko-Kráľ-Park von Petržalka als Aussichtspavillon – die Kirche erhielt einen neuen Turm, der eine genaue Kopie des alten war.

Die Vorderfront der Kirche, zum Franziskanerplatz, stammt vom Ende des 18. Jahrhunderts. Die große nördliche Seitenkapelle ist Johannes dem Täufer geweiht und weist deutliche bauliche Anleihen von der Sainte-Chapelle in Paris auf, was sie zu einer Grabkapelle von besonderem Adel werden lässt.

■ Ursulinenkirche

Die Františkánska ul. trifft nach etwa 100 Metern auf die Uršulínska ul. (Ursulinengasse). Hier steht die Ursulinenkirche, wie die Jesuitenkirche eine vormalige evangelische Kirche. Protestantische Ungarn und Slowaken erbauten sie 1659 als schmalen, einschiffigen Bau, der mit einem Holzturm versehen war. Nach 1672 wurde sie von den Katholiken übernommen und im

In der Ursulinenkirche

Inneren umgestaltet. Anstelle des abgerissenen Holzturms wurde der Kirche im 18. Jahrhundert eine neue Zwiebelkonstruktion aufgesetzt. Das Ursulinnenkloster entstand zur gleichen Zeit auf dem Gelände des jüdischen Ghettos, das sich bis zur Klobučnícka erstreckte und das in dieser Zeit abgerissen wurde, wobei die Juden vor die Stadt nach Westen ausweichen mussten, hinter das Weidritzer Tor an den Hang des Burgbergs.

Primaciálne nám.

Die Uršulínska führt südwärts zum dritten großen Repräsentationsplatz der Stadt, dem Primaciálne nám. (Primatialplatz). In der wärmeren Jahreszeit sieht man viele Menschen mit Laptops, da die Empfangsbedingungen für die schnurlose Datenübertragung hier weit und breit die besten sind.

Hier steht das mit Sicherheit prächtigste und schönste Palais der Stadt, das Primatialpalais, das sich durch seine ungewöhnliche Höhe und Breite von allen anderen städtischen Palästen abhebt.

Stadtspaziergänge

■ **Primatialpalais**

Das Palais entstand zwischen 1778 und 1781 im Stil des französischen Klassizismus als Sitz des ungarischen Fürstprimas Battyani und ersetzte dabei ein älteres Gebäude. Elf vertikale Felder gliedern seine Vorderfront, fünf Felder sind dabei etwas vorgezogen, wobei vier Säulen einen Balkon stützen. Ein großes dreieckiges Tympanon schließt die Vorderseite nach oben ab. Gekrönt wird der Bau durch einen gewaltigen, 100 Kilogramm schweren Kardinalshut. In diesem beeindruckenden Bau hat der Oberbürgermeister der Stadt seine Diensträume.

In der Einfahrtshalle erinnern rechts zwei Marmortafeln an den Preßburger Frieden, der im Spiegelsaal dieses Gebäudes am 26. Dezember 1805 geschlossen wurde und durch den der besiegte Kaiser des Heiligen Römischen Reiches, Franz II., nach der verlorenen Schlacht bei Austerlitz große Gebietsverluste wie Dalmatien, Istrien und Tirol hinnehmen

musste. Napoleon stand nach diesem Sieg im Zenit seiner Macht.

Im Innenhof steht ein Brunnen, der dem heiligen Georg gewidmet ist. Als 1903 der Palast an die Stadt überging und renoviert wurde – der Erzbischof war bereits seit 1820 wieder in Esztergom –, stieß man unter den Tapeten in der Vorhalle zum Spiegelsaal auf einen Hohlraum mit einer dort befindlichen Stoffrolle. Sie entpuppte sich als eine Reihe zusammengelegter englischer Gobelins aus dem 17. Jahrhundert. Diese Gobelins gehörten ursprünglich dem französischen Kardinal Mazarin, der sie nach Ungarn verkauft hatte, wo sie während der Napoleonischen Kriege nach Preßburg kamen, um dort sicher zu sein. Auf den Gobelins ist die altgriechische Sage von Hero und Leander dargestellt. Sie werden heute im Primatialpalais in einer gesonderten Ausstellung gezeigt.

Dem Primatialpalast gegenüber steht ein weiteres Kolossalgebäude, allerdings von weniger großer Schönheit. Es ist das Neue Rathaus von 1948, das an dieser Stelle nach dem Abriss des früheren Jesuitenkollegiums erbaut wurde. Die Westseite des Platzes wird durch den Ostflügel des Alten Rathauses gebildet, der zwar alt wirkt, jedoch eben erst vor einem Jahrhundert errichtet wurde.

Vom Primaciálne nám. zum Kamenné nám.

Vom Primatialpalast führt die Klobučnícka ul. (Hutterergasse) nordostwärts. An der Ecke zur Uršulínska befindet sich zunächst das Ursulinergymnasium, ihm gegenüber die zentrale **Touristeninformation** der Stadt (Klobučnícka Nr. 2). Wiederum ihr gegenüber erinnert in der Ursulinska eine **Relieftafel** an den Aufenthalt des berühmten Arztes und Alchi-

Karte S. 60

Der heilige Georg im Innenhof des Primatialpalais

Das kleine Hummel-Museum

misten Paracelsus in der Stadt im September 1537. Paracelsus war auf dem Weg aus Mähren nach Villach in Kärnten und wohnte drei Wochen lang in einem Eckhaus, das heute nicht mehr existiert. Über den Zweck seines Aufenthaltes ist wenig bekannt, zumindest hat der Rat der Stadt den berühmten Mann mit großer Ehrerbietung willkommen geheißen. Angeblich habe er, so eine zeitgenössische Quelle, die Transmutation unedlen Metalls in Gold ›vor dem publico vollführet‹ und getrocknete Pflanzen wieder zu frischen werden lassen.

In der Uršulínska (Nr. 9 und 11) stehen noch zwei ältere Häuser aus der Barockzeit, Nr. 9 mit unübersehbar gotischen Wurzeln. Im einen ist ein hübsches Lokal mit Ausschank von böhmischen Krušovice-Bier, im anderen ein Teil der Touristenbehörde eingezogen.

Eine weitere **Relieftafel** in der Klobučnícka erinnert an einen der größten Söhne der Stadt, an den Pianisten und Komponisten Johann Nepomuk Hummel. Wo heute ein neubarockes Gebäude von 1910 steht (Nr. 2), befand sich einst dessen Geburtshaus. Im Hof dieses Hauses – hinter der Touristeninformation –, den man durch ein sehr gut

sortiertes und empfehlenswertes Geschäft unter anderem mit Klassik-CDs – große Auswahl slowakischer Komponisten – erreicht, befindet sich in einem biedermeierlichen Gartengebäude ein kleines **Hummel-Gedenkmuseum**. Oftmals wird dieses kleine Gartenhaus fälschlicherweise als das Geburtshaus Hummels beschrieben.

Etwas weiter stößt die Klobučnícka auf die Nedbalova (Nedbalgasse). Sie ist nach Oskar Nedbal benannt, einem vor 80 Jahren populären böhmischen Operetten- und Ballettkomponisten und einem der Gründer der Slowakischen Philharmonie. Von ihm stammt unter anderem die einst vielgespielte Operette ›Polenblut‹. An der Ecke, zwischen die Häuser eingelassen, sind **Reste der mittelalterlichen Stadtmauer** auszumachen: Die Nedbalgasse am Ostrand der historischen Innenstadt war ursprünglich als Schanzgässchen gebaut.

Von hier kann man über die Uršulínska zurück zum Franziskanerkloster und weiter zum Michaelertor gehen oder auf die große Gürtelstraße gelangen. Sie umzieht die Altstadt im Osten und ist wie der Hviezdoslav-Platz auf dem alten Stadtgraben errichtet.

■ Alte Markthalle

Rechter Hand, etwas zurückversetzt von der Klobučnícka, liegt die Alte Markthalle (Stará tržnica), hier mit ihrem rückwärtigen Eingang. Ihr Hauptzugang liegt an ihrer gegenüberliegenden Seite, am Nám. SNP (Nám. Slovenského národného povstania), dem Platz des Slowakischen Nationalaufstands.

Dieser Platz ist, ähnlich wie der Hviezdoslav-Platz, eher eine sehr breite und sehr langgestreckte Straße und zieht sich im Norden vom Hurbanovo nám. nach Südosten bis zum Kamenné nám.

Stadtspaziergänge

auf etwa einem halben Kilometer Länge um das historische Bratislava herum. Bis 1946 hieß er nur Marktplatz, dann Stalinplatz, und in den 1950er Jahren bekam er, zur Erinnerung an den Aufstand gegen die deutschen Besatzer, seinen heutigen Namen.

Die Alte Markthalle wurde 1910 in Formen des späten Jugendstils errichtet. In der sozialistischen Epoche verlor die Markthalle als Verkaufsplatz mehr und mehr an Bedeutung, von 1960 bis 1982 diente sie als Studio des Tschechoslowakischen Fernsehens. Danach war sie als großer zentraler Bahnhof einer geplanten, aber nie begonnenen U-Bahn-Linie vorgesehen, die die Innenstadt mit Petržalka verbinden sollte. Reste dieses U-Bahn-Baus sind im Innern die beiden nebeneinander in die Tiefe führenden Treppenschächte, über die man zu den U-Bahn-Gleisen gelangen sollte. Jetzt allerdings führen sie nur zu den – meist geschlossenen – Toiletten der Markthalle.

Nach der Wende wurde die Markthalle, nunmehr renoviert, wieder ein zentraler Handelsplatz für Obst und Gemüse, wenngleich sich das Angebot im Umfang nicht ansatzweise mit dem der vielen großen Einkaufszentren in der Stadt messen konnte. Die Markthalle ist derzeit geschlossen, ihre Wiedereröffnung ungewiss.

■ Zwischen Markthalle und Kamenné nám.

Hier, am Ostrand der Altstadt, befand sich einst das Laurenzer Tor, durch das die parallel zur Klobučnícka verlaufende Laurinská aus der Stadt hinausführte. Eine kleine Kapelle, die dem heiligen Lorenz geweiht war, befand sich ebenso hier. Von dieser Kapelle sind links vor dem Haupteingang der Markthalle un-

Karte S. 60 ▲

Das Manderla-Haus war das erste Hochhaus in Bratislava

ter einem Glasverschlag verschiedene **Fundamentreste** aufgeschlossen.

Ein unschönes, aber für die Innenstadt ungewöhnlich hohes Wohn- und Bürogebäude aus den 1930er Jahren steht unmittelbar am Rand dieses Glaspavillons. Es ist das **Manderla-Haus** (Manderlák). 1935 ließ der Fleischereibesitzer Rudolf Manderla das mit elf Stockwerken damals höchste Gebäude der Stadt errichten. Wenn es heute auch recht trist wirkt, war es doch für die damalige Zeit eine ungewöhnliche Schöpfung. Stilisierte Arkadengänge im Erdgeschoss, das in weiten Teilen verglast war, oder insbesondere die Fenster, die um die Ecken verlaufen, zeigen am deutlichsten die Kühnheit der Architekten Ernst Spitzer und Christian Ludwig.

Hier ist man bereits am Kamenné nám. (Steinplatz) angekommen, einem zentralen Knotenpunkt auch der öffentlichen Verkehrsmittel. Von hier kann man mit der Tram in alle Bereiche der Stadt gelangen.

Vom Michaelertor zum Martinsdom

Dieser Spaziergang beginnt am Hurbanovo nám., dem früheren Kohlmarkt, und folgt der alten Bernsteinstraße über die Michalská und Ventúrska durch die historische Innenstadt.

Diese beiden Straßen sind die ältesten der Stadt. Bratislava ist in seinem alten Zentrum heute eine Stadt des Spätbarock und Rokoko. Originalbauten aus älteren Epochen sind kaum vorhanden, da in der zweiten Hälfte des 18. Jahrhunderts durch die Umgestaltung der Stadt im damaligen Stil viel verändert worden ist. In der Michalská und ihrer südlichen Verlängerung, der Ventúrska, ist das Straßenbild der Maria-Theresianischen Epoche dagegen annähernd unverändert erhalten. Fast jedes Haus kann eine eigene Geschichte erzählen, denn viele Häuser sind mit bedeutenden Geschlechtern der ungarischen Geschichte verknüpft: Erdödy, Jesenák, Esterházy, Segner, Palugyay, Keglevics, Pauli und besonders Pálffy.

Eine Wanderung durch diese Straßen ist deshalb nicht nur die zentrale Begegnung mit Bratislava-Pozsony-Preßburg, sondern lässt auch die ungarische Geschichte des 18. Jahrhunderts lebendig werden. In diesen Gassen schlägt neben dem Hauptplatz das Herz der Stadt. Restaurants, urige Bierstuben und elegante Straßencafés ergänzen das großartige Bild der Geschichte zu einer Erlebnismeile ganz eigener Art.

Durch die Michalská

Über die Michalská verlief der Krönungsweg der ungarischen Könige. Nachdem die Krönungszeremonie im Martinsdom beendet war, zog der König mit seinem Gefolge durch die Kapitúlská, Prepoštská und Sedlárska zum Hauptplatz und in die Franziskanerkirche. Von dort ging es

Stadtspaziergänge

Die hübsche Grünanlage nordöstlich des Michaelertors

weiter durch die Biela zum Michaelertor und dann aus der Stadt hinaus. Diesen Teil der Route kann man leicht anhand der goldenen Krönchen im Pflaster nachvollziehen. Anschließend begab sich der Zug östlich um die Stadt herum bis zum Krönungshügel (aufgeschüttet aus der Erde von 46 ungarischen Komitaten) am heutigen Štúr-Platz, wo er sein Schwert in alle Himmelsrichtungen schwang und somit offiziell Besitz von seinem Reich nahm. Leider existieren für diesen Teil der zeremonialen Route keine Krönchen im Straßenpflaster.

Am Hurbanovo nám. nimmt die Michalská (Michaelergasse) ihren Anfang. Als schmales, fast unscheinbares Gässchen verlässt sie den Platz direkt nach Süden und krümmt sich zum Stadtgraben. Über diesen führt die Michaelerbrücke, in manchen Büchern nach einer alten Sage ›Brücke der Liebenden‹ bezeichnet. Es handelt sich um einen Bau aus der Zeit um 1720, der eine hölzerne Zugbrücke ersetzte. Auf der Brücke stehen zwei Skulpturen des Erzengels Michael und des heiligen Nepomuk. Man kann von ihr in den vormaligen Stadtgraben hinabsehen, die einzige Stelle, wo er noch eindeutig als solcher ausgemacht werden kann. Der Graben ist ein beliebter Platz der Entspannung. ›Lesegarten‹ nennen ihn manche, da man einen besseren Ort im Zentrum kaum findet, wenn man Zwiesprache mit einem Buch halten will. Doch ist der Weg hinunter nicht leicht zu finden. Der einzige Zugang führt durch das Haus zum ›Roten Krebs‹ (Michalská 26). Nach dem Durchschreiten des Haustors befindet man sich in einem engen Gang, von dem eine Treppe in den Garten hinabführt.

Hier befindet man sich nun ganz nah am Michaelertor, und man hat ebenso einen guten Blick auf die Rückseite der Häuser in der Zámočnícka, der Schlossmachergasse, die unmittelbar hinter dem Michaelertor zum Franziskanerplatz führt. In der äußersten Ostecke des Grabens steht noch die **Pulverbastei** aus dem Jahr 1520, die in das Haus Zámočnícka 11 integriert ist. Zum Michaelertor hin lassen sich noch einige Reste der Festungsmauer erkennen. Sie stammt aus der Zeit der Türkenkriege nach 1529.

Die Michaelerbrücke führt jetzt zu einer **Barbakane**, einem gemauerten Festungstor. An der Barbakane sind noch Vorrichtungen zu erkennen, an denen die Seilrollen für die Zugbrücke befestigt waren. Unmittelbar nach der Barbakane knickt die Gasse in scharfem Bogen nach links. Dieser wurde bewusst so angelegt, um einen direkten Angriff mit der Artillerie über die Zufahrtsstraße zu erschweren.

Noch in der Barbakane befindlich, ist links vom Michaelertor im Haus der früheren Apotheke U červeného raka (Zum Roten Krebs), ein hochinteressantes **pharmazeutisches Museum** untergebracht. Man sieht Apothekeneinrichtungen aus lang vergangenen Zeiten, die aus anderen Apotheken der Stadt zusammengetragen wurden (Michalská 28).

Der Apotheke gegenüber steht das schmalste Haus der Stadt (ohne Nummer), dessen Straßenfront nur 160 Zentimeter breit ist. Das Innere wurde in entwürdigender Form zu einem billigen Imbiss-Restaurant ausgehöhlt, das ausgehungerte Touristen locken will.

Karte S. 60

▲

Die Michalská mit dem Michaelertor, einem Wahrzeichen Bratislavas

Unter dem Michaelertor ist eine **Metall-plakette** ins Pflaster eingelassen, die die Himmelsrichtungen und die Richtungen sowie Entfernungen zu einigen ausgewählten Metropolen der Welt zeigt. Der Nullpunkt ist dabei genau diese Plakette.

■ Michaelertor

Das Michaelertor ist neben der Burg und dem Alten Rathaus eines der Wahrzeichen Bratislavas. Es ist das einzige der vier Stadttore, das bei dem großen Umbau stehenblieb. Die Kartusche – eine Plakette mit heraldischem Zierrahmen – Maria Theresias ist an der Südseite angebracht. Interessant ist der darauf formulierte heimliche Vergleich der Stadt mit Rom. Es ist nämlich da von ›Senatus Populusque Posoniensis‹ – Senat und Volk von Pozsony – die Rede, der während der Herrschaft der Königin Maria Theresia dieses Tor 1758 renoviert habe. Wohl aus diesem Grund wollte man es 1775 nicht bereits wieder abreißen.

Deutlich kann man am Tor drei Baustile erkennen. Der um 1350 errichtete dicke Rumpf ist bis zur sechsten Etage zweifelsfrei gotisch, die darauffolgende Etage mit der Aussichtsplattform und der Uhr der Renaissanceepoche – im Rahmen der Erweiterung der Stadtbefestigung aufgrund der Türkengefahr schon gegen 1525 erbaut – und die Turmhaube der Barockzeit zugehörig. Sie wurde zusammen mit der Statue des Erzengels Michael 1757 aufgesetzt.

Unbedingt sollte man einmal auf die Aussichtsterrasse steigen: Hier liegt einem die Stadt gleichsam zu Füßen. Im Turm ist auch eine Unterabteilung des **Stadtmuseums** eingerichtet. Historische Waffen sowie solche aus osmanischer Herkunft sind hier ausgestellt.

Die Kartusche Maria Theresias am Michaelertor

Der Sage nach erscheint zu mitternächtlicher Stunde auf der Brüstung des Michaelertors eine schwarze, verschleierte Frau. Es muss eine schreckliche Erscheinung gewesen sein, denn ihr Schleier soll sich wie ein dunkles Flammemmeer um ihren Kopf gewunden haben. Diese Frau, Ursula geheißen, war voller Neid auf eine vormalige Freundin, da die den Mann heiraten konnte, den auch sie selbst begehrt hatte. Voll Mißgunst zeigte sie ihre Freundin als Hexe bei der Obrigkeit an, was in jenen Jahrzehnten ohne Verfahren dem Todesurteil gleichkam. Auf dem Richtplatz jenseits der Stadtmauer nördlich des Michaelertors sollte Agathe, wie die Nachbarin hieß, verbrannt werden. Ursula wohnte der Hinrichtung von der Galerie des Michaelertors bei. In dem Maß, wie Agathes Körper verbrannte, wichen Neid und Haß aus dem Herzen Ursulas, doch zoge in gleichem Maß nun eine seltsame Trübsal in sie ein. Wenige Monate später starb Ursula. Ihre Seele fand keine Ruhe. Turmwächter und Pförtner ist sie oft auf der Galerie des Michaelertors erschienen. Voll Angst vermieden sie es immer, zur Mitternachtsstunde dort oben anwesend zu sein. Denn jeder, der sie erblickte, hatte ein Unglück zu befürchten.

Karte S. 60
▲

Und wer dabei stehenblieb und ihr gar in die Augen sah, wurde von ihrem Blick gebannt. Dann berührte sie den Unglücklichen und stieß ihn zu Boden. Fast alle, denen dies widerfuhr, wurden bettlägerig und blieben gelähmt.

■ In der Baštová

Gleich hinter dem Michaelertor geht die Baštová (Basteigasse) – entlang der alten Stadtbefestigung – nach rechts ab. Es ist eine der schmalsten und stillsten Gassen des Zentrums. Wegen ihrer zwei **Schwibbögen** ist sie ein beliebtes Fotomotiv. Die früher hier existierende **Weinstube Vinařeň pod Baštou** war lange geschlossen, doch besteht sie seit 2008 wieder. Hier gibt es ein schönes mittelalterliches Kellergewölbe. In dieser Gasse hatte im Mittelalter auch der Scharfrichter seine Wohnung, doch ist sein ehemaliges Haus (Baštová 5) im Zuge der theresianischen Umbauten verändert worden.

Die charakteristischen drei Schwibbögen der Baštová

■ Vom Michaelertor nach Süden

Hinter dem Tor von Haus Michalská Nr. 8 ist hinter einer klassizistischen Fassade aus der Zeit um 1840 die gotische **Katharinenkapelle** versteckt, die 1325 geweiht wurde. Der sanfte Zauber ihres Innenraums ist einzigartig. In Haus Nr. 10 kam am 17. Februar 1717 Johann Adam Oeser zur Welt, der später Zeichenlehrer Goethes werden sollte. Seit 1764 war er Direktor der ›Zeichnungs-, Mahlerey- und Architectur-Academie‹ in Leipzig, wo der junge Goethe 1765 Privatunterricht nahm. Bis zu seinem Tode am 18. März 1799 blieb Oeser Goethe als Ratgeber und Lehrer eng verbunden.

Auf der rechten Seite, schräg gegenüber (Nr. 7), ist die sogenannte **Segner-Kurie** besonders auffallend. Das gewaltige Renaissanceportal lässt eher an eine Festung als an ein Bürgerhaus denken. Seine Ornamentik erinnert an die geschliffenen Facetten von Diamanten, deshalb ist auch der Name Diamantenportal verbreitet. Wie eine Inschrift über dem Eingang bezeugt, wurde es 1648 von Johann Michael Segner, dem Stadtkämmerer, errichtet. Der Naturwissenschaftler Johann Andreas Segner kam hier 1704 zur Welt. Er gilt durch seine physikalischen Untersuchungen und Erfindungen (›Segnersches Rad‹) als Vater des modernen Turbinenbaus. Haus Nr. 6 (gegenüber) zeigt über dem Eingang ein kleines Bildnis des Erzengels Michael, wie er gerade den Drachen tötet.

Viele Häuser in dieser Gasse besitzen flache Erker, die neben einem großen Erkerfenster zwei kleine an der Schmalseite haben. An ihnen lässt sich das Alter solcher Häuser erkennen, die teils aus der Gotik stammen. Die Schmalfenster dienten dazu, den jeweiligen Hauseingang besser überblicken zu können.

Stadtspaziergänge

Das mächtige Renaissanceportal lässt das Segner-Haus trutzig wirken

dem Durchgang gleich links. Er ist in einem ehemaligen gotischen Haus eingerichtet, das im 16. Jahrhundert im Renaissancestil umgebaut wurde und mit schönen Sgraffiti geziert war und ist, wobei die aus jüngster Zeit allerdings sehr störend wirken. Der seltsame Name des Hauses (übersetzt ›Zum Zehnten‹) soll sich angeblich davon herleiten, dass hier einmal der Eintreiber des Zehnten wohnte.

Der Blick durch die verwunschene Farská zur Burg ist sicherlich einer der schönsten, den die Stadt bietet.

Durch die Ventúrska

Die Verlängerung des Durchgangs, der vermutlich auf der Trasse eines weitaus älteren Straßenverlaufs liegt, ist auf der Ostseite die Sedlárska (Sattlergasse), über die man nach etwa hundert Metern zum Hauptplatz kommt.

An dieser Stelle ändert die Michalská ihren Namen und wird zur Ventúrska. Gleichzeitig verengt sich der Straßenzug auffallend. Die Ventúrska hat ihren Namen nach der angesehenen italienischen Familie Ventura, die bereits um 1250 nach Pozsony-Preßburg kam und sich hier niederließ.

An der nördlichen Ecke zur Prepoštska (Propstgasse, Nr. 13) befindet sich das **Palais de Pauli**. Im Gartenpavillon dieses Palais trat, wie eine Tafel an der Fassade verkündet, 1820 der neunjährige Franz Liszt auf. Leopold de Pauli war Hauptverwalter der kaiserlichen Domänen in Preßburg und ließ sich 1775/76, in der Blütezeit der Stadt, dieses Haus erbauen. Es ist das einzige der großen Palais mit einem Garten. Das Pauli-Haus wird in großen Teilen von der Universitätsbibliothek genutzt.

Dem Pauli-Palais gegenüber (Ventúrska 22) befindet sich seit wenigen Jahren

Haus Nr. 3 ist das **Jesenák-Palais**, das mit seiner typischen Barockarchitektur als zweitältestes Stadtpalais Bratislavas gilt. Haus Nr. 1 ist ebenfalls ein Barockgebäude. Es ist das Palais der ehemaligen Ungarischen Königliche Kammer, von 1753 bis 1756 von Giovanni Battista Martinelli erbaut und 1772 von Franz Anton Hillebrand erweitert. Über dem Hauptportal ist ein kleiner Balkon errichtet, der von zwei Atlasgestalten gestützt wird. Eine Gedenktafel erinnert an Ľudovít Štúr, der hier 1848 eine bedeutsame Rede über nationale und soziale Rechte gehalten hat. In dem Gebäude tagte von 1802 bis 1848 der ungarische Landtag. Heute beherbergt es die **Universitätsbibliothek**.

Geht man durch das Portal und den Innenhof, gelangt man auf der anderen Seite zum Klarissinnenkloster, zur Farská (Pfarrgasse) und zur Ul. Klariská (Klarissinnengasse). Unbedingt sollte man den **Bierkeller U Dežmára** besuchen, hinter

Karte S. 60

wieder das **Antiquariat Steiner**, eine Einrichtung dieser alteingesessenen Buchhändler- und Verlegerfamilie. Wegen ihrer jüdischen Abstammung wurde die Familie nach 1939 verfolgt, und bis auf die jüngste Tochter Selma Steiner (1924–2010) überlebte niemand die Konzentrationslager. Selma Steiner konnte bald nach Kriegsende zumindest die Antiquariatsbuchhandlung wieder eröffnen, doch nach der Wende wurden die Mieten so hoch, dass sie gezwungen war, aus ihrem angestammten Platz in der Ventúrska 22 zunächst in einen kleineren Laden umziehen, der sich im Innenhof der Academia Istropolitana befand. Selma Steiner arbeitete trotz ihres hohen Alters noch täglich in ihrem Laden und beriet ihre Kunden je nach Bedarf in deutscher, slowakischer und ungarischer Sprache. Das Antiquariat besitzt ein umfangreiches Angebot auch deutscher Bücher.

An der südlichen Ecke zur Prepoštská (Nr. 11) steht das **Zichy-Palais**, von 1770 bis 1780 vom Baumeister Hillebrand an Stelle dreier mittelalterlicher Häuser erbaut, die dafür abgerissen wurden. Das Palais dient heute für besondere festliche Veranstaltungen und allgemein als Kulturzentrum. Um 1820 lebte hier der deutsche romantische Komponist Heinrich Marschner (1795-1861). Er ist heute weitgehend in Vergessenheit geraten; am bekanntesten sind noch seine Opern ›Der Vampyr‹ und ›Hans Heiling‹.

Venturská 12 ist das Haus der Familie Vetsera. Mary Vetsera war die Geliebte des österreichischen Kronprinzen Rudolf und starb 1889, gerade 17-jährig, zusammen mit ihrem Geliebten in Mayerling. Die genauen Hintergründe und der Verlauf dieser Tat wurden nie vollständig aufgeklärt.

Dem Zichy-Palais schräg gegenüber (Nr. 10) steht an der Ecke zur Zelená das **Pálffy-Palais** (nicht zu verwechseln mit dem Pálffy-Palais in der Panská 19–21). Wie alle großen Palais in der Ventúrska stammt es aus der Epoche Maria Theresias. 1747 auf einem Vorgängerbau errichtet, ist es eines der frühesten Bauten dieser Zeit. Eine Gedenktafel erinnert daran, dass 1762 der sechsjährige Mozart hier ein Konzert gegeben hat. Das Pálffy-Palais ist heute Sitz der österreichischen Botschaft. Aufmerksamkeit verdienen die militärischen Allegorien in den Reliefs über dem Portal.

Gegenüber der Zelená befindet sich die **Ventúrska-Passage**. Hier ist im Hof noch ein mittelalterlicher, zwölf Meter tiefer Brunnen zu sehen.

Das große Gebäude (Ventúrska Nr. 5–7) gegenüber dem Palais Pálffy hat eine ganz besondere Bedeutung für die Stadt. Denn hier wurde am 20. Juli 1465 die erste Universität Ungarns, die **Academia (Universitas) Istropolitana**

Das Pálffy-Palais ist heute Sitz der Österreichischen Botschaft

eröffnet. ›Istropolis‹ ist die griechische Bezeichnung der Stadt (›istros‹ war der griechische Name für die Donau). Bis bis zu ihrer Schließung 1490 war die Universität in diesem Gebäude zuhause. Natürlich besitzt es keineswegs mehr die Originalgestalt des 15. Jahrhunderts, unübersehbar wurde es mehrmals umgestaltet.

Am ihrem unteren Ende verbreitert sich die Ventúrska wieder etwas. Man vermutet, dass es sich dabei im 14. Jahrhundert um einen kleinen Marktplatz gehandelt haben könnte, der zur Vorburg gehört hatte. Die alte Bernsteinstraße wie auch die späteren Handelsstraßen bogen hier in die Panská ab, um mit einem kleinen Schlenker zur Donaufurt zu kommen, die sich an der Stelle der heutigen Nový Most befand. Der westliche Abschnitt der Panská ist damit gleichzeitig die alte Ausfallstraße zu den Vororten Weidritz, Zuckermandel und nach Wien. Das Eckhaus der Ventúrska ist das **Erdödy-Palais**. Es wurde 1770, im goldenen Zeitalter der Stadt, errichtet, sein drittes Stockwerk kam erst im 20. Jahrhundert hinzu. Es

Am südlichen Ende der Ventúrska

Karte S. 60

war das Privathaus des königlichen Richters Georg Graf Erdödy. Auffällig ist die Krümmung dieses Eckhauses.

Durch die Panská

Die Panská ist die zweite große Straßenachse, die die historische Innenstadt durchzieht. Das Eckhaus zur Strakova ist das **Keglevics-Palais**, ein Barockgebäude mit einem einfachen, fast ländlichen Aussehen. Die Keglevics waren begüterte Landedelleute, die auch in Preßburg ein Stadtpalais besaßen. Beethoven trat hier als Klaviervirtuose auf und unterrichtete kurz die Tochter des Hauses. Er widmete ihr, der Comtesse Babette von Keglevics, 1797 seine Es-Dur-Sonate op. 7, 1798 sein C-Dur-Klavierkonzert op. 15 und zwei kleinere Kompositionen.

Rechts neben dem Keglevics-Palais (Panská 27) lugt frech eine gnomenhafte Gestalt – genannt **Posmievačik** (der Spottende) – in etwas obszöner Darstellung aus einer Nische auf das Straßengeschehen herab. Es gibt keine befriedigende Erklärung für diese Gestalt und ihr Tun.

An der Panská 33 befindet sich das **Csáky-Palais**, das 1775 nach Plänen von Matthias Walch in barock-klassizistischer Weise errichtet wurde. Daneben steht die **Salvator-Apotheke**, in deren Ladeninschriften sich auf das Schönste das dreisprachige Preßburg manifestiert. 1910 in neobarocken Formen erbaut, war es zu seiner Zeit mit fünf Etagen das höchste Haus der Altstadt. Zu beachten ist die Christusfigur an der Mittelsäule, die von dem bekannten Bildhauer Alois Riegele stammt. Die historische Offizin stammte aus einer aufgelassenen Apotheke der Stadt aus dem 18. Jahrhunderts, leider ist das Innere heute nicht mehr zugänglich, die historische Einrichtung ausgelagert.

Wappen am Keglevics-Palais

Rudnayovo nám.

Der kleine Platz unterhalb des Martins-
domes heißt Rudnayovo nám. (Rudnay-
Platz) und hieß vor 1939 Domplatz. Der
Namensgeber Alexander Rudnay
(1760–1831) war der erste Slowake,
der den Kardinalshut trug. Das kleine
Denkmal in der Platzmitte stellt aber
Anton Bernolák (1762–1813) dar, einen katholischen Geistlichen, der sich
50 Jahre vor Ľudovít Štúr wie dieser um
eine einheitliche slowakische Schriftsprache bemühte. Bernolák genießt landesweit eine sehr große Verehrung als
Wegbereiter eines slowakischen Nationalstaats. Denkmale von Franz Liszt wie
auch des Bildhauers Georg Raphael
Donner befinden sich ebenso hier unmittelbar südlich der Martinskirche. Die
Westseite des Platzes bilden einige ältere, zur Zeit in Renovierung befindliche
Häuser. An deren Ecke ist zur Panská ein
Mauerrest des 1775 abgetragenen **Weidritzer Tores** (Vydrická braná) zu sehen,

durch das die Straße weiter zur Donaufurt und nach Wien verlief.

Hier endet die Panská, sie wird brutal
von der Schnellstraße Staromestská abgeschnitten. Man kann nach links zum
Fischmarkt abbiegen oder nordwärts
zum Martinsdom und in die Kapitulská
weitergehen.

Im Haus Nr. Panská 41 erinnert eine
Tafel an die Verschleppungen slowakischer Kinder aus der Region Nitra und
Trenčín im 19. und 20. Jahrhundert und
ihre ›Denationalisierung‹ – gemeint ist
die Magyarisierung. Dieses Haus ist
komplett den Kindern gewidmet: Hier
ist das Haus der Kinderkunst **Bibiana**
untergebracht, in dem Kunst von Kindern und für Kinder gezeigt wird und
Kinder zusammen mit den Eltern auch
schöpferisch tätig sein können.

Am Platz stand auch die große, 1894
von Dionys Milch im maurischen Stil
erbaute große Preßburger Synagoge, an
die ein eingraviertes **Bild** in einer großen
schwarzen Basaltwand erinnert. Sie
musste 1967 dem Bau der Neuen Brücke und der Schnellstraße weichen. Auf
der Gravur ist die Synagoge in falscher

Die Reste des Weidritzer Tores

Blickrichtung dargestellt, denn ihre Türme waren nach Westen ausgerichtet. Die Skulptur vor dieser Mauer ist das **Holocaust-Denkmal** von Bratislava. Ein zerbrochener Davidstern ist mit Metallresten verschweißt, eine Inschrift mahnt: ›Zachor‹ – ›Erinnere dich‹! Sollte die alte jüdische Ansicht zutreffend sein, dass man dann, wenn man eine Synagoge abreißt, nichts anderes auf dieser Fläche errichtet werden darf und wenn man es dennoch tut, dieses neue Bauwerk keinen Bestand haben wird – so müssen die Brücke und die Schnellstraße bald zerfallen.

Der Martinsdom

Seit Jahrhunderten dominiert der Martinsdom (Dóm sv. Martina) den Rudnayovo nám. Der Dom war ursprünglich in die Stadtmauer integriert. Sein Eingang liegt daher nicht an der Westseite, wie bei anderen Kirchen üblich, sondern an der Nordseite. Der Martinsdom hatte die Funktion einer Wehrkirche, wenngleich er nicht so aussieht. 1302 begann man mit seinem Bau, nachdem die ältere Salvatorkirche abgerissen worden war. Genau 150 Jahre dauerten die Arbeiten, bis der Dom 1452 endlich geweiht werden konnte. Das ungewöhnlich lange Presbyterium wurde nach einer Bauzeit von 35 Jahren sogar erst 1497 vollendet; die Annenkapelle an der Nordseite stammt aus der ersten Hälfte des 15. Jahrhunderts.

Seit 1563 war der Dom die Krönungskirche der ungarischen Könige, da die eigentliche Hauptstadt Buda in türkische Hand gefallen war. Maximilian II. von Habsburg war der erste ungarische König, der hier die Stephanskrone emp-

fing. 18 weitere Zeremonien, darunter auch die Krönung von acht Königsgemahlinnen, fanden hier statt, die letzte am 28. September 1830, als Ferdinand V. ungarischer König wurde. Eine Tafel, die alle Zeremonien verzeichnet, befindet sich im Presbyterium an der linken Seite. Bewusst legte man die Krönungen in den Herbst, damit für die Festlichkeiten ein junger Wein aus den Kellereien der kleinkarpatischen Winzer gereicht werden konnte.

Überraschenderweise fanden nach 1583 keine Kirchenumbauten statt, obwohl der relativ bescheidene, keineswegs repräsentative Bau nun Schauplatz von Haupt- und Staatsaktionen war. Man hatte wegen der Türkengefahr wohl andere Sorgen, so dass man kein Geld und keine Mühe für die äußerliche Erweiterung der Kirche aufbringen wollte. Diese Theorie wird von der Tatsache gestützt, dass erst nach der erfolglosen Belagerung Wiens durch die Türken und ihrem folgenden Rückzug aus Ungarn mit der Umgestaltung des Doms begonnen wurde – nun aber umso intensiver. Fast alle Elemente aus gotischer Zeit wurden barockisiert oder gar entfernt, darunter mindestens 16 ältere Altäre. Nur das Taufbecken von 1403 blieb erhalten.

Jedes Jahr in der ersten Septemberwoche wird für drei Tage die Krönung eines ungarischen Königs in Bratislava nachgestellt. Schauspieler in historischer Kleidung stellen die Szenen nach, die Straßen der Stadt werden zu Handwerkerhöfen, Gaukler führen ihre Künste auf den Plätzen vor, überall wird gesotten und gebraten, getanzt und gesungen. Das größte Fest in der Stadt ist sicherlich auch das schönste.

Der Martinsdom dominiert die Stadtsilhouette

Stadtspaziergänge

■ **Besondere Sehenswürdigkeiten**

Kunstvoll ist die Decke des Doms, ein **Netzgewölbe** von Hans Puchsbaum. Der führende Architekt und Bildhauer in Preßburg war im ersten Drittel des 18. Jahrhunderts aber sicherlich Georg Raphael Donner (1693–1741). Er stammte aus Niederösterreich und war zwölf Jahre in Preßburg tätig. An ihn erinnert eine Büste, die unweit des Bernolákdenkmals auf dem Rudnayovo nám steht. Donner schuf von 1732 bis 1734 an der Nordseite eine weitere **Kapelle**, die des heiligen Johannes des Almosengebers, die zum künstlerisch Wertvollsten der Stadt gehört. Dieser Heilige war der Patriarch von Alexandrien, starb 619 und wurde in Konstantinopel beigesetzt. Nachdem die Türken Konstaninopel 1453 eingenommen hatten, machte der Sultan die Gebeine des Heiligen Matthias Corvinus zum Geschenk. Zunächst waren sie in der Hauptstadt Buda aufbewahrt, doch nach der Schlacht bei Mohács 1526 wurden sie zu ihrer Sicherheit nach Preßburg ausgelagert. Weiterhin errichtete Raphael Donner an der Stelle des entfernten gotischen Altars einen weit ausladenden barocken Altar. In ihn baute er eine **Statue des heiligen Martin** ein. Raphael Donners Martin hat die Gesichtszüge des Erzbischofs Emmerich von Esterházy, eines großen Kunstmäzens. Um 1875 nahm man den heiligen Martin aus dem Altar heraus und positionierte ihn in der Südostecke des Kirchenschiffs. Der barocke Altar selbst wurde wegen der neugotischen Umbauten entfernt und existiert nicht mehr. Donners Heiliger Martin war die erste (1735) aus Blei modellierte Plastik in Mitteleuropa. Ein besonderer Einfall Donners war es, den heiligen Martin, diesem vormals römischen Offizier, in einer elegant geschnürten ungarische Reiter- bzw. Ma-

Epitaph an der Südseite des Doms

gnatentracht darzustellen – war er doch auf dem Gebiet des späteren Ungarn geboren und so gleichsam ungarischer Nationalheiliger geworden. Nahe der Statue sind im Boden Reste eines Friedhofs aus dem 11. Jahrhundert aufgelassen. Sehr sehenswert sind auch die **Repliken der ungarischen Krönungskleinodien**, die in der Südwest-ecke des Schiffs gezeigt werden.

Bereits 1730 war der **Turmhelm** durch einen Blitzschlag vernichtet worden. Der Turm erhielt im Zuge der Donnerschen Arbeiten auch einen neuen barocken Helm; er wurde 1835 zerstört, ebenfalls durch einen Blitz. Bis 1847 war dann jene neogotische Form des Turmhelmes fertiggestellt, wie sie heute noch besteht. Bei diesem Bau erhielt der Helm dann auch die berühmte Nachbildung der ungarischen Krone, die auf einem steinernen Kissen von zwei mal zwei Metern Größe in 85 Metern Höhe ruht. Die **Krone** selbst ist 164 Zentimeter

Karte S. 60 ▲

ESSAY

Der heilige Martin

Die Figur des römischen Soldaten Martin, der seinen Mantel trotz großer Kälte zerteilte, um einen Teil einem Bettler zu geben, ist legendär. Die Statue des heiligen Martin im Martinsdom trägt interessanterweise die Uniform eines ungarischen Husaren. Das ist keine bloße Willkür Georg Raphael Donners, sondern nimmt auf die Tatsache Bezug, dass Martin, der spätere Bischof von Tours, als Sohn eines römischen Soldaten im Jahr 317 in Sabaria zur Welt kam, dem späteren Szombathély in Ungarn. Aus diesem Grund genießt Martin in Ungarn auch heute noch große Verehrung.

Mit 15 Jahren trat Martin in die römische Armee ein. Im kalten Winter 334 begegnete der junge Mann in Amiens, wo er stationiert war, einem frierenden Bettler. Dieser erbarmte Martin so sehr, dass er mit seinem Schwert seinen Offiziersmantel in zwei Hälften teilte und eine davon dem Bettler gab.

Diese Tat setzte ihn dem Spott seiner Mitmenschen aus und war Anlass für eine Disziplinarstrafe seitens seiner Vorgesetzten. In der Nacht darauf erschien ihm Christus im Traum. Er war mit der zweiten Hälfte von Martins Mantel bekleidet und forderte ihn auf, sich taufen zu lassen. Martin ließ sich vom Militär beurlauben und begann eine Vorbereitungszeit als Mönch. Doch da er nur beurlaubt war, rief ihn die Armee – wegen der Einfälle der Germanen in Gallien – wieder zu den Waffen. Dabei kam es zu einer Begegnung mit dem römischen Kaiser Julianus Apostatus – genannt der Abtrünnige –, der ihm Feigheit vor dem Feind vorwarf, da Martin einen Kampf gegen die Feinde aus religiösen Gründen anders beurteilte als der Kaiser. Bevor es zu einer Aburteilung Martins kommen konnte, wurden die Germanen besiegt. Martin entschloss sich, nach Poitiers zu Bischof Hilarius zu gehen, um dessen Schüler zu werden.

Als geistlicher Ratgeber wurde Martin schnell im ganzen Land bekannt. Wunderheilungen und Wundertaten wurden ihm nachgesagt. Er wurde gebeten, das Bischofsamt nach dem Tod des Hilarius zu übernehmen, doch fand er sich dafür nicht würdig genug. Eine große Menschenmasse wollte ihn persönlich bitten. Martin verbarg sich in einem Gänsestall, um nicht gefunden zu werden, doch das Geschnatter der Tiere verriet seine Anwesenheit. So sah er die Übernahme des Amtes als Willen Gottes an und wurde 372 zum Bischof von Tours geweiht.

Geehrt in ganz Europa als heiliger Mann, starb Martin 397; er wurde in Tours beigesetzt. Nicht ein Märtyrertod, sondern sein ganzes Leben und Wirken war Grund für die alsbaldige Heiligsprechung. König Chlodwig (reg. 481–511) erhob Martin in den Rang eines Nationalheiligen und ließ seinen Mantel in allen Schlachten mitführen. Viele Bräuche erinnern heute noch an diesen Heiligen, wie der Martinsritt am 11. November, an dem an Kinder und Arme während des Umritts Gaben überreicht werden – und natürlich das Martinssingen und die Martinsgans.

Der heilige Martin auf einer deutschen Sonderbriefmarke

hoch und wiegt über 150 Kilogramm. Im Glockenstuhl hängen zwei Glocken, von denen eine ›Wederin‹ genannt wird. Diese Umbauten um die Mitte des 19. Jahrhunderts wurden sämtlich von dem bedeutenden Preßburger Architekten Ignaz Feigler – nach seinen Plänen entstand auch die Synagoge in der Zámocká – geleitet. Zwischen 1865 und 1878 erfolgten durch Jozsef Lippert abermals Veränderungen am Dom, diesmal regotisierte man, was zu regotisieren war. Das **Nordportal**, das heutige Eingangsportal, entstand in dieser Zeit, das barocke Kirchengestühl wurde herausgenommen und in die Kirche nach Lamač gebracht. Aber Donners **Kapelle des Johannes des Almosengebers** blieb wenigstens dabei unberührt, wie man doch auch so klug war, nicht die alte barocke Ausstattung vollständig zu entfernen, so dass der heutige Besucher eine merkwürdige Symbiose von Barock und Neugotik in Augenschein nehmen kann.

Um die Kapitulská

An der Nordseite des Doms öffnet sich ein ganz anderes, stilles Bratislava. Auch wenn während der Saison Michalská, Ventúrska und Panská voll lärmenden Lebens sind, bleibt der Westteil der historischen Innenstadt um die Kapitulská (Kapitelgasse) trotz der keine 200 Meter Luftlinie entfernten Michalská und Ventúrska ein Ort kontemplativer Ruhe. Wie mit einem Zauberstab ist man ins 18. Jahrhundert versetzt. Keine Motorfahrzeuge gibt es in den Straßen, keine Reklameschilder stören die Anmutung einer alten, längst vergangenen Zeit. Nicht alle Häuser sind renoviert, doch gerade diese Patina verleiht dem ganzen Viertel einen zauberhaften Reiz.

An der Nordostecke des Domes steht, durch einen großen Hof von der Kapitulská zurückgesetzt, das **Propst-Palais**, auch Probsteihof genannt (Nr. 19). Es entstand 1632 für den Propst Georg Draskovič, indem dieser ein älteres gotisches Haus umbauen ließ. Es ist durch auffallend kurze Seitenflügel und eine besondere Einfachheit charakterisiert. Im Garten vor dem Gebäude erhebt sich eine **Statue der heiligen Elisabeth von Thüringen**, die vermutlich 1207 in Pozsony als Tochter des Königs Andreas II. zur Welt gekommen ist. Die Statue wurde 1907 errichtet, zu Elisabeths 700. Geburtstag.

Gegenüber (Kapitulská Nr. 1), in dem **Jesuitenkolleg** (1628–1635), ist heute die katholische Fakultät der Universität beheimatet. Zwischendurch war es Sitz der ungarischen Zensurbehörden und der juristischen Fakultät der Universität. Das der katholischen Fakultät zugehörige Internat ist im Probsteihof eingerichtet. Nicht weit enfernt (Nr. 20) befindet sich das **Collegium Emericanum**, das 1642 als Priesterseminar gebaut wurde. Es hat ein besonders schönes Renaissanceportal.

In der stillen Kapitulská

Von der Kapitulská führt nach wenigen Metern die Prepoštská (Propststraße) schnell zur lebendigen Ventúrska zurück. Der Prepoštská gegenüber kann man über einen kleinen Durchgang an die Stadtmauer zur **Vogelbastei** gelangen. Sie war als Verteidigungsbastion eingerichtet und sollte die Wehrfunktion des Luginsland auf der Burg, dem sie gegenüberliegt, verstärken.

Unter den Hausnummern 6 bis 10 der Kapitulská findet man das **Esterházy-Palais**; es gibt noch ein zweites am Štúr-Platz und ein weiteres, großes, in der Panská. Es wird manchmal auch Palatinalgebäude genannt und ist das älteste der Preßburger Stadtpalais. Es war ursprünglich ein Renaissancegebäude, das später barock umgebaut wurde. So ist es in seiner jetzigen Form knapp hundert Jahre vor dem Baufieber der theresianischen Zeit entstanden.

Hier residierte der kunstliebende Fürst Albert von Sachsen-Teschen von 1766 bis 1770 – so lange, bis der für ihn vorgesehene Anbau auf der Burg vollendet war. Wiederholt war im Haus in dieser Zeit Joseph Haydn zu Gast, in diesen Jahren Fürstlich Esterházyscher Kapellmeister, um zu musizieren. Leider bedarf die ganze Anlage dringend der Rekonstruktion.

Direkt an das Palais schließt sich Nummer Nr. 4 an, genannt die **Kleine Propstei**, die aus zwei annähernd unveränderten gotischen Häusern besteht und dadurch in ihrer Umgebung archaisch wirkt.

Dem Esterházy-Palast schräg gegenüber führt die schmale **Farská** zum Klarissinnenkloster hinab. Die Farská ist von der gleichen Abgeschiedenheit wie die anderen Gässchen in diesem Viertel. Wo sie von der Kapitulská abgeht, steht ein 1658 errichtetes Haus mit einem Renaissanceportal (Nr. 6), das zum Esterházy-Komplex gehört, jedoch eine faszinierende Verfallsromantik ausstrahlt. In der trüben Jahreszeit herrscht in der Farská eine Atmosphäre grandioser Morbidität.

■ **Klarissinnenkloster**

Am unteren Ende der Farská, gegenüber einem passablen Bierhaus, befindet sich der Eingang zum Klarissinnenkloster. Es gibt eine lange Klostertradition an diesem Platz. Zunächst kamen Zisterzienser im 13. Jahrhundert hierher. 1297 erbaute man eine kleine, einschiffige Kirche, die in der zweiten Hälfte des 14. Jahrhunderts mit einem Presbyterium erweitert wurde. Der ungewöhnliche fünfeckige und reich geschmückte Turm erwächst aus einem Strebepfeiler des Kirchenschiffs, weil die Klarissinnen als Bettelorden keine vollständig vom Boden her aufgemauerten Türme bauen durften. Die neogotische Turmspitze stammt vom Ende des 19. Jahrhunderts, zuvor schmückte ein 1702 errichteter barocker Helm den Turm.

Das Klostergebäude und das Portal entstanden nach 1637. Die allmählich beginnende Gegenreformation brachte der katholischen Lehre wieder einen bedeutenden Aufschwung, ja ließ sie machtvoll über den Protestantismus triumphieren. Nach der Säkularisierung der Klöster und Auflösung der Klarissinnenordens 1782 wurde 1786 ein katholisches Gymnasium eingerichtet. Der vielleicht bedeutendste Schüler war der Komponist Béla Bartók. Im Kloster ist heute die Bibliothek des Slowakischen Pädagogischen Institus untergebracht. Die **Klos-terkirche** wurde, nachdem sie stark verfallen war, in den 1960er Jahren restauriert und dient seither als Ausstellungs- und Konzerthalle.

Stadtspaziergänge

Vom Rybné nám. zum Präsidentenpalast

Ausgangspunkt dieses Spaziergangs ist wiederum ist der Rybné nám. (Fischmarkt). Er wird uns, am südlichen und östlichen Rand der Altstadt entlang, durch die Panská und Laurinská zum Nám. SNP und zum Grassalkovich-Palais führen. Dies ist der Sitz des Staatspräsidenten und sicherlich eine der herausragenden Sehenswürdigkeiten Bratislavas. Aber auch zahlreiche anderen Bauten auf diesem Weg lohnen einen Blick, und ein kleiner Schlenker macht mit einer der lebendigsten der historischen Straßen bekannt, der Obchodná, wobei auch östlich von dieser – schon abseits der üblichen Touristenwege – vieles Sehenswertes existiert.

Durch die Panská

Der ursprünglich langgestreckte, in Nord-Süd-Richtung ausgerichtete **Rybné nám**. ist durch den Bau der Neuen Brücke in zwei Teile zerrissen worden, da sie ihn tangential beschneidet. So besteht ein südlicher Abschnitt mit der Pestsäule und ein kleinerer nördlicher mit dem Standort der ehemaligen Synagoge und dem Holocaustdenkmal. Die Panská (Herrengasse), die hier ostwärts abgeht, bildet zusammen mit ihrer Verlängerung, der Laurinská (Lorenzer Torgasse), auf fast einem dreiviertel Kilometer den längsten Straßenzug im alten Zentrum. Aus diesem Grund trugen früher die beiden Gassen den gemeinsamen Namen Langgasse. Auf dieser wichtigen West-Ost-Achse verliefen die Straßen aus und nach Trnava und Nitra. Ihre frühere Bedeutung erkennt man der großen Zahl würdiger Adelspalais, die hier in gleicher Eleganz wie in der Michalská und Ventúrska stehen.

Das barocke Haus Panská Nr. 19–21 gehörte früher der Familie Pálffy, weshalb es auch allgemein **Pálffy-Palais** genannt wird. Es wurde nach 1880 vollständig umgebaut und erweitert, auch das beeindruckende Portal stammt aus dieser Zeit. Während des Umbaus machte man bei den Grabungsarbeiten eine große Anzahl archäologischer Funde: metallene Tiegel aus der Keltenzeit, Grabstätten aus der großmährischen Phase sowie Relikte eines Palastes und eines Turmes aus dem 14. Jahrhundert. Die Funde befinden sich im Archäologischen Museum auf der Burg. Die Pálffys zählten zwischen dem 16. und dem 19. Jahrhundert zu den einflussreichsten und vermögendsten Adelsfamilien in Ungarn, viele Mitglieder bekleideten hohe Ämter. Richter Johann Pálffy war nach 1715 der Besitzer dieses Hauses, das in der Ventúrska 10 gehörte Leopold Pálffy, dem Kommandeur der ungarischen Garde. Nikolaus Pálffy (1552–1600) war nach den

Legende

1	Pálffy-Palais	8	Ehem. Bischofsresidenz
2	Esterhazy-Palais	9	Rundfunkgebäude
3	Generalprokuratur	10	Innenministerium
4	Aspermont-Palais	11	Hauptgebäude der Universität
5	Manderla-Hochhaus	12	Slowakisches Nationalmuseum
6	Ehemalige Tatrabank	13	Lafranconi-Palais
7	Grassalkovich-Palais	14	Slowakische Nationalgalerie

▲ Karte S. 91

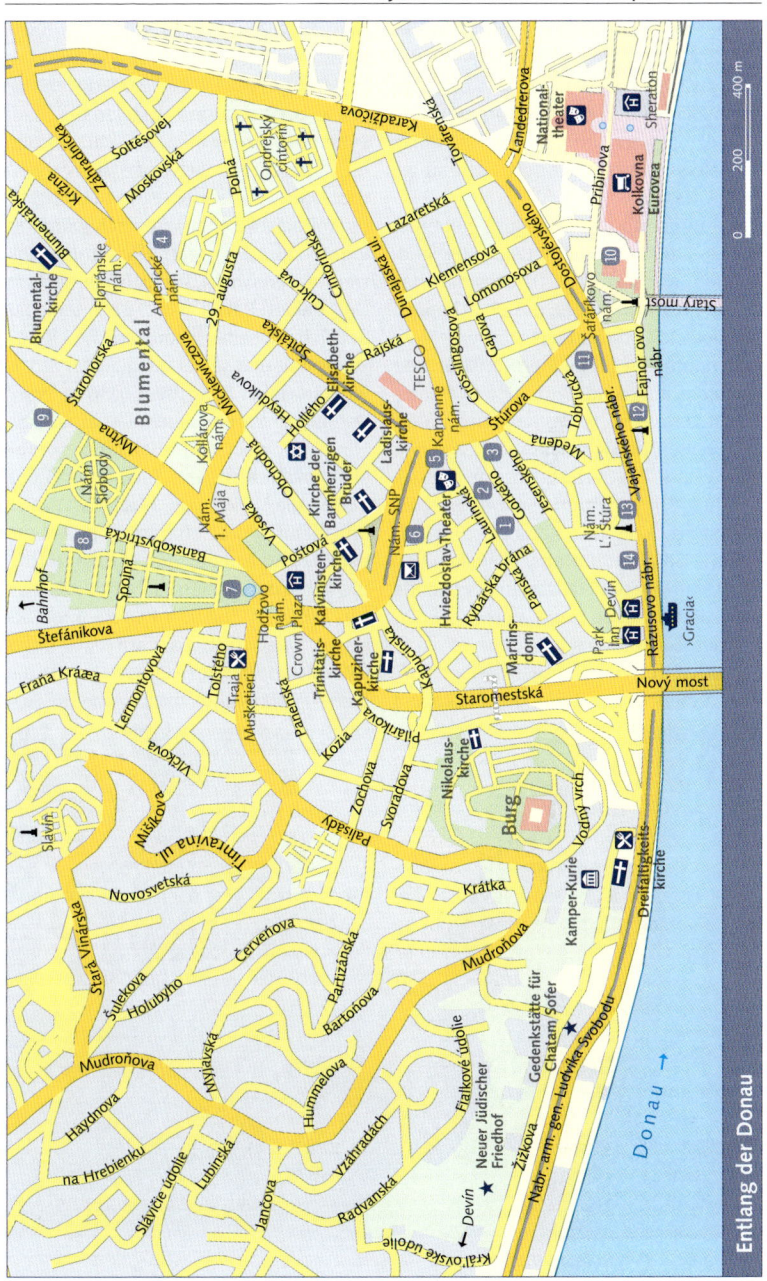

Stadtspaziergänge

Entlang der Donau

Fuggern Besitzer von Červený Kameň am Rand der Kleinen Karpaten, Josef Pálffy (1854–1919) war Besitzer von Smolenice in den Kleinen Karpaten und begann dessen Umbau, der allerdings zu seinen Lebzeiten noch nicht abgeschlossen war.

Zusammen mit dem Gebäude nebenan (Nr. 17) dient das Pálffy-Palais der Städtischen Kunstgalerie. Dieses ist das frühere **Rozgoň-Palais**, das ursprünglich aus dem 15. Jahrhundert stammt. 1590 übernahmen es Paulinermönche, von denen es aufgrund der weißen Ordenstracht zeitweilig die Bezeichnung ›Haus der weißen Mönche‹ bekam. Zwischen 1830 und 1840 wurde es im klassizistischen Stil verändert. Schräg gegenüber steht, fast unscheinbar, die **Botschaft Großbritanniens** (Panská 26). Der Ursprung des Hauses an der Wende Gotik-Renaissance zeigt sich am Erker am deutlichsten.

Etwas weiter ziehen zwei nebeneinander stehende Gebäude die Blicke auf sich. Nr. 13 ist das barocke **Esterházy-Palais** – nicht zu verwechseln mit dem in der Kapitulská – aus dem Jahr 1743, das zu den schönsten Palästen der Stadt zählt. Das Grundstück ist sehr tief und reicht bis zur Parallelstraße, dem Hviezdoslavplatz. Über dem besonders prächtigen Portal kann man verschiedene allegorische Figuren (Beständigkeit, Demut, Weisheit, Umsicht) erblicken. Das **Balassi-Palais** (Nr. 15) unterscheidet sich mit seiner eher zierlichen Rokoko-Gestalt und seiner bei gleicher Stockwerksanzahl geringeren Höhe vom pompösen Barock des Nachbarhauses.

Hinter der kleinen **Fronleichnamskapelle** (Kaplnka Kristovho Tela, Nr. 11) von 1396, die 1776 von Matthias Walch umgebaut wurde, hat man einen der belebtesten Punkte der Stadt erreicht, die Kreuzung Rybárska brána (Fischertor) mit dem Zug von Panská und Laurinská. Hier trifft man auf eine ungewöhnliche Skulptur: Es ist **Čumil**, der Gaffer, offensichtlich ein Arbeiter, der

Spätbarocke Pracht in der Panská

Karte S. 91

aus einem geöffneten Kanalschacht blickt und sich Gedanken über das Treiben oberhalb seiner Arbeitswelt macht. Das Verkehrszeichen ›Man at work‹ weist auf den offenen Kanaldeckel hin, denn der arme Čumil ist öfters schon Opfer von Kraftfahrzeugen geworden, die beim Rechtsabbiegen über ihn hinweggefahren sind.

An dieser Ecke liegt auch eine der bestsortierten Buchhandlungen der Stadt, die unter anderem ein großes Angebot an Karten und Reiseführern in mehreren Sprachen bereithält. Im gleichen Haus hat der slowakische Schriftstellerverband seinen Sitz.

Der ›Paparazzo‹

Ihm gegenüber, an der Nordseite der Laurinská, befindet sich ein großes vierstöckiges Haus, das sich bis zur Einmündung der Radničná erstreckt. Darin hatte ab 1842 die älteste Bank der Stadt ihren Sitz, die ›Erste Preßburger Sparkasse‹. Auf die hölzerne Gestalt eines **Paparazzo**, der mit seiner Kamera neugierig um die Ecke lugt, stößt man unmittelbar daneben.

Durch die Laurinská

Auch in der Laurinská dominiert der Barock aus der Zeit Maria Theresias. Einige Ecken erlauben jedoch noch überraschende Einblicke in das Mittelalter. In der Laurinská 4 kann man in einem eleganten Restaurant in den Sitznischen Reste gotischer Spitzbögen finden, hinter dem Schaufenster des Hauses Laurinská 2 einen mittelalterlichen Torbogen erkennen.

Die Ostecke der Radničná zur Laurinská wird vom **Palast Waltershausen** aus der Mitte des 19. Jahrhunderts eingenommen. An dieser Ecke zeigt eine Tafel den Wasserstand der katsrophalen Flut vom 5. Februar 1850 an, als die Donau weite Teile der Altstadt meterhoch überschwemmt hatte. Im Hof Laurinská 3 gibt es eine sehr schöne Teestube (Cajovna). Sie hat auch einen Eingang von der Radničná. Ebenso ist in diesem Hof ein gediegenes China-Restaurant zu finden. Es ist auffällig, dass die Laurinská bei weitem nicht so prächtig wie die Panská gestaltet ist. Besonders ihre östliche Hälfte zeigt abgesehen vom **Hviezdoslav-Theater** kein besonders beeindruckendes Gebäude. Ganz in der Nähe des Theaters hängt über der Straße ein symbolisches **Fallgitter**, das anzeigt, dass wir die Grenze des alten Preßburgs erreicht haben. An dieser Stelle befand sich einst das Laurenzitor.

Ganz schmucklos, fast trist, mündet die Laurinská in die Štúrová. Die ungewöhnliche Krümmung der Laurinská, kurz vor ihrem Ende, sollte einem Feind einen direkten Angriff durch herbeigeschobene Kanonen unmöglich machen. Experten vermuten, dass auch am Laurenzitor eine Barbakane bestand, die vermutlich der theresianischen Abrisswut zum Opfer gefallen ist. Alte Stadtansichten zeigen, dass das Laurenzitor stark dem Michaelertor geähnelt hat.

Stadtspaziergänge

Kamenné nám.

Der Kamenné nám. (Steinplatz) ist kein Platz im eigentlichen Sinn, sondern ein Verkehrsknotenpunkt, der seine äußere Gestalt dem Aufeinandertreffen mehrerer wichtiger Straßen verdankt.

An der Ecke zur Laurinská, zwischen Štúrova, Gorkého und Jesenského fällt das pompöse Gebäude der **Generalprokuratur** (Staatsanwaltschaft) auf, in dem einst die Nationalbank untergebracht war. Die ungewöhnliche Architektur aus dem Jahr 1939 erinnert an Bauten in Deutschland aus der gleichen Zeit. Elf Fenster bilden die breite Straßenfront, die zweite Etage wölbt sich hufeisenförmig nach hinten und wird nach vorn von einer schlichtweg einschüchternden Kalksteinblende begrenzt, was den Eindruck eines römischen Triumphtores in luftiger Höhe hinterlässt.

Deckenfresko in der Elisabethkirche

Durch die Špitálska

Vom Platz führt die Špitálska (Spitalgasse), eine der großen Ausfallstraßen der Innenstadt, nach Nordosten, Man befindet sich hier in der alten Donauvorstadt. Es lohnt sich, einen kurzen Gang in die Špitálska zu tun, zum einen der Kultur wegen – es gibt hier zwei bedeutende Kirchen –, zum anderen bestehen im Supermarktkomplex MY-TESCO gute Möglichkeiten zum Einkauf.

Seit dem Mittelalter standen hier Spitäler, von denen die Straße ihren Namen erhielt, und in Pestzeiten die Seuchenhäuser, die man weit außerhalb der Stadt erbaute und nach Ende der Pest niederbrannte. Unübersehbar, nur etwa hundert Meter vom Kamenné nám. entfernt, steht linker Hand die schmale, ehemalige Bürgerspitalkirche, heute **Ladislaus-Kirche** (Kostol sv. Ladislava). Sie ist unauffällig in die Straßenseite des ehemaligen Krankenhauses integriert. Sie wurde 1830 im klassizistischen Stil errichtet und besitzt einen durchaus sehenswerten ovalen, weitläufigen Zentralbau.

Der große **Supermarkt-Komplex** gegenüber stammt zusammen mit dem Hochhaus des ehemaligen **Hotels Kyjev** aus der sozialistischen Epoche. Dieses Hotel galt einst als das erste der Stadt, und wird im Augenblick als sogenanntes Retro-Hotel vermarktet. Es sollte vor einigen Jahren schon abgetragen werden, doch sieht es zur Zeit so aus, als ob es doch bliebe. Als Zukunfstvision ist ge-plant, auch die weniger hübschen Supermarktgebäude abzureißen und etwas ganz Modernes zu schaffen – was und wann, ist jedoch noch unklar.

Noch etwa hundert Meter weiter steht, ebenso auf der linken Seite, die **Elisabethkirche** (Kostol sv. Alžbety) von Franz Anton Pilgram. Diese Kirche, 1739 bis 1743 errichtet, zählt zu den wenigen bedeutenden Gebäuden der Stadt, die im letzten Krieg durch Bom-

Karte S. 91 ▲

ben Schäden erlitten. Denn dieses Viertel war am 21. Februar 1945 Zielgebiet eines amerikanischen Bombenangriffs. Die heilige Elisabeth von Thüringen soll 1207 in Preßburg-Pozsony zur Welt gekommen sein, wobei man aber manchmal auch Sárospatak als Geburtsort angibt. Nicht zu verwechseln ist die Elisabethkirche mit einer weiteren, die die gleiche Namenspatronin hat und meist nur das ›Blaue Kirchlein‹ genannt wird. Sie steht etwa 400 m südlich, in der Gajova ul., Ecke Bezručova.

■ Heydukova

Eine nördliche Parallelstraße zur Špitálska ist die Heydukova, zu der man, hinter der Elisabethkirche nach links einbiegend, über die Holleho gelangen kann. Linkerhand in diese einbiegend, befindet sich gleich rechter Hand die einzige verbliebene **Synagoge** der Stadt aus dem Jahr 1926 – gehalten im Stil jener Epoche.

Wer möchte, kann noch etwa 750 Meter weiter die Špitálska stadtauswärts zum Americké nám. (Amerika-Platz) spazieren. An dessen Ostseite steht noch ein spätbarockes, sehr schlichtes und unauffälliges Stadtpalais. Es ist das **Aspermont-Palais**, das 1769 errichtet wurde. Das Haus besitzt eine große, öffentlich zugängliche Gartenanlage und beherbergt heute die medizinische Fakultät der Universität, wodurch das Haus im Innern unvorteilhaft umgebaut wurde. Diese Gartenanlage wird ›Medizinischer Park‹ genannt.

Rund um den Nám. SNP

Der Platz des Slowakischen Nationalaufstandes (Nám. SNP) ist der größte Platz in Bratislava. Er hieß einst Hauptmarkt, dann Stalinplatz und trägt seit 1962 seinen jetzigen Namen. An seiner West-

seite steht das **Manderla-Hochhaus** von 1935, dahinter Reste der alten **Lorenzkirche** und die **Alte Markthalle**. Hier führt die Klobučnicka westwärts zum Alten Rathaus und zum Primatialpalast. Der Platz steigt etwas an und verbreitert sich. Vor der unscheinbaren Kalvinistenkirche erinnert eine **Skulpturengruppe** des Künstlers Ján Kulich an jenes Ereignis im August 1944, das dem Platz den Namen gab. Die **Kalvinistenkirche** im neoromanischen Stil stammt aus dem Jahr 1913.

Dem Denkmal gegenüber, auf der linken Straßenseite, steht das beeindruckende Gebäude der ehemaligen **Tatrabank** (Nr. 33), das von 1922 bis 1925 erbaut wurde. Heute ist darin das Kulturministerium untergebracht. Haus Nr. 31 hat ebenfalls eine interessante Architektur, es entstand als Geschäftshaus in den 1970er Jahren. Die Nr. 30 ist das **Kaufhaus Dunaj** (Donau) aus dem Jahr 1936. Geht man nur wenige Meter in die Uršulínska hinein, erblickt man auf der linken Seite, fast noch an der Ecke zum Nám. SNP, eine Plakette. Sie weist darauf hin, dass an dieser Stelle das Geburtshaus des Komponisten Franz

Diese Skulpturengruppe erinnert an den Aufstand gegen die deutschen Besatzer

Detail an der Kirche der Barmherzigen Brüder

Schmidt (1874–1939) stand. Westlich der Einmündung der Uršulínska in den Nám. SNP steht die **Hauptpost** von Bratislava. Sehenswert sind die bunten Jugendstilverglasungen in der alten Schalterhalle.

Durch die Poštová

Der Nám. SNP wird an seiner östlichen Seite von der Postgasse (Poštová) begrenzt. Hier befindet sich die **Kirche der Barmherzigen Brüder**, die von einem **Klosterkomplex** umgeben ist. Die Kirche wurde mit der Klosteranlage zwischen 1723 und 1728 gebaut, nachdem ein Feuer 1683 ihren Vorgänger vernichtet hatte. Der nördliche Bereich des Klosters ist umgebaut, Geschäfte und Dienstleistungsunternehmen nutzen ihn, der südliche Teil direkt zur Ecke am Nám. SNP ist eine Poliklinik. Ursprünglich sollte der

ganze Komplex um 1940 abgerissen werden, um hier ein neues Rathaus zu bauen. Das aber wurde erst 1948 und dann am Primatiálplatz errichtet. Im nördlichen Teil wurde ein altes Theater aus dem 18. Jahrhundert zu einem der beliebtesten Lokale der Stadt umgestaltet. Das ›Bratislava Flagship‹ hat sogar das kleine Wohnhaus des Bildhauers Messerschmidt in seinen Komplex im Innern einbezogen.

Die Póstová führt weiter, allmählich ansteigend, zur Obchodná. Jenseits der Kreuzung mit dieser fesselt links eine **Plastik** vor allem männliche Passanten. Zwei sehr jugendliche Mädchen räkeln sich an und um einem Briefkasten der Slowakischen Post. ›Die kleinen Schlampen‹ nennt der Bratislaver Volksmund diese beiden Gestalten etwas abfällig.

Die Obchodná

Die Obchodná (übersetzt ganz einfach ›Ladenstraße‹) liegt in unmittelbarer Nähe der historischen Altstadt, ist aber von ihr grundverschieden. Diese Straße ist eine nicht ganz so vornehme, aber sehr lebendige Einkaufsstraße, in der nicht allzu viele Touristen, dafür aber um so mehr die Bratislaver ihre alltäglichen Ge-

Lebendige Einkaufsstraße und meist touristenfreie Zone: die Obchodná

Karte S. 91 ▲

schäfte und Einkäufe erledigen. Die Obchodná beginnt am Hurbanovo nám und zieht sich über fast 700 Meter bis zum Kollárovo nám. nahe der Technischen Universität. In dieser Straße gibt es eine ungeheure Fülle an interessanten Kneipen und Restaurants aller Art, die um so attraktiver sind, da das Gros der Touristen sich meist nicht bis hierher verirrt. Dafür zieht sie viele junge Einheimische an. Unbedingt muss man einmal im ›1. Slovak Pub‹ (Obchodná 62) gewesen ein, von dem es heißt, dass derjenige, der nicht hier gewesen ist, die Slowakei nicht kennt. Einige wenige Gebäude des 18. und frühen 19. Jahrhunderts wechseln mit Lücken und mit Bauten des frühen 20. Jahrhunderts. Es ist ein uneinheitliches Erscheinungsbild, das aber aufgrund der Vitalität der Straße keineswegs störend wirkt. Bis in die Nachkriegszeit war die Region um diese Straße eine Art Grinzing von Bratislava, viele Heurigenlokale und Hinterhofschenken gaben ihr ein besonderes Flair. Heute ist fast nichts davon geblieben.

Die Trasse dieser Straße ist sehr alt und die älteste Verbindung der Stadt zu den Weinorten der Kleinen Karpaten. Wo sie an ihrem Ostende in die Radlinského übergeht, die entlang der Anlagen der Technischen Universität verläuft, befindet sich die ehemalige Vorstadt Blumental.

■ Blumental

Mondscheinviertel nannte die deutsche Bevölkerung der Stadt diesen Vorort, da sich in ihm eine heute leider verschwundene Biedermeier-Atmosphäre bis weit ins 20. Jahrhundert hinein erhalten hatte.

An das alte Blumental erinnert heute noch die Blumentálska, die am Floriánske nám (Floriansplatz), an der **Kirche**

Die Blumentalkirche

Maria Himmelfahrt, beginnt. Diese Kirche stammt aus den Jahren 1880 bis 1885 und wird auch heute noch meist nur ›Blumentalkirche‹ genannt. Vor der Kirche steht eine Säule mit dem heiligen Florian, die ursprünglich am Lorenzer Tor stand, wegen der Verbreiterung des Kamenné nám. aber 1932 hierher versetzt wurde. Der Floriánske nám. liegt bereits im Bratislaver Stadtbezirk Nové Mesto, Neustadt, der trotz seines Namens schon im Jahr 1770 gegründet wurde. Der große Komplex Blumentálska 21 ist die einst berühmte **Steinbrauerei**, die aber zumindest an diesem Ort seit einigen Jahren kein Bier mehr herstellt.

■ Hodžovo nám.

Von der Obchodná zweigt an ihrem westlichen Ende die Poštová ab, die von Nám. SNP an ihrem unteren Ende nach

Norden, vorbei am Hotel ›Crowne Plaza‹, bis zur Mytná ul führt. Auf der anderen Seite dieser sehr stark befahrenen Hauptstraße steht, etwa hundert Meter zurückversetzt, das Palais des slowakischen Staatspräsidenten. Durch eine Unterführung kann man auf die andere Seite gelangen.

Hodžovo nám. heißt die kleine Anlage unmittelbar vor dem Tor des Palastes, der auf zwei Seiten von endlosen Verkehrsströmen umflutet wird. Rein optisch steht der Präsidentenpalast etwas verloren an dieser zu breiten Kreuzung, an der die Štefánikova auf den Hodžovo nám. trifft, die Palisády Richtung Vinohrady und Burg abzweigt und sich überbreit die Staromestská hin zur Donau wälzt. Die Südseite des Platzes Mýtna wird vom ursprünglich 1989 erbauten, doch inzwischen modernisierten **Hotel Crown Plaza** eingenommen, einer der letzten Repräsentativbauten der sozialistischen Ära. Ostwärts schließt das Hauptgebäude der **Tatrabank** an. Wegen des starken Verkehrs und der uneinheitlichen und auch nicht geschlossenen Bebauung wirkt diese Ecke zugig und unharmonisch.

Grassalkovich-Palais

Neben dem Primatialpalais ist das repräsentative Grassalkovich-Palais sicherlich der beeindruckendste Profanbau in Bratislava. So unvorteilhaft die Lage des Präsidentenpalais in städtebaulicher Hinsicht auch sein mag: Der Barockbau mitsamt seiner Gartenanlage gehört zweifellos zu den herausragenden Sehenswürdigkeiten Bratislavas. Weht vom Palais die slowakische Fahne, bedeutet das, dass der Präsident im Lande weilt. Unmittelbar vor dem Palast, doch hinter dem großen schmiedeeisernen Tor, paradieren während des Tages Wachsoldaten. Sie werden zu jeder vollen Stunde abgelöst, was immer sehr viele Schaulustige anzieht. Und irgendwie hat dieser Vorgang doch ein britisches, ein Buckingham-Flair.

Nach seinem ersten Besitzer heißt dieser Palast Grassalkovich-Palais. Die schlichte Barockanlage steht am Südrand eines weiten Parkes. Der Präsident der königlichen ungarischen Kammer, Graf Anton Grassalkovich (1694–1771), ließ sein Stadtpalais 1760 hier in der damaligen Michaelervorstadt erbauen. Er lag zu dieser Zeit ziemlich weit außerhalb der

Karte S. 91

Das repräsentative Grassalkovich-Palais ist der Sitz des Staatspräsidenten

Stadtmauer – im Zentrum war schlicht kein Platz mehr für einen Neubau dieser Größenordnung. Grassalkovich war ein besonderer Günstling Maria Theresias und brachte es in kurzer Zeit trotz seiner Herkunft aus kleinsten Verhältnissen zu großem Reichtum. Im Jahr 1894 begegnete der österreichische Thronfolger Franz Ferdinand einer Dame namens Sophie Chotkowa von Chotek, die aus einem verarmten Adelshaus kam, auf einem Ball in Prag. Sophie war in Preßburg Hofdame der Erzherzogin Isabella von Österreich, so dass Franz Ferdinand sie oft in Preßburg im Grassalkovich-Palais besuchte. Isabella stand den Besuchen aufgeschlossen gegenüber, hoffte sie doch auf eine Vermählung ihrer eigenen Tochter Maria Christina mit dem Thronfolger. Doch der liebte Sophie und wurde der Heimlichtuerei um die Geliebte satt. Nach einem spektakulär-skandalösen gemeinsamen Tennismatch mit Sophie im Garten des Palais merkte die Hausherrin, wie es tatsächlich um die beiden stand. Sophie verließ bei Nacht und Nebel Preßburg und floh nach Wien. Trotz aller Vorbehalte und Intrigen des Hofes gelang es Franz Ferdinand im Jahr 1900, die ›nicht standesgemäße‹ Sophie zu heiraten. Doch waren ihnen nur 14 Jahre gemeinsamen Glücks beschieden. Am 28. Juni 1914 fielen beide in Sarajevo den Schüssen Gavrilo Princips zum Opfer.

Im Jahr 1939 zog der damalige Staatspräsident Jozef Tiso im Palais ein. In der kommunistischen Nachkriegszeit war es ein Kulturhaus der Jugend und der Pioniere und trug den schönen Titel Klement-Gottwald-Haus der Jungen Pioniere. In den letzten Jahren der ČSSR diente es nicht mehr nur Pionieren, sondern wurde für auch kulturelle Veranstaltungen genutzt.

Maria Theresia im Park des Grassalkovich-Palais

Vor dem Palast steht ein **Brunnen** des Künstlers Tibor Bártfay, der die Erde als Planet des Friedens symbolisiert. Von der Štefánikova kann man 150 Meter nördlich des Palastes in den **Garten** gelangen, der ursprünglich als französischer Landschaftsgarten angelegt war und heute eine Oase der Stille im Bratislaver Zentrum darstellt. Eine kugelsichere Plexiglaswand schützt die Rückseite des Palastes, aber man kann alles beobachten, was sich dahinter ereignet. Im Park steht eine sehr schöne Statue der Maria Theresia im Damensattel zu Pferde. Sie stammt aus dem 18. Jahrhundert, fand hier aber erst nach 1990 ihren Platz. Im Park finden sich weitere Denkmale: drei Frauenfiguren in einem Wasserbecken, wahrscheinlich der Husákschen Epoche entstammend, und gleich neben dem Eingang belästigt das grelle Gelb einer Metallskulptur der 1970er Jahre das Auge.

Nám. slobody

Die Spojná begrenzt den Grassalkovich-Park nach Norden. Doch gleich jenseits dieser kleinen Straße findet sich eine weitere Parkanlage. In ihr steht an der Banskobystrická die ehemalige Sommerresidenz der Graner (Esztergomer) Erzbischöfe, damals die höchsten Würdenträger der katholischen Kirche Ungarns. Sie begrenzt auf der linken Seite den Nám. slobody, den Freiheitsplatz, der an der Ostflanke von der Mýtna ul., vom Verkehrsministerium und an der Südseite von der Fakultät für Architektur der technischen Universität begrenzt ist. Dieser Platz war früher als ›Fürstenwiese‹ verschrien und diente auch als Exerzierplatz.

Die dreiflügelige **ehemalige Sommerresidenz** ist heute Sitz des Ministerpräsidenten. Der Bau wurde 1614 weit vor der Stadt auf freiem Felde errichtet und erhielt sein heutiges Aussehen zwischen 1761 und 1765. Nachdem die Erzbischöfe 1859 wieder nach Esztergom (Gran) zurückgekehrt waren, von wo sie während der Türkeninvasion geflohen waren, wurde hier ein Krankenhaus eingerichtet, das bis 1939 in Betrieb war. In der Tiso-Epoche war in dem Gebäude das Außenministerium der Slowakei und

Erinnerung an den Keltenfürsten Biatec, Detail

während der kommunistischen Epoche der Regierungssitz der Slowakei untergebracht.

Ein Abstecher könnte in die Štefanovičova führen. An der Ecke zur Mýtna steht das durchaus sehenswerte Gebäude des **Slowakischen Rundfunks**. 1984 errichtet, hat es die ungewöhnliche Gestalt einer auf dem Kopf stehenden Pyramide. Südlich dieser sehr beeindruckenden Architektur, an der Ecke Mýtna/Starohorská, befindet sich ein beeindruckendes **Monument in Münzform**, das an den Keltenfürsten Biatec erinnert, dessen Name auf mehreren Münzen aus dem 4. und 3. vorchristlichen Jahrhundert prangt, die im Stadtgebiet gefunden worden waren.

Wer nun müde ist oder Appetit verspürt und nicht eines der zahlreichen einfachen Lokale in der Obchodná aufsuchen möchte, findet in der Tolstého eine Alternative. An der Ecke zur Sládkovičova lädt das beliebte Kellerlokal **Traja Mušketieri**, Drei Musketiere, zum Besuch ein. Nach französischen Vorbildern des 18. Jahrhunderts höchst geschmackvoll eingerichtet, ist es ein exklusives Restaurant der gehobenen Kategorie, dessen besondere Atmosphäre und erlesene Küche einen Besuch wert sind.

Karte S. 91

Die frühere bischöfliche Sommerresidenz

Entlang der Donau

Ein Spaziergang entlang der Donau ist etwas Besonderes. Sowohl die Blicke auf Stadt, Fluss und Burg wie auch Sehenswürdigkeiten aus allen Epochen der Stadtgeschichte lohnen einen Streifzug am Strom entlang. Bei genauem Hinsehen werden die engen Bande, die Bratislava und seine Lebensader einst verknüpften erneut erkennbar.

Um den Šafárikovo nám.

Der Šafárikovo nám. ist Kreuzungspunkt zweier wichtiger Durchgangsstraßen, er hat kein einheitliches Gesicht und lädt zunächst nicht zum Verweilen ein. Dennoch ist er einen genaueren Blick wert. An der von ihm nach Norden abzweigenden Štúrova finden sich, an ihrer westlichen Seite, einige schöne, wenn auch verblasste **Jugendstil-Mietshäuser** aus der Zeit um 1905, etwa die Nummer 12. Die Ostseite des Platzes schmücken zwei architektonisch interessante, grüne und vor kurzem renovierte **Jugendstilhäuser**. Die kleine **Grünanlage** links von ihnen ist vor allem wegen des Entenbrunnens des Bildhauers Robert Kühlmayer von 1914 erwähnenswert. In höchst lebhafter Weise sind einige Jungen mit der Entenjagd befasst.

Die westliche Seite des Šafárik-Platzes nimmt das **Hauptgebäude der Universität** von Bratislava ein. Sie heißt Comenius-Universität, nach Johann Amos Comenius (Ján Ámos Komenský), einem bedeutenden Pädagogen des 17. Jahrhunderts. Die Universität selbst ist eine Gründung von 1919. Der repräsentative Bau ist 1934 eingeweiht worden; er war ursprünglich nicht als Universität, sondern als Börse geplant.

Links neben dem Eingang gedenkt eine Plakette der Studentin Danka Košovská,

die während der sowjetischen Invasion 1968 hier zu Tode gekommen ist. Vor der Universität herrscht während des Semesters ein emsiges Treiben. Man sonnt sich auf den Stufen, man geht in einen der kleinen Biergärten an der Brücke wie das ›Hostinec umelka‹ (Dostojevského rad 2).

Es ist wenig bekannt, dass das berühmte Foto, das bei der Niederschlagung des Prager Frühlings aufgenommen wurde und einen Mann zeigt, der sein Hemd zerreißt und sich mit entblößter Brust einem sowjetischen Panzer entgegenstellt, nicht in Prag aufgenommen wurde. Dieses Foto stammt aus Bratislava und wurde vor der Universität aufgenommen, die im Hintergrund deutlich zu erkennen ist.

Gleich östlich der Kreuzung zweigt die Pribinova ul. von der Dostojevského rad (Dostojevskij-Zeile) nach Osten ab und führt zum erst 2010 fertiggestellten Neubau des **Nationaltheaters**, wie auch zum architektonisch beeindruckenden Einkaufszentrum Eurovea. Zwischen diesem Abzweig und dem Fluss steht das Gebäude des **slowakischen Innenministeriums**.

Das Hauptgebäude der Universität

Am Ende der Pribinova befindet sich der auffällige **Hochhausbau** des J & T-Towers, vormals Pressezentrum. Um dieses Areal befand sich die Raffinerie Apollo, die gezielt durch einen Bombenangriff am 16. Juni 1944 zerstört worden ist. Auf dem Gelände und in der südlich anschließenden Hafenzone blieben bis in die jüngste Zeit zahlreiche Ruinenbauten bestehen, die Filmemachern zu besonderen Zwecken dienten. Unter anderem ist hier das Warschauer Ghetto für den Film ›Der Pianist‹ von Roman Polanski nachgebaut worden.

Die Vorderseite des neuen Nationaltheaters

Am Einkaufszentrum ›Eurovea‹

Jüngst ist der Bereich um das das neue Hotel ›Sheraton‹ zu besonderer Attraktivität gediehen. Ein erhaltenes altes Lagerhaus ist **Kulturzentrum** geworden. Ein Bummel in diesem Bereich der Donau, entlang des neuen Einkaufszentrums ›Eurovea‹, zeigt die neue Vitalität dieses Viertels: Eine Fülle von gediegenen Cafés lockt entlang der herrlichen Promenade, und der Einkauf im **Eurovea**, das mit seiner Glashallenkonstruktion zu den größten Anlagen seiner Art zählt, ist für Shoppingfans ein besonderes Vergnügen.

Oberhalb einer kleinen Schiffsanlegestelle dominiert ein großes **Denkmal** des Nationalhelden Štefanik den Vorplatz des Einkaufszentrums. Ganz in der Nähe befindet sich eine 20 Meter hohe **Säule**, auf der ein Löwe sitzt. Sie stammt aus der sozialistischen Zeit und symbolisiert den tschechoslowakischen Staat. Der Löwe hält das damalige Staatswappen, auf dem der zweischwänzige böhmische Löwe zu sehen ist (obwohl mit dem slowakischen Wappen) – ein unfreiwilliges Zeichen für die tschechische Dominanz in der vormaligen Tschechoslowakei? Das Denkmal hat erst kürzlich

hier seinen Platz gefunden, bis Oktober 2010 stand es vor dem Slowakischen Nationalmuseum am Donauufer.

Ebenso gewaltig in den Dimensionen ist der Neubau des **Slowakischen Nationaltheaters** (Architekten Martin Kusý, Pavol Paňák und Peter Bauer), nur etwa 100 Meter nördlich jenes Monumentes. Im April 2007 eingeweiht, ist es mit seinen sieben Stockwerken, mit seinen über 2000 Räumen und drei Hauptsälen – Opern- und Ballettsaal, Schauspielsaal, Studio – nun zum größten Kulturzentrum des Landes geworden.

Starý Most

Vom Šafárik-Platz führte die Alte Brücke (Starý most) über die Donau nach Petržalka. Diese Brücke war die erste und bis 1972, bis zum Bau der Nový Most, auch die einzige der heute fünf Donaubrücken innerhalb des Stadtgebietes. Sie wurde 1890 als Franz-Josephs-Brücke eingeweiht, diente anfangs nur der Eisenbahn, war aber später auch für den Fahrzeugverkehr geöffnet. 1945 wurde sie von der deutschen Wehrmacht gesprengt, danach wieder aufgebaut. Die Brücke war viele Jahre wegen Baufälligkeit selbst für Fußgänger gesperrt und wurde daher Anfang 2014

Karte S. 91

abgetragen. Der Neubau soll 2015 vollendet sein und dann den Fußgängern, Radfahrern und der Straßenbahn dienen. Damit erhält der südlich der Donau befindliche Stadtteil Petržalka erstmals eine Anbindung an das Tramnetz.

Die fünf Donaubrücken sind von Ost nach West: die Prístavný Most (Hafenbrücke), über die die Autobahn aus Žilina Anschluss an die nach Budapest bekommt, die erst 2005 fertiggestellte Apollo-Brücke (früher Most Košická), die Alte Brücke (Starý Most), die Neue Brücke (Nový Most) und schließlich, einige Kilometer weiter am Westrand der Innenstadt, die Lafranconi-Brücke, über die die Autobahn D2 nach Budapest und Brno führt.

Von der Starý Most zur Nový Most

Direkt neben der Brücke verläuft der Fajnorovo nábr. Dort gibt es eine Fülle preisgünstiger Parkplätze (1 Stunde für 50 Cent), der größte Abschnitt der Straße ist allerdings eine Einbahnstraße. Man muss von Westen her, vom Nationalmuseum, in die Straße einbiegen. Entlang dieser liegen die Anlegestellen für die verschiedenen Tragflügelboote, die auf der Donau verkehren, wie auch für das Luftkissenboot auf der Strecke

Wien–Bratislava. Unmittelbar unter der Auffahrt gibt es noch eine kleine Galerie, die **Minislovensko Galéria**, die im alten Brückenmauthaus (Mýtny domeček) eine Heimstatt gefunden hat. Im Haus Vajanského nábr. 3, dem ehemaligen Jurenák-Palais, befindet sich heute der Amtssitz des Bezirksbürgermeisters des Stadtbezirks Staré Mesto. Innerhalb der spitzwinkligen Fläche, die das Fajnorovo-Ufer beim Abzweig von dem Vajanského nabr. bildet, steht das Haupt- und Verwaltungsgebäude des **Slowakischen Nationalmuseums** (Slovenské národné múzeum), wobei verschiedene Teilsammlungen dieses Museums auf Häuser in der ganzen Stadt und insbesondere auf die Burg verteilt sind. Das Hauptgebäude wurde 1928 nach Plänen des Architekten Milan Michal Harminc errichtet, der sich an antiken Vorbildern orientierte. Im Haus am Vajanského nábr. findet man die naturwissenschaftlichen Sammlungen des Museums, insbesondere Mineralien aus den traditionellen slowakischen Erzbergbauregionen um Banská Štiavnica und Banská Bystrica.

Vor dem Museum ragte bis zum 28. Oktober 2010 eine 20 Meter hohe Säule empor, auf der ein Löwe saß. Anstelle dieser Säule befindet sich jetzt ein

Stadtspaziergänge

Die Nový Most, dahinter der Stadtteil Petržalka

Denkmal des Tomáš Garrigue Masaryk, des Gründers und ersten Präsidenten der Tschechoslowakischen Republik.

Nám. Ľudovíta Štúra

Weiter donauaufwärts ist bald der Ľudovít-Štúr-Platz erreicht. Er dient heute nur als Straßenbahnknotenpunkt, spielte jedoch in der Geschichte der Stadt eine bedeutende Rolle. Heute heißt er Ľudovít-Štúr-Platz (Nám. Ľudovit Štúra) und wird von einem **Denkmal** dieses Kämpfers um das slowakische Nationalbewusstsein dominiert, früher aber war es der sogenannte Krönungshügel. Hier nahm nach jeder Krönung der neue ungarische Herrscher mit symbolischen vier Schwertstreichen in die vier Himmelsrichtungen von seinem Land Besitz. 1775 wurde der flache Hügel mit einem Granitwall erhöht und nach 1830, als in Preßburg keine Krönungen mehr stattfanden, schließlich abgetragen.

Im Jahr 1897 wurde an diesem geschichsträchtigen Ort nach Plänen des genialen Bildhauers János Fadrusz (1858–1903) ein riesiges und aus Carrara-Marmor geformtes Reiterstandbild der Maria Theresia errichtet, aber schon

Das Ľudovít-Štúr-Denkmal am gleich-namigen Platz

1921 aus politischen Gründen abgebrochen. Es war zu majestätisch für eine Zeit, in der das Majestätische nichts galt, und dazu eine nun unerwünschte Verherrlichung Habsburgs. 20 Jahre lang blieb der Platz leer, 1938 wurde ein Denkmal für Milan Rastislav Štefánik errichtet, den bedeutenden slowakischen Politiker und Wissenschaftler. Dieses wurde 1972 abgetragen, und seitdem steht hier Ľudovít Štúr. Eine Replik der Statue Štefániks befindet sich seit 2009 etwa 800 Meter weiter östlich am Donauufer innerhalb des Komplexes des neuen Einkaufszentrums Eurovea. Die Ostseite dieses Platzes flankiert das **Lafranconi-Palais** aus der zweiten Hälfte des 19. Jahrhunderts, heute Umweltministerium der Slowakei. Nach Süden wird der Platz durch die Uferstraße begrenzt, die in diesem Abschnitt nach dem slowakischen Schriftsteller und Politiker Martin Rázus (1888–1937) benannt ist.

■ Slowakische Nationalgalerie

Die Slowakische Nationalgalerie (Slovenská národná galéria) hat ihr Hauptgebäude an der Uferstraße, die westlich des Štúr-Platzes Rázusovo nábr. (Rázus-Ufer) heißt. Architektonisch kann man die Straßenfront des Baus einer schwer zu definierenden sozialistischen Avantgarde zurechnen. Nicht nur wegen des Kontrastes zu den spätbarocken Nachbargebäuden kann man ihn nicht anders als hässlich bezeichnen. Allerdings ist er im Augenblick geschlossen und harrt einer Renovierung.

Hinter dieser abschreckenden Vorderfront öffnet sich ein weiter Hof mit zweistöckigen Arkadengängen. Dabei handelt es sich um die 1763 erbaute sogenannte Wasserkaserne. Sie wurde errichtet, um für die unangenehmen

An der Promande in der Nähe des Štúr-Platzes

ständigen Einquartierungen durchreisender Heere – gerade war der Siebenjährige Krieg beendet – Unterkunftsmöglichkeiten zu schaffen. Im Zuge der Verbreiterung der Uferstraße wurde 1941 der Südflügel der Wasserkaserne abgerissen, wodurch sie sich nun zum Fluss öffnete. Die verbleibenden drei Flügel dienten zunächst weiterhin dem Militär und nahmen in den ersten Nachkriegsjahren dann die Slowakische Nationalgalerie auf, die 1951 hier erstmals ihre Pforten öffnete.

Kunstwerke aus sieben Jahrhunderten sind hier versammelt. Es gibt Sammlungen der europäischen Malerei vom 13. bis zum 18. Jahrhundert, darunter ›Das Froschgericht‹ eines unbekannten Künstlers – ein groteskes holländisches Gemälde des 17. Jahrhunderts –, daneben eine Kollektion mit slowakischem Design und slowakischer Architektur des 20. Jahrhunderts. Man sieht die Schwarzweiß-Fotos des berühmten tschechischen Fotografen Karel Plicka, man findet gotische Malerei und Skulpturen aus der von Deutschen besiedelten Zipser Region am Fuß der Hohen Tatra, und nicht zuletzt gibt es auch

barocke Kunstwerke, unter anderem von dem exzentrischen Bildhauer Franz Xaver Messerschmidt. Einer der bedeutendsten slowakischen Künstler, dessen Werke in der Nationalgalerie zu sehen sind, ist Ľudovít Fulla (1902–1980). Allein seine Bildnisse lohnen einen Besuch.

■ An der Nový Most

Der Spaziergang führt weiter westlich Richtung Nový Most. Rechter Hand liegt das Nobel-Hotel ›Devín‹, benannt nach der zehn Kilometer westlich gelegenen Burg, ihm gegenüber das Botel ›Gracia‹.

Wir befinden uns hier außerhalb des historischen Preßburg, in der direkt am Donauufer gelegenen Fischervorstadt. Von ihr ist seit den späten 1960er Jahren nichts mehr vorhanden. Dieser Teil des Stadtgebietes fiel im Rahmen des Baus der Nový Most und ihrer Zugangsstraßen der Spitzhacke zum Opfer. Dabei räumte man nicht nur die Häuser ab, die der geplanten Brücke unmittelbar im Weg standen. Die ursprünglich geplante Bebauung der Freiflächen mit Plattenbauten ist glücklicherweise nicht realisiert worden.

Die Nový Most ist zu einem Wahrzeichen Bratislavas geworden

Stadtspaziergänge

Ľudovít Fulla

Ľudovít Fulla war Maler, Graphiker, Illustrator und Bühnenbildner. Er wurde 1902 in Ružomberok im Norden der Slowakei geboren, wo heute auch eine bedeutende Sammlung seiner Werke besteht. Man zählt ihn zur Gründergeneration der slowakischen Moderne. Seit 1929 wirkte Fulla als Dozent an der Kunsthandwerkschule in Bratislava, deren späterer Direktor er auch war und die nach dem Vorbild des Dessauer Bauhauses gegründet wurde. Die bedeutendsten Vertreter der damaligen tschechoslowakischen Avantgarde waren an diesem Institut tätig. Nach dem Zweiten Weltkrieg war Fulla einer der Gründer der neu zu errichtenden Kunsthochschule in Bratislava und vielleicht der bedeutendste der Väter der slowakischen bildenden Moderne. Er unternahm Kunstreisen durch ganz Europa, auf denen er viele Anregungen für sein eigenes Schaffen empfing. Zunächst stand er ganz im Bann des Expressionismus, wie auch die Kunst von Marc Chagall ihn sehr beeinflusste. Später wandte er sich der heimischen Volkskunst zu. So entstand eine einzigartige Synthese moderner euopäischer Malerei und slowakischer Folklore. Einer breiten Öffentlichkeit wurde er durch seine Illustrationen von Kinderbüchern bekannt. Ľudovít Fulla starb 1980 in Bratislava.

Fulla wurde 1936 auf der Mailänder Triennale ausgezeichnet, 1937 erhielt er einen Grand Prix auf der Weltausstellung in Paris und 1958, auf der EXPO in Brüssel, für einen nach seinen Vorgaben gestickten Gobelin eine Goldmedaille. Fulla verlieh der slowakischen Kunst des 20. Jahrhunderts Weltgeltung durch sein bewusstes Erkennen und Verarbeiten der dekorativen Volkstrachten, der Möbelbemalungen, der Glasmalereien, der Holzschnitzerei, der traditionellen Keramik und ganz allgemein der slowakischen Traditionen. Auf vielen slowakischen Briefmarken werden seine Werke gewürdigt.

Ľudovít Fulla, »Sturm bei der Blumentalkirche«

Weidritz und Zuckermandel

In der unmittelbaren Umgebung der Auf- und Abfahrten zur Nový Most befand sich früher der Stadtteil Weidritz (Vydrica). Aus der Innenstadt führte unmittelbar südlich der Martinskirche in der Verlängerung der Laurinská und Panská die Ost-West-Hauptstraße des alten Preßburg durch das Weidritzer Tor nach Westen heraus. Weidritz ist vollständig dem Brückenbau geopfert worden, im Gegensatz zum weiter westlich gelegenen Zuckermandel – oft auch Zuckermantel geschrieben – ist keinerlei Bebauung mehr vorhanden. Der Ortsteil Weidritz hatte im alten Preßburg keinen guten Ruf. Das lag daran, dass hier zum einen eine große Anzahl Zigeuner wohnte, zum anderen die Prostitution zu Hause war.

Einer der Grimassenköpfe Messerschmidts

Der ursprüngliche Verlauf der alten Handelsstraße, der Žižkova, liegt in einer geraden Verlängerung der Panská und lässt sich heute nurmehr bedingt nachvollziehen. Zumindest ihre ungefähre Lage zwischen dem Nordrand des kleinen unbefestigten Parkplatzes, der sich gleich westlich der Auffahrt zur Brücke befindet, und dem direkten Abfall des Burgberges unmittelbar hinter dem Rest eines mittelalterlichen Wasserturms, der auf römischen Fundamenten errichtet war, kann durch alte Karten rekonstruiert werden.

Weiter westlich wird die Žižkova dann greifbarer. Ein unbefestigter Weg kristallisiert sich aus der Brache vor einigen Garagen heraus und läuft auf einige wenige, merkwürdig verloren wirkende Altbauten zu. Bei diesen ist das Zentrum des alten Zuckermantel erreicht, das mit seiner Kirche und einigen größeren Häusern noch andeutet, wo es sich einst befunden hat. Die Žižkova führt hier hindurch, und es ist kaum vorstellbar, dass man sich hier auf dem Handelsweg befindet, der unter anderem Grund für das Erblühen der Stadt im Mittelalter war.

In Zuckermandel verbrachte Franz Xaver Messerschmidt (1736–1783) seine letzten Jahre. Der Bildhauer, der viele Jahre am Wiener Hof gewirkt hatte, zog sich als kranker Mann zu seinem Bruder nach Preßburg zurück, wo er eine Anzahl merkwürdiger Porträts und Büsten, genannt Grimassenköpfe, schuf. In ihnen wollten manche Kunsthistoriker Anzeichen für die geistige Zerrüttung Messerschmidts sehen. Einige werden in der Nationalgalerie und im Mirbach-Palais am Franziskanerplatz gezeigt.

Das erste Haus links, das von Zuckermantel übrig ist, beherbergt heute ein Fischlokal, das **Caribic´s**. Es ist so beliebt, dass man hier, trotz aller vorhandenen Brachflächen, abends im Sommer kaum einen Parkplatz bekommt. Das Gebäude stammt aus der zweiten Hälfte des 18. Jahrhunderts und war das Versammlungshaus der Fischer- und Schiffergilde.

Stadtspaziergänge

Einen recht befestigten Eindruck macht das Haus Nr. 12 aus dem Jahr 1601, die **Kamper-Kurie** (Kamperhof). Der Besitzer ließ das Gebäude damals mit einem kleinen Graben und einer Zugbrücke umgeben, vermutlich um sein Anwesen zu schützen. Heute sind darin die Sammlungen des Städtischen Archäologischen Museums untergebracht. Hier hielt der erste evangelische Geistliche Pozsoný-Preßburgs, Andreas Reuß, 1606 seine Gottesdienste.

Dem Kamperhof schließt sich Haus Nr. 14 an, in dem sich das **Museum der Kultur der Karpatendeutschen** befindet. Der Begriff meint die Deutschen, die auf dem Territorium der späteren Slowakei gesiedelt haben. Das Museum bietet eine sehr interessante Ausstellung, besonders für deutsche Besucher, die meist über dieses deutsche Siedlungsgebiet wenig wissen. Der rührige Direktor Dr. Ondrej Pöss ist selbst deutscher Abstammung und genießt es, persönlich den Besuchern die Exponate zu erklären. Nicht weit davon kann man im Haus Nr. 18 das **Museum der ungarischen Kultur in der Slowakei** besuchen (Múzeum kultúry Mad'arov na Slovensku). Der

Detail an der Kamper-Kurie

rundliche eindrucksvolle Bau stammt aus der Renaissancezeit.

Die kleine **Dreifaltigkeitskirche** an der Žižkova ist ein Relikt einer untergegangenen Zeit. Eine merkwürdige Stimmung herrscht zwischen ihr, dem kleinen Kirchhof und den altertümlichen Häusern um sie herum; Besucher fühlen sich in eine andere Epoche zurückversetzt. Die Häuser stehen teils unmittelbar an der Uferstraße, die hier den Namen Nábr. arm. gen. Ludvika Svobodu trägt – Armeegeneral-Ludvik-Svoboda-Ufer. Svoboda war in den 1960er Jahren Staatspräsident der ČSSR und ein bedeutender Kriegsheld, der mit seiner Exilarmee der deutschen Wehrmacht am Duklapass in der Ostslowakei im September/Oktober 1944 eine entscheidende Niederlage beigebracht hatte.

Die Žižkova steigt nun etwas an und krümmt sich unmerklich um den Burgberg herum. Nach etwa 150 Metern führt sie über den Straßenbahntunnel hinweg, der den Burgberg unterquert. Es ist sehr empfehlenswert, einmal mit den Straßenbahnlinien 5 oder 9 gute 800 Meter durch den Fels zu fahren.

Karte S. 91

Die Reste des alten Zuckermandel

■ Das Grab des Chatam Sofer

Unmittelbar neben dem Tunnelaustritt der Straßenbahn, am General-Svoboda-Ufer, befindet sich eine der wichtigsten Gedenkstätten Bratislavas. Man kann von der Žižkova über eine Treppe hinunter gelangen. Hier befand sich bis 1942 der Alte Jüdische Friedhof, der dem Tunnelbau weichen musste. Die Toten wurden auf den Neuen Jüdischen Friedhof in ein Sammelgrab umgebettet. Auf dem Alten Friedhof wurde 1839 der berühmte Rabbiner Chatam Sofer beigesetzt, der als Gründer einer europaweit bekannten Talmudschule den Ruf eines heiligen Mannes besaß. Chatam Sofers Grab ist durch den Tunnelbau nicht zu Schaden gekommen, allerdings wurde es zusammen mit seiner nächsten Umgebung mit Betonplatten gleichsam versiegelt und sodann der Fußgänger- und Fahrzeugverkehr darüber hinweggeführt. Warum hatte man es in jener Zeit nicht zerstört? Angeblich hatte Präsident Tiso, ein gläubiger Katholik, von einem biblischen Fluch des Rabbi Chatam Sofer gehört, nach dem jeder, der sein Grab und den aus den Planken seines Lesepults gezimmerten Sarg berührte, bis in

die siebte Generation verflucht sei. Erst 2002 wurde die Grabanlage wieder freigelegt und auf Anregung internationaler jüdischer Vereinigungen in eine besondere **Gedenkstätte** umgeformt, wobei eine Umbettung der Gebeine erfolgte, die Martin Kvasnica gestaltete.

Durch ein niedriges Gittertor geht man nun über einen Steig aus Metallgittern und Betonplatten zu einem schmalen, archaischen, schwarzen Steintor. Bewusst soll für Besucher die Berührung mit dem ehemaligen Friedhofsboden vermieden sein.

Hinter dem Steintor kann man durch eine schwere Metalltür in das Innere der Gedenkstätte kommen und zur Gruft des Rabbi Chatam und 20 anderer Rabbiner hinabsteigen. Glasprismen, die aus der Gruft bis zur Oberfläche reichen und neben dem schwarzen Steinportal aus dem Rasen ragen, lassen Sonnenlicht eindringen – durch die verschiedenen Lichtreflexionen erscheinen die Gräber in magischer Verzauberung. Es heißt, dass für viele orthodoxe Juden Chatam Sofers Grab der zweitheiligste Ort der Welt nach den heiligen Stätten Jerusalems ist.

Diese Grabstätte ist im Sommer an ausgewählten Sonntagen für die Öffentlichkeit zugänglich, in jedem Fall empfiehlt sich eine Anfrage an die Jüdische Kultusgemeinde Bratislava.

■ Neuer Jüdischer Friedhof

Der Neue Jüdische Friedhof (Nový židovský cintorín), der allerdings auch schon seit 1846 besteht, liegt wieder oben an der Žižkova. Man geht durch eine Toreinfahrt hinauf, wendet sich nach links und steht dann im Friedhof, der sich teilweise recht steil emporzieht. Er ist unter anderem deshalb zur Straße mit einer Betonmauer abgesichert, um

Die Grabstätte für den berühmten Rabbiner Chatam Sofer

Stadtspaziergänge

ein Abrutschen entlang des steilen Hangs zu verhindern.

Unterhalb des Friedhofs stehen die nur noch bisweilen benutzten Hallen des **Dom kultury**, eines weitläufigen Kulturhauses, und des **Park kultúrya a oddychu** (Park der Kultur und Erholung) in dem in der Nachkriegszeit die Messen von Bratislava stattfanden. Richtung Stadt enstand hier das neue ›Kempinsky River Park Hotel‹. An der Uferseite des Komplexes entstand eine sehr attraktive **Promenade** mit zahlreichen Cafés und Kneipen, die an Reiz jener vor dem Einkaufszentrum Eurovea kaum nachsteht.

■ **Nikolaus-Friedhof**

Stadtgeschichte repräsentiert auch der Nikolaus-Friedhof (Cintorin sv. Mikuláša), der sich, etwas rechts vom Haupteingang des Jüdischen Friedhofs zugänglich, den Berg hinaufzieht. Er ist nicht im besten Zustand, die verwitterten Grabsteine erinnern an Menschen, die einst Rittmeister, Hofrat, Trafikantenwitwe oder Selchermeister waren – Zeugnisse einer fernen Zeit.

Wer von hier nicht zurücklaufen möchte, obwohl der Weg bis zur Nový Most nicht weit und wegen des Blicks auf Burg und Strom sehr schön ist, kann Bus oder Straßenbahn nutzen. Zahlreiche Linien fahren zurück ins Zentrum, wobei die Busse 29 und 37 an der Nový Most enden. Mit den Straßenbahnen 5 und 9 kann man durch den Burgbergtunnel zum Nordrand des historischen Zentrums und weiter zur Obchodná gelangen, der traditionellen Einkaufs- und Kneipenmeile der Einheimischen.

▲ *Am neugestalteten Kempinsky River Park*

Vom Hurbanovo nám. auf die Burg

Ein Besuch des Burgbergs ist unverzicht- barer Bestandteil eines Aufenthalts in Bratislava. Vom Hügel ergeben sich hin- reißende Blicke über die Stadt und den Fluss, und auf dem Areal manifestiert sich eindrucksvoll die tausendjährige Geschichte der Stadt. Die Burg selbst dominiert das Stadtbild und ist das Wahrzeichen Bratislavas.

Hurbanovo nám. und Župné nám.

Dieser Gang durch die Stadt beginnt nördlich des Michaelertors, also bereits außerhalb der ehemaligen Stadtmauer am Hurbanovo nám. Dieser Platz, der ehemalige Kohlmarkt, bildet eigentlich nur das westliche Ende des Nám. SNP.

In Sichtweite liegt nördlich der Präsi- dentenpalast am Hodžovo nám.

Dominante des Hurbanovo nám. – ge- naugenommen liegt sie schon am Župne nám. (Komitatsplatz) – ist die **Dreifal- tigkeitskirche**, die 1717 als Nachfolge- rin der bereits fast 200 Jahre zuvor ab- gerissenen Michaelerkirche auf deren Fundamenten gebaut wurde. Die alte Michaelervorstadt wurde mitsamt ihrer Kirche wegen der drohenden Türkenge- fahr 1529/30 in großen Teilen abgetra- gen, um die Stadt an ihrer Nordflanke besser verteidigen zu können. Der Bau der Dreifaltigkeitskirche zog sich lange hin. Richtig vollendet wurde die Kirche nie, die Türme erhielten lediglich einen behelfsmäßigen Abschluss. Das erkennt

Stadtspaziergänge

Am Komitatsplatz

man daran, dass sie nur genau so hoch wie der Mittelgiebel sind. Sehenswert ist in dieser Kirche die große Kuppel mit ihrer illusionistischen Bemalung, die eine viel größere Weite vortäuscht. Auch die künstlerisch wertvollen Altäre verdienen eine besondere Beachtung. Unmittelbar westlich der Dreifaltigkeitskirche befand sich früher das Kloster des Trinitarier-Ordens. Mit dem Weggang dieses Ordens übernahm die Komitatsverwaltung das Haus, ließ es abreißen und errichtete 1844 einen Neubau, das sogenannte **Komitatshaus**, in das die Behörden der Preßburger Gebietsadministration einzogen. Zwischen 1939 und 1994 war hier das Parlament der Slowakei (der Slowakische Nationalrat) zu Hause, der in diesem Jahr in das neue Parlamentsgebäude oberhalb der Burg umsiedelte.

Genau gegenüber dem Eingang zur Trinitatiskirche erblickt man im Straßenpflaster vor den Häusern eine metallene **Gedenkplatte**. Sie berichtet, dass an dieser Stelle am 24. Mai 1602 die erste Hexe in Preßburg verbrannt worden ist. Vermutlich stand hier, etwas außerhalb der Stadtmauer, seit dem 15. Jahrhun-

dert die Richtstatt. Genaueres ist aber nicht bekannt.

Das Gebäude Hurbanovo nám. Nr. 6, an der Ecke zur Michalská, ist ein interessantes Beispiel tschechoslowakischer Architektur aus dem Jahr 1930. Es ist das ehemalige **Schuhgeschäft Baťa**, entworfen von Vladimir Karfík. Das Haus besteht aus einem niedrigen, zweistöckigen Teil direkt an der Ecke, dem sich nach Osten ein fünfstöckiger Anbau anschließt. Die besondere Wirkung dieses Gebäudes wird erst in der Nacht sichtbar, wenn das in mildem Grün leuchtende Neonband seiner Fassade eine schier unirdische Wirkung erzielt. Nach Westen geht der Hurbanovo nám. direkt in den Župné nám. (Komitatshausplatz) über. Hier steht die bescheidene **Kapuzinerkirche** mit anschließendem Kloster. Die **Mariensäule** davor stammt aus dem Jahr 1723, steht aber erst seit 1984 an dieser Stelle, nachdem sie vor dem Komitatshaus entfernt wurde, wo sie seit ihrer Errichtung ihren Platz hatte. An das Komitatshaus schließen westlich die neueren Bauten des Justizministeriums und des Obersten Gerichtshofs der Slowakei an.

Jüdisches Viertel

Von der Kapuzinerkirche hat man einen guten Blick auf die Ostflanke des Burgbergs. Hier beginnt die Kapucínska ul. (Kapuzinergasse), die zusammen mit dem Župné nám. und Teilen des Hurbanovo nám. Fußgängerzone ist. Die Kapucínska überquert an ihrem Westende die Stadtautobahn Staromestská. Ihre Verlängerung, die Skalná ul., führt in einen Tunnel hinein, der sich auf einer Länge von 800 Metern unter dem Burgberg hindurch sich bis zum Chatam-Sofer-Mausoleum am Donauufer erstreckt. Für Fußgänger und Autos ist dieser Tun-

Karte S. 111 ▲

nel gesperrt, nur die Straßenbahnen dürfen ihn durchqueren. Von der Straßenbrücke über die Staromestská blickt man auf die Reste der **Stadtmauer** an der Westseite.

Die traditionelle Auffahrt zur Burg führt über die Zamocká (Schlossgasse), die rechts vom Tunnel um den Burgberg herumführt und über die man zur ul. Palisády und dem sogenannten Wiener Tor der Burg an ihrer Westecke gelangt. Für Autos ist die Auffahrt – wegen der Einbahnstraßenregelung – nur über die Straße U Palisády möglich. An der Westseite der Staromestská liegen die Reste des alten jüdischen Viertels. Der Bau der Schnellstraße hat hier vieles zerstört, manche der alten Gässchen und Winkel des Ghettos sind dabei verlorengegangen. Nur die direkt entlang der Staromestská verlaufende Židovská (Judengasse) hat an einer Seite noch ihre Bebauung, wenngleich nur zwei historische Gebäude erhalten sind.

Eine Fußgängerbrücke führt auf die andere Seite der Schnellstraße zur Stadtmauer, doch sie endet als Sackgasse an einem Gittertor. Wo diese von der Židovská abgeht, führt in ganz spitzem Winkel die kurze Mikulášska (Nikolausgasse) ab, verläuft aber fast parallel zu ihr und mündet nur knapp 100 Meter weiter südlich wieder auf sie ein.

Oberhalb der Mikulášska steht die kleine **Nikolauskirche**. Sie wurde 1661 als Nachfolgerin einer wegen der drohenden Türkeneinfälle abgerissenen gotischen Kirche erbaut. Sie besitzt ein schönes Renaissanceportal, doch kaum originales Interieur, da sie 1945 ausbrannte. Heute dient sie den russisch-orthodoxen Gläubigen. Der zu dieser Kirche gehörende Nikolaus-Friedhof liegt etwas entfernt, am Donauufer neben dem Jüdischen Friedhof.

In den vergangenen 20 Jahren hat sich das jüdische Leben Bratislavas wieder etwas etabliert, es hat sein Zentrum am historischen Ort. Im Zsigray-Haus an der Židovská 17 ist ein **Museum zur jüdischen Kultur** eingerichtet. Das einst berühmte jüdische Lokal ›Chez David‹ gibt es seit 2012 nicht mehr. An seiner Stelle (Zámocká 13) befindet sich nun das Restaurant der Schlossbrauerei Zámocký Pivovar – eine vorzügliche Einkehrmöglichkeit nicht zuletzt dank hervorragender eigenen Biersorten.

In der Zámocká stand die älteste der drei vor dem Zweiten Weltkrieg existierenden Synagogen der Stadt, nach Plänen von Ignaz Feigler 1862 bis 1864 erbaut. Sie wurde wegen Baufälligkeit 1961 abgerissen. In der Heyduková ul., nordöstlich des Nám. SNP, steht die

Das auffällige Haus Zum Guten Hirten

zweite Synagoge; sie wurde zwischen 1923 und 1926 nach Plänen von Arthur Szalatanay-Slatinský errichtet. Sie dient noch heute der jüdischen Gemeinde der Stadt als Bethaus. Die dritte und größte Synagoge befand sich früher am Fischmarkt; sie wurde 1967, beim Bau der Neuen Brücke, abgerissen.

Am südlichen Ende der Židovská (Nr. 1) steht eines der berühmtesten Gebäude Bratislavas. Dieses Haus ist neben der Burg und dem Rathaus zu einem Wahrzeichen der Stadt geworden. Es heißt **Haus zum guten Hirten** und ist durch seinen auffallend schmalen Giebel und durch die fein ziselierte Rokokoarchitektur (um 1760) ein besonderes bauliches Kleinod. Seinen Namen trägt es nach der kleinen Christusfigur, die als Hauszeichen unter einem Baldachin an der Ecke angebracht ist. Im Haus befindet sich ein **Uhrenmuseum**, besonders interessant ist dabei eine Kollektion tragbarer (!) Sonnenuhren aus der Zeit um 1700.

Von dieser Ecke führt die Beblavého in scharfer Wendung zur Burg hinauf. Man kann auch über die Mikulášska und einige Treppen zum Burgareal gelangen, der Weg über die Beblavého ist jedoch schöner: Hier sind noch einige Häuser aus dem 18. Jahrhundert erhalten. In einem (Nr. 1) ist ebenfalls ein Museum untergebracht. Hier ist Kunsthandwerk aus der Zeit des 16. bis zum 19. Jahrhundert ausgestellt, das in der Stadt einst erzeugt wurde.

■ Der Aufgang zur Burg

Die Beblavého war zwar nicht die traditionelle ›offizielle‹ Auffahrt zur Burg, doch die kürzeste Verbindung zwischen Burg und Dom und damit der Stadt. Die wenigen Häuser zwischen der eigentlichen Burg und dem Martinsdom zähl-

ten zur Vorburg und besaßen einige Privilegien wie das Recht einer eigenen Gemeindevertretung und damit ein eigenes Rathaus, das im Gebäude des leider seit einiger Zeit nicht mehr bestehenden Restaurants ›Arkadia‹ untergebracht war.

Wo die Bebauung der Straße endet, weitet sich der Blick zur Donau. Von links kommt die Schlossstiege (Zámocké schody) herauf. Die Beblavého wird in ihrem Anstieg flacher, und bald ist das eigentliche Burgtor, das **Sigismund-Tor** – manchmal auch Corvinus-Tor genannt – erreicht. Der Spitzbogen zeigt das gotische Alter des Tores unübersehbar an.

Auch wenn das Sigismund-Tor geschlossen sein sollte, kann man links herum auf einem schmalen Pfad an der Burg entlang bis zum Westtor, dem Wiener Tor, und dem Parlamentsgebäude gehen und von diesem Pfad manch interessanten Blick erhaschen, wie den auf die Reste des mittelalterlichen Wachturms an der vormaligen Donaufurt und auf

Wahrlich wehrhaft: das Sigismund-Tor

die ihn umgebende Stadtbrache, wo
sich einst die Stadtviertel Weidritz und
Zuckermantel erstreckten.

Die Burg

Die Burg ist das größte historische Bauwerk der Stadt. Sie bestimmt die Stadtsilhouette allein durch ihre Lage 85
Meter über der Donau. Ihre markante
Form mit den vier Ecktürmen erinnert
nach Meinung mancher Einheimischer
an einen umgedrehten Tisch. Von hier
ließ sich die unter dem Hügel liegende
Furt glänzend bewachen, und weit kann
der Blick über die Donauebene und das
südliche Vorland der Kleinen Karpaten
schweifen. So ist es kein Wunder, dass
man früh die strategische Bedeutung
dieses Ortes erkannte. Die Burg ist übrigens auf den 10-, 20- und 50-Cent-
Stücken der slowakischen Euromünzen
abgebildet.

Markant: die Ecktürme der Burg

■ **Geschichte der Burg**
Steinzeitliche Stammesführer, Kelten,
Römer, die Slawen des Großmährischen
Reiches und die Ungarn: Sie alle errichteten hier Schutz- und Trutzburgen, wie
archäologische Funde – Keramik, Münzen und Schmuck – belegen. Aus der
großmährischen Zeit (um 850) wurden
1964 die Überreste einer Basilika und
einer Halle freigelegt. Die Steinfunda-
mente sind am Ostrand der Burg, innerhalb des Burgareals, zu sehen.
Die Burganlagen waren zunächst reine
Holzkonstruktionen, die erst um die
Mitte des 13. Jahrhunderts einem Stein-
bau wichen. Die Burg war als Grenzfestung des ungarischen Staates immer
mehr ausgebaut worden und konnte
1241 sogar den Tataren widerstehen.
Ihren charakteristischen rechteckigen
Grundriss erhielt die Burg zwischen
1431 und 1435, als sie der ungarische

König und deutsche Kaiser Sigismund
(1368–1437), ein Sohn des berühmten
Karl IV. von Luxemburg, durch Konrad
von Erling zu einer vierflügeligen Anlage
ausbauen ließ. Das Burgtor an der Südostecke der Anlage ist eines der wenigen
annähernd original erhaltenen Zeugnisse dieser Epoche.
Gemäß des jeweiligen Geschmacks der
Zeit ließen die verschiedenen Herrscher
die Burg im Laufe der nächsten Jahrhunderte mehrmals verändern. Doch erst
unter dem ersten habsburgischen Herrscher über Ungarn, Ferdinand I., erhielt
die Burg ihr noch heute bestehendes
Äußeres. Der Sitz der ungarischen
Hauptstadt war aus Buda nach Pozsoný
verlegt worden, und so war es nötig, die
Burg zu einem wirklichen Repräsentati-
onsgebäude auszubauen. Von 1552 bis
1562 baute Pietro Ferrabosco die Anlage im Renaissancestil um. Von der alten
Burganlage blieb nur der südwestliche
Turm einigermaßen original erhalten. In
ihm, auch als Krönungsturm bekannt,

wurden bis zum Ende des 18. Jahrhunderts die ungarischen Krönungsinsignien aufbewahrt. Dieser Turm hatte von Anfang an eine besondere Funktion, denn an der Westseite der Burg war der Zugang für Feinde am leichtesten. Der Turm wurde deswegen als besonderer Wehrturm gebaut und hatte ein eigenes Fundament außerhalb des eigentlichen Burgfundaments. Der Rest eines kleinen gotischen Fensters an der Südseite der

Burg in der zweiten Etage rechts vom Haupteingang ist ebenso noch erhalten, war aber jahrhundertelang, bis zur Restaurierung in der Nachkriegszeit, unter Putz versteckt.

Der nächste Umbau fand bereits ab 1635 statt. Der königliche Statthalter Pálffy veranlasste eine weitere Umgestaltung, diesmal im Stil des Frühbarock. Zusammen mit der Vorburg war eine gewaltige Wehrburg mit Bastionen und

Grundriss der Bratislaver Burg

Stadtspaziergänge

Dieser Brand 1811 verheerte die Burg vollständig; zeitgenössische Darstellung

Wallanlagen geplant, die die Form eines siebenzackigen Sternes haben sollte. Die Pläne wurden jedoch nur zu einem kleinen Teil verwirklicht. Die Burg erhielt ein zweites Stockwerk, und es kamen die markanten vier Ecktürme dazu.

Rund 40 Jahre später errichtete man zusätzlich zwei Kanonenbastionen, eine im Nordosten, Luginsland genannt, und eine im Südwesten, in die ein Tunnel gebohrt wurde, der auch als Eingangstor diente. Dieses Tor nannte man Leopoldstor, zu Ehren des gerade herrschenden Kaisers Leopold I. Es bildete aber keinen repräsentativen Eingang für eine Burg, so dass man bald zum Bau eines weiteren Tores schritt. An der Westseite der Burg, wo die Straße aus Wien zu ihr heraufführte, entstand so das Wiener Tor, das 1712 fertiggestellt war. Es ist heute der Haupteingang.

Maria Theresia ordnete den nächsten Umbau an. Durch die Neugestaltung, die von 1761 bis 1766 durchgeführt wurde, sollte ein wahrer Königspalast entstehen, die Theresienburg. Im Zuge der Umbauten wurde weniger das Äußere verändert, sondern die Innenausstattung ganz im Stile des herrschenden Rokoko auf das Prächtigste neu gestaltet. Vor dem Eingang zum Innenhof baute man auf beiden Seiten barocke Wachhäuser, wodurch ein kleiner Vorhof entstand, der Ehrenhof. Unmittelbar am Wiener Tor entstand ein zweiflügliger Bau im charakteristischen Farbton des ›Schönbrunner Gelb‹ mit geöffnetem Hof, in dem Regierungsbeamte untergebracht waren. Dieser Komplex ist erst in den vergangenen Jahren neu errichtet worden; er war 1811 beim Feuer völlig zerstört und danach abgetragen worden. Er dient verschiedenen parlamentarischen Einrichtungen. Ein seltsames Rokokotor, am Südrand der Burgterrasse, führt nach Osten ins Nichts. Das ist so beabsichtigt, denn das Tor ist nur aus Symmetriegründen erbaut worden. Allerdings fehlt bis heute sein westliches Gegenstück.

Auch die Gärten an der Ostseite rühren aus dieser Zeit, ebenso ein Anbau für den Ehemann von Maria Theresias Tochter Maria Christine (1742–1798), den Fürsten Albert von Sachsen-Teschen (1738–1822). Fürst Albert begann hier eine Gemäldesammlung anzulegen, die später als ›Albertina‹ in Wien weltberühmt werden sollte. Dieser Anbau, in dem unter Joseph II. kurzfristig ein Priesterseminar bestand, wurde nach seiner Zerstörung durch den Brand 1811 abgerissen.

Kaiser Joseph II. zeigte wenig Interesse an seiner Residenz in Preßburg, wodurch die Burg vernachlässigt wurde und ihr Verfall begann. Auch die Nachfolger Josephs, Leopold II. und Franz II., hatten an ihr kein Interesse, so dass man sich, bestärkt durch die napoleonischen Wirren, letztlich dazu entschloss, aus ihr eine Kaserne zu machen. Daher wurde sie Anfang des 19. Jahrhunderts zu einer – wenn auch schwachen – Festung ausgebaut, die Napoleons Heerscharen zunächst standhalten konnte. Nach dem Preßburger Frieden hatten französische Soldaten in der Burg ihr Standquartier. Vermutlich aufgrund übermäßigen Alkoholgenusses und daraus resultierender Unachtsamkeit und Zündelei kam es am 28. Mai 1811 zu einem verheerenden Feuer, dem die ganze Burg zum Opfer fiel. Sie blieb 140 Jahre lang eine Ruine, diente während dieser Zeit unter anderm als Steinbruch und verfiel immer mehr. 1940 sollten die Reste bereits abgetragen werden, doch die Nationalsozialisten, zu dieser Zeit die eigentlichen Herrscher in der Slowakei, verhinderten diese Pläne. Sie sahen in der Burg ein Denkmal deutscher Geschichte und ordneten an, »dieses Zeugnis deutscher Vergangenheit« zu erhalten.

Erst 1951 entschloss man sich zum Wiederaufbau der Anlage, nachdem lange Diskussionen vorausgegangen waren, wie mit der Ruine zu verfahren sei. Von

▲ *Die Burg von der Nový Most aus gesehen*

einem vollständigem Abriss mit Hotel-
neubau war beispielsweise die Rede
oder von einem Neubau der Universität.
Schließlich entschied man sich doch für
die aufwendigste Variante, den vollstän-
digen Wiederaufbau, der 1968 vorläufig
abgeschlossen wurde. Bis heute ist die
Rekonstruktion noch nicht vollständig
beendet, unter anderem fehlt noch der
Anbau des Fürsten Albert.

■ **Ein Rundgang**
Beeindruckende Blicke ergeben sich vom
Platz vor der Burg. Zum einen entfaltet
sich das Panorama silbernem Strom und
Stadt: das gewaltige Blockmeer der Trabantenstadt Petržalka, das am südöstlichen Horizont in den dampfenden
Schloten von Slovnaft verdämmert; moderne Windräder auf ungarischem und
österreichischem Gebiet, im Vordergrund die Nový Most, unmittelbar daneben der Martinsdom und die verwin-
kelten Dächer der Altstadt; zum anderen
fällt hier der Blick auf die gewaltig auf-
ragende viertürmige Burganlage, die
durch ihren vor kurzem erhaltenen An-
strich in leuchtendem Weiß noch grandioser erscheint. Um den Vorplatz noch
repräsentativer werden zu lassen, ist vor
wenigen Jahren ein imposantes **Reiter-
denkmal Svätopluks** (846–894) aufgestellt worden. Der altslawische König
war im Großmährischen Reich, dem ersten Slawenstaat der Geschichte, von
871 bis 894 Fürst auf Burg Devín. Sein
jüngster Sohn Preslav erhielt die Burg,
die als frühester Vorgängerbau an der
Stelle der heutigen Bratislavaer Burg
stand, zu Lehen.
Der **Burginnenhof** ist trotz seiner Arkadengänge schmucklos. Am Boden weisen kreisförmige Linien auf die Stand-
orte ehemaliger Wohntürme aus dem
13. und 14. Jahrhundert hin. Der **Burg-**

Svätopluk vor der Haupteingang

brunnen, ebenso im Innenhof gelegen,
führt kein Wasser mehr, denn das mei-
ste Wasser aus den Schichten unterhalb
der Burg erfährt eine Einspeisung in die
Wasserversorgung der Stadt. Der heute
trockene Brunnenboden befindet sich
zwar unterhalb des Wasserspiegels der
Donau, doch verhindert dort ein über
drei Meter mächtiges Granitmassiv den
Zutritt weiterer Grundwassers. Auch in
früheren Zeiten war die durch den Brunnen geförderte Wassermenge für die
Burg keineswegs ausreichend, so dass
der größte Teil mit Pferden auf den
Burgberg transportiert werden musste.
Durch das Treppenhaus, im Rokokostil
Maria Theresias gehalten, kommt man
in die verschiedenen Etagen der Burg.
Hier hat das **Historische Museum** – ein
Teil des Slowakischen Nationalmuseums
– seinen Platz. Neben dem Üblichen –
Gemälde, Uhren, Geschirr und Waffen

Stadtspaziergänge

– gibt es besondere Exponate auch aus den ältesten Epochen der Stadtgeschichte. Dazu zählt vor allem der ›Silberne Schatz‹ mit Silbergegenständen aus der Zeit zwischen 1650 und dem 20. Jahrhundert. Eine besondere Sehenswürdigkeit ist das wohl älteste Kunstwerk der Slowakei, die ›Venus von Moravany‹, eine etwa 23 000 Jahre alte kopflose Frauenfigur, wahrscheinlich ein Symbol einer Erd- und Fruchtbarkeitsgöttin. Sie soll angeblich aus einem Mammutzahn gefertigt sein.

Zum Burgareal gehören auch die großen **Bastionen** im Nordosten aus der Pálffy-Zeit, in denen heute Regierungsdienststellen untergebracht sind, und die **Bastei Luginsland**, in dem sich ein **Musikinstrumentenmuseum** befindet. Nach Süden schließt sich eine ehemalige Offiziersstube an, in der sich ein Weinlokal (Hradná Vináreň) befindet, von dessen Sommerterrasse sich ein herrlicher Blick über die Stadt bietet. Gleich daneben kann man über durch das frühere **Niko-**

laustor eine Treppe hinab zur Nikolauskirche und zur Altstadt gelangen. Auch das Denkmal für die ungarische Königstochter Elisabeth, die später als Elisabeth von Thüringen heiliggesprochen wurde, steht unweit von hier in der Südostecke des Burgareals.

Der kleine Platz vor dem Wiener Tor heißt heute Alexander-Dubček-Platz. Es ist eine späte Ehrung für den großen slowakischen Reformer, dessen aufrichtiges Streben nach einem humanen Sozialismus im August 1968 durch die Panzer der Armeen des Warschauer Pakts zunichte gemacht wurde. Hier steht auch das neue **Parlamentsgebäude**. Mit seinem Bau wurde 1988 begonnen, also noch vor der Wende, was man der Architektur deutlich ansieht. Fertiggestellt wurde er erst 1994.

Das Burgareal ist von April bis September von 9 bis 20 Uhr, sonst von 9 bis 18 Uhr geöffnet. Besichtigungen sind möglich, Führungen werden ebenso angeboten.

Karte S. 111

▲ *Die ältesten Relikte auf dem Burgberg stammen aus dem 9. Jahrhundert*

Die Michaelervorstadt und das Viertel um den Slavín

Die Viertel nordwestlich der historischen Innenstadt werden von den meisten Besuchern links liegengelassen – zu Unrecht. Vor allem die frühere Michaelervorstadt weist einige geschlossene Straßenzüge aus dem 18. Jahrhundert auf und vermittelt so eine Vorstellung von der Anmutung der Bürgerstadt in theresianischer Zeit. Gleichzeitig war dieses Viertel in besonderer Weise mit dem Protestantismus verbunden und hat daher eine wichtige Bedeutung für die Stadtgeschichte. Das Viertel um den Slavín hat keinen eigenen Namen, gehört aber zum Stadtteil Altstadt. Es ist vorwiegend eine Villengegend, die in den 1920er und 1930er Jahren entstand. Zahlreiche schmale und schmalste Gassen, verbunden mit verwunschenen Treppenaufstiegen, winden sich zum Slavín-Hügel empor, von dem sich eine prachtvolle Aussicht über Stadt und Burg eröffnet.

Die Panenská führt in das 18. Jahrhundert zurück

In der Michaelervorstadt

Ausgangspunkt des Spaziergangs ist der Hodžovo nám. vor dem Grassalkovich-Palais. Nach Westen zweigt hier von der breiten Štefánikova die Palisády ab. Ihr Name und ihr gekrümmter Verlauf verweisen darauf, dass hier früher eine alte Begrenzungslinie verlief. Zwischen der Palisády und der historischen Altstadt liegt die vormalige Michaelervorstadt, der nicht mehr bestehenden Michaeliskirche vorgelagert. Diese Michaelervorstadt war das Wohngebiet der Protestanten im 17. und 18. Jahrhundert, nachdem diese in der eigentlichen Stadt kein Wohnrecht mehr besaßen.

An der Ecke der Palisády zur Štefánikova befindet sich das bekannte **Caféhaus Štefánka** im Jugendstil. Es trägt seinen Namen nach der belgischen Prinzessin Stefanie, die die Frau des Kronprinzen Rudolf war, jenes Habsburgers, der 1889 in Mayerling zusammen mit seiner Geliebten Marie Vetsera Selbstmord beging.

■ Durch die Panenská

Wenn auch in der alten Michaelervorstadt viel von der historischen Bausubstanz verloren ist, so findet man doch um die Panenská (Nonnenbahn) eine fast vollständig geschlossene Bebauung aus der Zeit Maria Theresias. Obwohl einige Häuser nicht im besten Zustand sind, bietet die Straße doch ein gutes Abbild der zweiten Hälfte des 18. Jahrhunderts. Das geistige Zentrum der Preßburger Protestanten befand sich in diesem Viertel. Die protestantische Gemeinde Preßburgs war mit etwa 7000 Gläubigen zu Beginn des 18. Jahrhunderts eine der größten Ungarns.

Die Straße mündete früher direkt auf die Štefánikova, dann wurde sie durch ein

Stadtspaziergänge

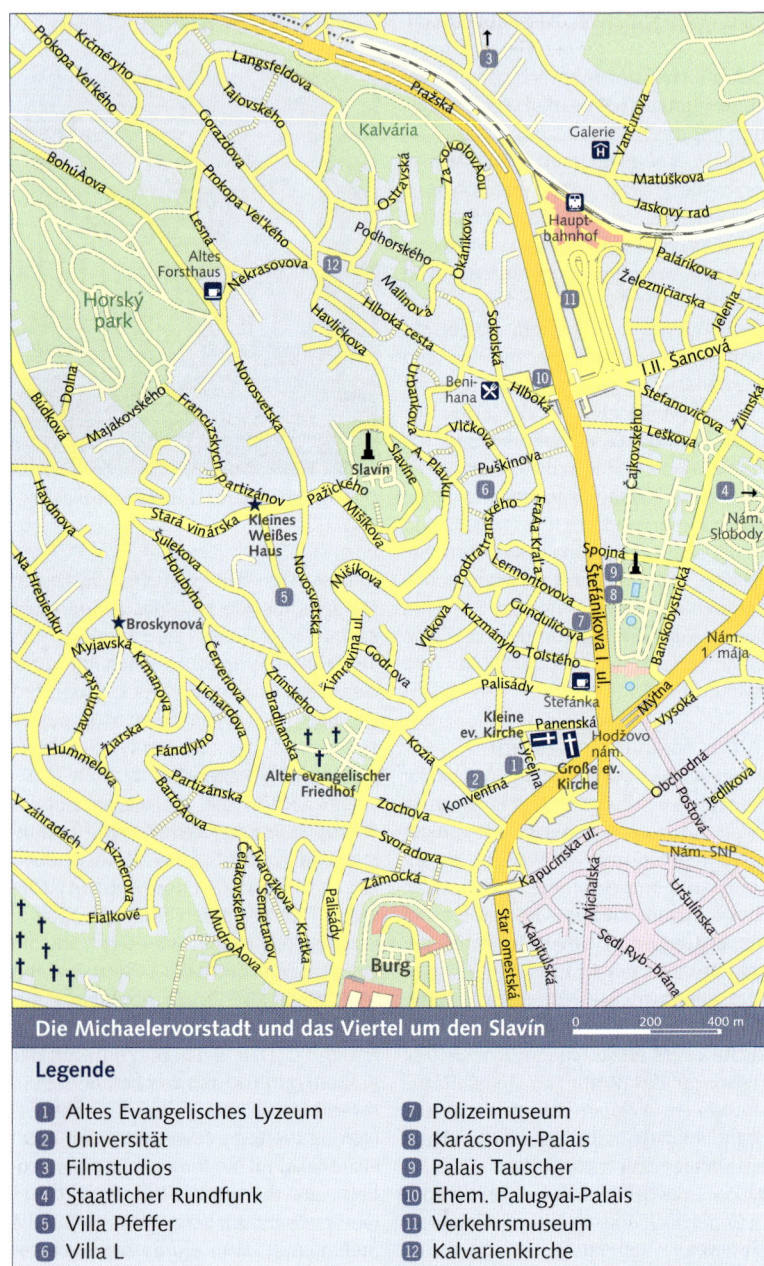

Die Michaelervorstadt und das Viertel um den Slavín

0   200   400 m

Legende

1. Altes Evangelisches Lyzeum
2. Universität
3. Filmstudios
4. Staatlicher Rundfunk
5. Villa Pfeffer
6. Villa L
7. Polizeimuseum
8. Karácsonyi-Palais
9. Palais Tauscher
10. Ehem. Palugyai-Palais
11. Verkehrsmuseum
12. Kalvarienkirche

erhöhtes Trottoir von dieser abgetrennt. Derzeit wird ein großes Geschäftshaus mit breiter Tordurchfahrt genau über diese Einmündung gesetzt, wodurch der Blick durch die Straße empfindlich gestört ist. Blickt man jedoch nach Westen in Richtung Burg, kann man sich ohne weiteres der Vorstellung hingeben, in einer Vorstadtstraße des 18. Jahrhunderts zu sein. Es liegt eine besondere Stimmung in der Luft, ein eigentümlicher Geruch von Alter und Vergangenheit.

Im östlichen Abschnitt der Panenská steht die **Große Evangelische Kirche**, die Pfarrkirche der deutschen Protestanten in der Stadt. Sie wurde in den Jahren 1774 bis 1777 im Spätbarock mit klassizistischen Elementen errichtet, turmlos und außerhalb der Innenstadt – so wie es den Protestanten beim Bau ihrer Gotteshäuser auferlegt war. Auffallend ist das hohe steile Dach, das den fehlenden Turm ersetzen möchte, interessant das Innere: Der Altar bildet gleichzeitig die Kanzel.

■ **Rund um die Panenská**

Die schmale Lýcejná (Lyzeumsgasse) führt von der Panenská nach Süden zur Konventná (Konventgasse). An dieser Ecke steht die schlichte **Kleine Evangelische Kirche**, die für die Protestanten ungarischer und slowakischer Nationalität erbaut wurde, an der Ecke der Lýcejná zur Konventná dann das **Alte Evangelische Lyzeum** (Konventná Nr. 15) in einem Gebäude aus dem Jahr 1783. Die Schule gab es schon seit 1606 als Lateinschule, sie befand sich in einem Vorläufer des jetzigen Baus. In der ersten Hälfte des 18. Jahrhunderts war Matthias Bel (Matej Bel, 1684–1749) ihr Direktor, ein Pädagoge und Gelehrter (Philologe) von europaweitem Ruhm

Das frühere evangelische Lyzeum

und auch Pfarrer der deutschen evangelischen Gemeinde. Bis zum Beginn des 19. Jahrhunderts wurde der Unterricht in Latein abgehalten. Die Schule genoss landesweit großes Ansehen, so dass auch viele Schüler der verschiedensten slawischen Völker sie besuchten, darunter Ľudovít Štúr. Gleich daneben steht das **Neue Evangelische Lyzeum** (Konventná Nr. 13), ein Bau aus der Zeit um 1850. Aus Platzgründen war es nötig, eine Erweiterung zu errichten.

An der Ecke der Konventná zur Kozia befindet sich ein architektonisch reizvoller Neorenaissancebau, in dem die staatliche **Universität für Betriebs- und Volkswirtschaft** untergebracht ist. In der Kozia sind außerdem verschiedene Einrichtungen und Institute slowakischer jüdischer Verbände zu finden.

Wo die Kozia auf die Palisády mündet, liegt schräg gegenüber der alte evangelische Friedhof der Stadt – **Gaistor-Friedhof** – aus dem Jahr 1783. Er wird seit dem Ende des Zweiten Weltkriegs nicht mehr benutzt. Besuchenswert ist er we-

gen der künstlerischen Vielfalt der Grabsteine. Zahlreiche pompöse Mausoleen
legen Zeugnis vom Wohlstand des protestantischen Bürgertums in Preßburg
ab. Der Eingang liegt an der nordöstlichen Seite, an der Šulekova. Etwas
oberhalb davon, an der Ecke zur Zríns-
keho, zieht ein schönes, etwas verwittertes palastähnliches Bürgerhaus den
Blick auf sich.

Um den Slavín

Die Partizánska, die von der Palisády
nach Westen abgeht, führt steil bergauf
in das höhergelegene Villenviertel um
den Slavín, wo einst das Weinbaugebiet
der Stadt bestand. Am besten folgt man
der Lichardova, die sich in weitem Bogen weiter bergauf schwingt. So ge-
winnt man schöne Blicke auf dieses
Viertel der Stadt. Hier gibt es zahllose
sehr schmale und sehr steile Straßen.
Manche Besucher fühlen sich dabei an
San Francisco erinnert.
Über die kurze Broskyňová gelangt man
zur Mudroňova, einst Kaiserweg, der
wichtigsten Verkehrsachse im Gebiet um
den Slavín und dem umliegenden Villen-

viertel. Nur die Mudroňova ist so breit,
dass Busse verkehren können. Am oberen
Ende der Mudroňova zweigt an der End-
haltestelle des Oberleitungsbusses 203
(der von hier über die Burg und den
Hodžovo nám. bis zu den Filmstudios des
slowakischen Fernsehens fährt) die Stará
vinarska ab, der Alte Winzerweg. Hier
hat man den annähernd höchsten Punkt
des Stadtteils erreicht. Bis 1918 wurde
hier Wein angebaut, bis zum Ende des
Ersten Weltkrieges stand hier kaum ein
Haus. Dann, mit der Gründung der
Tschechoslowakischen Republik, setzte in
der Regionalhauptstadt Bratislava ein
vehementer Bauboom ein. Die bedeutendsten Architekten der ČSR schufen
hier für vermögend gewordene Fabrikan-
ten, Bürger und Kriegsgewinnler Wohnhäuser im Stil der damaligen Zeit, dabei
mit ganz eigenen Charakteristika, wie
man sie außerhalb des Landes nicht findet. Die Architekten nahmen Einflüsse
aus Kubismus, Neuer Sachlichkeit und
Bauhaus auf und verschmolzen sie zu
einem originären Stil. Unter den vielen
Architekten, die für die Häuser Entwürfe
lieferten, gelten Friedrich (Bedrich) Wein-

▲ *Ein großartiges Panorama eröffnet sich Besuchern des Slavín*

wurm und Ignác Vecsei als die wichtigsten. Nach 1948 wurde Slavín zum Wohngebiet für die kommunistische Nomenklatura.

Von der Stará vinárska kann man hinreißende Blicke auf Stadt und Burg erhaschen. An der Ecke Francúzskych partizánov und Novosvetská steht das sogenannte **Kleine Weiße Haus**, die Residenz des US-amerikanischen Botschafters in der Slowakei. Dieses Gebäude erinnert deutlich an die Architektur der amerikanischen Südstaaten. Unübersehbar ist von hier schon die hohe Säule des Ehrenmals ›Slavín‹.

Lohnend ist ein Besuch des **Horský Park**, des Bergparks, am oberen Ende der Francúzskych partizánov. Dieser Park stammt noch aus der Zeit des Kaisers Franz Joseph und ist ein beliebtes Ausflugsziel. Zu empfehlen ist hier das **Kaffeehaus Altes Forsthaus** in der Lesná 1 am Ostrand des Parks, nicht weit von der Apostolischen Nuntiatur an der Nekrasovova. Besonders für Familien mit Kindern ist der Park wegen des sehr schönen Kinderspielplatzes empfehlenswert.

Der Abstieg von hier hinunter ins Zentrum ist über die tief eingeschnittene, baumüberstandene Straße Hlboká cesta rasch zu vollziehen. An ihrem oberen Ende befinden sich die **Kalvarienbergkirche** aus den 1940er Jahren und die stimmungsvolle **Lourdesgrotte**. Ein erster Kalvarienberg wurde hier nach dem Sieg über die Türken 1683 errichtet, doch im 19. Jahrhundert durch neue Kapellen ersetzt. Das Haus Hlboká cesta 7 ist die alte orthopädische Klinik, heute befindet sich hier ein Restaurant der japanischen Steakhauskette Benihana. Ihm schräg gegenüber steht das ehemalige **Waisenhaus**, ein rotbraun-weißer Neorenaissancebau vom Ende des 19. Jahrhunderts. Der große Block zur

Das Denkmal erinnert an die in den Kämpfen um Bratislava gefallenen Rotarmisten

anderen Seite hin ist das Außenministerium der Slowakei.

■ Ehrenmal Slavín

Mehrere Wege führen zum Ehrenmal ›Slavín‹, und wer mit dem eigenen Fahrzeug unterwegs ist, findet hier auch eine Parkmöglichkeit. An einem der höchsten Punkte des Stadtgebiets ist an dieser Stelle zwischen 1960 und 1967 ein Denkmal zu Ehren der fast 7000 Sowjetsoldaten errichtet worden, die bei den Kämpfen um die Stadt und ihrer Umgebung gefallen sind. Sie sind in den sechs Grabfeldern vor dem Obelisk beigesetzt. Der 42 Meter hohe Obelisk besitzt in seinem Erdgeschoss eine Weihehalle für Gedenkzeremonien. Das schwere, bronzene Eingangsportal ist mit Szenen des Kampfes um die Stadt gestaltet. Die 12,5 Meter hohe Figur eines sowjetischen Kriegers, der eine Siegesfahne hisst, krönt das eindrucksvolle Bauwerk. Wenn es auch nicht mehr Pflicht wie in der sozialistischen Epoche ist, am 4. April, dem Tag der Befreiung der Stadt, auf den Slavín zu gehen, besuchen doch immer noch viele Bewohner der Stadt den Punkt – allein schon wegen der grandiosen Aussicht.

Richtung Norden hat man einen phantastischen Blick auf die Kleinen Karpaten und den Bratislavaer Stadtwald mit dem Fernsehturm auf dem 439 Meter hohen Kamzík (Gemsenberg). Links unterhalb des Fernsehturms kann man eine weite Anlage von Flachbauten sehen. Das sind die berühmten **Filmstudios** des Ortsteils Koliba, wo unter anderem zahlreiche der einst beliebten tschechoslowakischen Märchenfilme gedreht wurden. Auch kann man in nördlicher Richtung eine kleine Kirche sehen, deren Turm nur ein kurzer Stumpf ist. Das ist die **Kirche Maria Schnee** aus den 1940er Jahren. Ihr Turm wurde kurz nach Fertigstellung des Slavín-Denkmals abgerissen, weil er angeblich als unübersehbares christliches Symbol die Gefühle der Kommunisten während ihrer Gedenkveranstaltungen auf dem Slavín hätte stören können.

Nach Süden erblickt man die ungewöhnliche Architektur der Metallpyramide des **Hauses des Staatlichen Rundfunks** an der Mýtna ulica. Von 1971 bis 1984 gebaut, zählt diese Konstruktion zum Eigentümlichsten, was die Stadt an Architektur des 20. Jahrhunderts aufzuweisen hat. Der runde hohe Turm daneben ist der Neubau der Slowakischen Nationalbank, ihm vorgelagert erreckt sich ein weißes Gebäude, das Verkehrsministerium.

■ Novosvetská und Umgebung

Ganz in der Nähe des ›Kleinen Weißen Hauses‹ beginnt die Novosvetská. Das Gebäude Nr. 8 war zu Zeit seiner Erbau-

ung 1936 eine der vornehmsten Villen im Slavín-Gebiet. Es ist die **Villa Pfeffer**, ein Werk der Architekten Weinwurm und Vecsei. Breite Fensterfronten, zwei Terrassen, ein Wintergarten sowie offene Räume haben schon vor 70 Jahren die heutigen Vorstellungen von gehobener Wohnkultur vorweggenommen. Leider ist von außen – das ist beabsichtigt – nur sehr wenig auszumachen.

Das Haus Mišíkova Nr. 31 in der Nähe besitzt eine über das Land hinaus reichende Berühmtheit. Hier lebte seit Ende der 50er Jahre Alexander Dubček, der große Reformer der ČSSR. Nach dem Einmarsch der sowjetischen Truppen im August 1968 wurde Dubček unter Hausarrest gestellt und verbrachte bis zum Dezember 1989 sein Leben hier. Das Haus wurde vor kurzem renoviert und ist heute eine ausländische Vertretung.

Eine Treppe, Puškinova genannt, verbindet die Mišíkova mit der Vlčkova. Folgt man dieser einige Schritte nach Süden, zweigt ostwärts die Podtatranského ab, die weiter zur Fraňa Kráľa hinableitet. Podtatranského Nr. 7 ist die **Villa L** aus dem Jahr 1929, ebenfalls ein Werk der Architekten Weinwurm und Vecsei. Der äußerlich sehr schlichte, fast asketisch wirkende Bau gefiel nach seiner Fertigstellung dem Bauherrn nicht, so dass er den Architekten Josef Hofmann beauftragte, den äußeren Purismus durch eine angemessene repräsentative Innenausstattung auszugleichen.

Über die Fraňa Kráľa und die Lermontovova ist wieder die Štefánikova erreicht, von der der Spaziergang einige hundert Meter weiter südlich ihren Ausgang nahm. Hier bietet es sich an, dem ungewöhnlichen **Polizeimuseum der Slowakischen Republik** in der Gunduličova Nr. 2 einen Besuch abzustatten.

Karte S. 122 ▲

Alexander Dubček

Am 27. November 1921 kam Alexander Dubček in Uhrovec, etwa 30 Kilometer südöstlich von Trenčín, zur Welt, im gleichen Haus wie 106 Jahre zuvor Ľudovit Štúr. Die Familie wanderte 1925 in die mittelasiatischen Teile der Sowjetunion aus, wo der glühende Kommunist Dubček senior mit anderen Slowaken eine Kolchose errichtete. So wuchs der junge Alexander in der Sowjetunion der Stalinzeit auf. 1938 wurde die Familie in Zusammenhang mit den Säuberungsaktionen dieser Zeit aus dem Land gewiesen. Sie kehrte in eine scheinbar unabhängige, fremd gewordene Slowakei zurück, denn inzwischen hatte Jozef Tiso als Marionette von Hitlers Gnaden die Staatsführung übernommen. Der junge Alexander war überzeugter Kommunist und begab sich in den Untergrund, um gegen das Regime zu kämpfen. In den slo-

Alexander Dubček in den 1960er Jahren

wakischen Bergen operierte er in den folgenden Jahren und während des Slowakischen Nationalaufstands gegen Tiso und die Deutschen. Mehrmals wurde er verwundet. Sein Bruder starb beim slowakischen Nationalaufstand 1944.

Während des Krieges arbeitete Alexander Dubček als Schlosser in den Škoda-Werken in Dubnica nad Váhom. Gleich nach Kriegsende wurde Dubček hauptberuflicher kommunistischer Funktionär in Bratislava und auch Mitglied des Parlaments. Bereits 1953 wurde er in das Zentralkomitee der SKP aufgenommen. Lehrjahre im Parteiapparat und auf den Parteihochschulen der Sowjetunion ließen ihn, der fließend Russisch sprach, das kommunistische Handwerk von Grund auf erlernen. Einer seiner Studienkollegen war übrigens Michail Gorbatschow. Von 1951 bis 1955 studierte er außerdem neben seiner Tätigkeit in der KP noch extern Jura an der Comenius-Universität.

Dubček stieg in den folgenden 13 Jahren allmählich die Leiter der politischen Nomenklatura in der ČSSR immer höher und wurde im Januar 1968 als Nachfolger Antonín Novotnys Generalsekretär der tschechoslowakischen KP. Für alle überraschend zeigte sich der bis dahin unauffällige Apparatschik als politischer Akteur, der unabhängig denken wollte und konnte, der ein offenes Herz für die Wünsche der Bürger und Arbeiter hatte und auch den Intellektuellen willig sein Ohr lieh. Václav Havel schrieb über seine erste Begegnung mit Dubček 1968: »Ich war fasziniert von ihm. Wir waren es nicht gewöhnt, plötzlich einer solchen neuen Art eines kommunistischen Führers zu begegnen.«

Doch der Versuch, das starre, aufoktroyierte Sowjetsystem zu verändern und Glasnost und Perestroika 20 Jahre vor Gorbatschow in der ČSSR einzuführen, musste scheitern – der große Bruder, die Sowjetunion, duldete keine Abweichler. Und man reizte den großen Bruder bereits innenpolitisch zu sehr: 93% der Bevölkerung begeisterten sich für

Dubčeks Programme, die einen ›Sozialismus mit menschlichem Antlitz‹ propagierten, einen Sozialismus ›ohne selbsternannte Führer, ohne graue Arbeitsstätten und ohne gefühlslose Bürokratie‹. Der Mensch sollte ›Wert über allen Werten sein‹ und das System den Gegebenheiten der ČSSR angepasst werden, anstatt blind von Moskau kopiert zu werden. Der neue Staatspräsident seit dem 30. März, der Held der Schlacht vom Dukla-Pass im Herbst 1944, Ludvík Svoboda, verkündete unter anderem eine Teilamnestie für politische Gefangene und die Einstellung der Strafverfolgung von Emigranten und ›Republikflüchtlingen‹. Dabei wurde niemals die führende Rolle der KPČ in Frage gestellt. Doch das konnte in Moskau nicht mehr beschwichtigen. Am 8. Mai 1968 berieten die Parteiführer der fünf Länder in Moskau über das sie schockierende Verhalten der neuen tschechoslowakischen Führung. Mit den Manövern von Truppen des Warschauer Paktes auf tschechoslowakischem Gebiet, die am 20. Juni begannen, mußte Dubček klar geworden sein, welches Unheil drohte; doch man ließ sich in Prag zunächst nicht beeinflussen. Nur wenige Monate währte die Tauwetterepoche, der ›Prager Frühling‹. Ihm setzte die militärische Intervention der Truppen des Warschauer Paktes am 20. und 21. August 1968 ein jähes Ende. Dubček wurde entmachtet, Gustav Húsak aus Dúbravka (bei Bratislava) folgte ihm ins Amt.

Dubček war zunächst für einige Monate Botschafter in der Türkei. Er verbrachte die folgenden Jahre unter Arrest, wurde aus der KP ausgestoßen, verlor alle Ämter und Würden und übte verschiedene Tätigkeiten aus. So arbeitete er als Mechaniker in der Produktion und war Aufseher eines Fuhrparks in einem großen Forstbetrieb in den Kleinen Karpaten. Dubček gelang es jedoch, Kontakt mit oppositionellen Kräften zu bekommen und aufrechtzuerhalten. Ein Artikel von ihm über das Unrechtssystem der ČSSR konnte 1974 immerhin im Ausland erscheinen und machte die Gestalt seines Autors wieder gegenwärtig. Für die tschechoslowakischen Machthaber war es nach der Veröffentlichung dieses Aufsatzes nicht opportun, Dubček nochmals zu bestrafen – zu beachtet war er wieder in der internationalen Welt. Doch in der kommunistischen Presse wurde eine Hetz- und Verleumdungskampagne gegen ihn losgetreten. Im Jahr 1988 verlieh ihm die Universität Bologna die Ehrendoktorwürde. Nur weil sich die italienische KP lautstark für diese Auszeichnung einsetzte, erlaubten die tschechoslawischen Behörden Dubček, die Ehrung selbst entgegenzunehmen.

Während der ›samtenen Revolution‹ im Herbst 1989 betrat Dubček wieder die politische Bühne, er personifizierte für viele Menschen die Hoffnung auf eine friedliche Überwindung des alten Systems. Zusammen mit Václav Havel hielt er am Prager Wenzelsplatz unzählige aufrüttelnde Reden an das Volk. Kurz nach der Wende wurde er Vorsitzender der Föderativen Versammlung der ČSSR, von 1990 bis 1992 war er Mitglied der Partei ›Öffentlichkeit gegen Gewalt‹ (VPN). Die neugegründete Sozialdemokratische Partei der ČSSR machte ihn zu ihrem Ehrenvorsitzenden, ebenso wie er den Ehrenvorsitz der Nationalversammlung einnehmen durfte. 1992 wurde er zum Vorsitzenden der Slowakischen Sozialdemokratischen Partei gewählt. Als deren Abgeordneter wirkte er im Parlament der nach der Wende entstandenen Tschechoslowakischen Föderativen Republik (ČSFR) in Prag. Die Trennung der Tschechen und Slowaken und die Gründung der unabhängigen Slowakei erlebte Alexander Dubček nicht mehr. Er starb am 7. November 1992 an den Folgen eines Autounfalls vom September. Die bis heute nicht vollständig geklärten Umstände geben noch immer Anlass für Spekulationen.

Rund um alten und neuen Bahnhof

Prachtvolle Bürgerhäuser vom Ende des 19. Jahrhunderts säumen die große Verkehrsachse, die vom Grassalkovich-Palais zum Hauptbahnhof führt. Die **Štefáni-kova** ist die große Einfallstraße von Norden in die Innenstadt und verläuft auf der Trasse der alten Bernsteinstraße. Vor 1945 hieß sie Stefaniegasse, nach der Ehefrau des österreichischen Kronprinzen Rudolf. In der unmittelbaren Nähe dieser Straße, Richtung Slavín, befinden sich in den großen und kleinen Villengebäuden zahlreiche diplomatische Vertretungen. Viele Bauten an der Straße, die in großen Teilen nur an ihrer Westseite bebaut ist, stammen aus der Wende vom 19. zum 20. Jahrhundert und sind Zeugnis für das wohlhabende Großbürgertum der Stadt in dieser Epoche. Auch heute noch ist das nähere Umfeld dieser Straße eine ›bessere Adresse‹. Schöne Beispiele dafür sind das Haus Nr. 2 – es ist das um 1890 im neobarocken Stil errichtete **Karácsonyi-Palais**, später zum bloßen Verwaltungsgebäude umgestaltet – und, an der Ecke zur Ul. Spojná, das 1891 fertiggestellte **Palais Tauscher**. Es wurde einst für den Stadtmedikus Tauscher erbaut, heute sind darin verschiedene Dienststellen des Staates untergebracht. Nach Norden ändert die Štefánikova bald ihren Namen und heißt nun Pražská. An ihr, gegenüber der Einmündung der Šancová, steht ein gelbes, prächtiges Palais. In dieser ehemaligen **Weinkellerei der Familie Palugyai** ist heute ein Teil des Außenministeriums (Ministerstvo zahraničných vecí) untergebracht. Ganz in der Nähe, an der Ecke der Hlboká cesta zur Sokolská, befindet sich ein größeres weißes Haus, das die andere Hälfte dieses Ministeriums birgt.

Prachtvolles Detail am ehemaligen Palugyai-Weinkeller

Unter www.foreign.gov.sk, der Seite des slowakischen Außenministeriums, gibt es unter ›O Nás‹ einige schöne Innenaufnahmen von diesen Häusern.

■ **Am Hauptbahnhof**

An der Ecke der stark befahrenen Šancová zu einer namenlosen Straße lädt ein gelbes Gebäude zu einer Zeitreise ein. Es handelt sich um den **alten Bahnhof**, der 1848 seiner Bestimmung übergeben wurde. Er war ein Kopfbahnhof, an dem die Bahnlinie endete, die von Wien über Marchegg kam. In den alten Bahnhofshallen dahinter ist das **Verkehrsmuseum** untergebracht.

Im Jahr 1861 gab es nach dem Bau eines neuen Bahnhofs, der den Kern des heutigen Hauptbahnhofs bildet, und dem Bau einer neuen Trasse den ersten durchgehenden Zug Wien–Preßburg–Budapest. Sechs Stunden dauerte die Fahrt. Auch der legendäre Orient-Express Paris–Istanbul fuhr später auf dieser Strecke. Von 1861 bis 1947 diente dieses Bahnhofsgebäude dem Personenverkehr, und bis 1992 wurde er noch für kleine Gütersendungen und für die Post benutzt. Nördlich davon lassen Relikte des Gleisbettes die alte Trasse noch deutlich erkennen. In diesem alten Bahnhof befindet sich heute die Bahnpolizei, auf den anschließenden ehemaligen Eisenbahndepots nordwärts befinden sich Lagerräume des Verkehrsmuseums.

Der jetzige **Hauptbahnhof** mit seinem erwähnten Kern aus dem 19. Jahrhundert erhielt eine Erweiterung in den Jahren zwischen 1986 und 1990 und liegt rund 300 Meter nördlich des Gebäudes von 1848. Auf dem Vorplatz befindet sich auch ein wichtiger Busbahnhof für wichtige innerstädtische Bus- und Straßenbahnlinien.

Das Äußere des Bratislaver Hauptbahnhofs ist nicht ansprechend, da in jener Betonbauweise des sozialistischen Realismus gehalten, wie es ihn in der DDR oder in Polen in gleicher Form gegeben hat. Es ist geplant, den Bahnhofsvorplatz grundlegend zu verändern. Genaue Pläne sind bislang nicht bekannt, doch spricht man in der Stadt davon, dass der Platz komplett neu bebaut werden soll. Am Vorplatz (Prestaničné nám.) gibt es nicht nur das hübsche **Antic Café**, sondern auch zwei gute und billige **Pensionen**: Penzion Bratislava (Tel. 20909635) und Penzion Antic Café (Tel. 33227227).

Ein kleiner Abstecher bietet sich nach Osten an, in die Jelenia ul. An ihrer Ostseite haben sich einige Arbeiterwohnhäuser (um 1880) erhalten. Einen Blick ist auch das ungewöhnliche **Hotel Spirit** wert, gleichsam eine Imitation des Stiles des Friedensreich Hundertwasser. Es liegt nördlich des Bahnhofs, an der Ecke der Unterführung zur Vančurova.

Die nördlichen und östlichen Vororte

In die Viertel Bratislavas, die nicht im oder direkt am Zentrum liegen, verirrt sich nur selten ein Tourist. Tatsächlich liegen fast alle der bekannten Sehenswürdigkeiten der Stadt in der historischen Altstadt oder ihrer unmitttelbaren Umgebung. Ein Ausflug in die Außenbezirke ist jedoch für all diejenigen lohnend, die sich in besonderer Weise für die jüngere Stadtgeschichte interessieren: Vor allem Wohnsiedlungen aus allen Jahrzehnten des 20. Jahrhunderts, von der Reformhaussiedlung bis zur Platte, gibt es hier zu sehen.

Der Kamzík, der Hausberg der Bratislaver, lockt mit grandiosen Aussichten und schönen Spazierwegen, und die Insel Grössling schließlich wird vom Jugendstil geprägt. Vor allem diese beiden Ziele lohnen einen Besuch.

Auf den Kamzík

Der Kamzík (Gemsenberg) ist die höchste Erhebung im Stadtgebiet. Er bietet schöne Naturerlebnisse, mehrere Einkehrmöglichkeiten und vom Gipfel hinreißende Blicke in alle Richtungen – ein Besuch des Kamzík und gerade auch des berühmten Aussichtsrestaurants ist geradezu ein Muss eines jeden Bratislava-Aufenthalts.

Am bequemsten gelangt dorthin, wer am Präsidentenpalais am Hodžovo nám. vor dem Hotel ›Crowne Plaza‹ in den Trolleybus 203 Richtung Koliba ein-

Karte S. 131 ▲

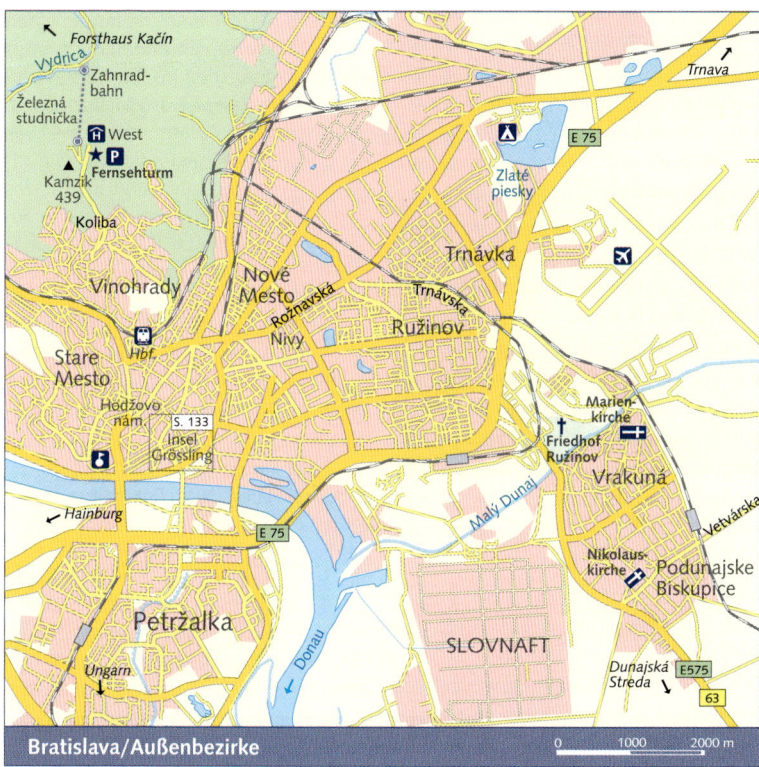

steigt. Dieser fährt zunächst ein kleines Stück durch die Mýtna, über den nám. 1. Mája, dann rund um den nám. Slobody, vorbei am ehemaligen erzbischöflichen Sommerpalais, dann durch die Žilinskái, kreuzt die Šancová und erreicht auf kurvenreicher und steil emporführender Route seine Endstation unterhalb der Filmstudios von Koliba. Die letzte Strecke, immerhin über anderthalb Kilometer, muss zu Fuß zurückgelegt werden. Man ist im **Waldpark Bratislava** angelangt. Dessen knapp 20 Quadratkilometer Fläche werden durch das Tor von Lamač (Lamačská brána), eine schmale Senke, durch die die Staatsstraße 2 und die Autobahn verlau-

fen, in einen westlichen und östlichen Abschnitt geteilt. Der westliche Teil reicht bis zu den Devíner Bergen.
Wer mit eigenem Wagen unterwegs ist, kann direkt bis vor den Fernsehturm und das Turmrestaurant fahren. Der 199 Meter hohe **Fernsehturm** wurde 1974 fertiggestellt. Am großen Parkplatz an der Hauptstraße unterhalb des Turmes erinnert ein **Denkmal** an den Türkeneinfall von 1683, als in Zusammenhang mit der Belagerung Wiens hier eine größere Menge türkischer Soldaten ihr Feldlager bezog. Nicht weit von diesem Denkmal, doch etwas abseits, findet man das rustikale **Gasthaus und Hotel Koliba** – genauso zu empfehlen wie das etwas ge-

Unübersehbar: der Fernsehturm

diegenere Restaurant im Turm selbst. Östlich und hangabwärts dieses Restaurants bestehen im Winter auf einer Wiese eine Skipiste für Anfänger sowie eine künstliche Rodelbahn.

Von dem Aussichtsrestaurant im Turm, das sich innerhalb von einer Stunde einmal um seine Achse dreht, genießt man einen überwältigenden Rundblick. Hinter der Stadt liegt die Donauniederung, auf der anderen Seite ist die Burg Pajštún ein markanter Orientierungspunkt. Links hinter ihr dehnt sich schier unendlich das Záhorie, ihr zur Rechten ziehen sich die bewaldeten Rücken der Kleinen Karpaten in die Ferne. Und unter dem Betrachter liegt natürlich die Stadt Bratislava selbst. Winzig sieht sie von hier aus, soeben noch sind Burg, Martinskirche und Nový Most auszumachen. Orientierungshilfe geben der Thebener Kogel, Devínska Nová Ves mit seinen Neubaugebieten und vor allem die modernen Anlagen des VW-Werks ganz im Westen. Hinweis: Bei Redaktionsschluss war das Restaurant geschlossen!

Wenn es die Zeit und die körperlichen Kräfte zulassen, empfiehlt sich vom Kamzík der Abstieg ins Tal nach Nordwesten zur **Železná studnička** (Eisenbrünnel) hinab. Dieser kleine und als Ausflugsziel beliebte Punkt, wo es auch zwei kleine Seen gibt, liegt im Tal des Vydrica-Baches (Weidritz), der weiter im Süden das Mühlental (Mlynská dolina) bildet. Diese eisenhaltige Quelle war hier 1826 Anlass für die Errichtung eines kleinen Badebetriebs. Man kann dorthin vom Gipfel mit einem Sessellift hinabgelangen. Die Fahrt dauert etwa 15 Minuten, die Strecke ist knapp einen Kilometer lang.

Richtung Nordwest verläuft ein gut begehbarer Weg zum **Forsthaus Kačín** (etwa 2,5 Kilometer von der Talstation der Seilbahn), das ein beliebtes Wanderziel ist. Grundsätzlich sind auch diese der Innenstadt verhältnismäßig nahe gelegenen Waldgebiete in weiten Teilen fast unberührt und spenden Ruhe und Erholung.

Die Buslinie 43 verläuft im Mühlental und endet nordwärts am Slowakischen Rehabilationszentrum für Herzkrankheiten. Von Železná studnička bringt sie die Reisenden südwärts zur Staatstraße 2, endet allerdings bald in Patrónka. Von dort führen die Linien 34 oder 83 weiter ins Zentrum, zum Hauptbahnhof oder zum Präsidentenpalais.

Die Insel Grössling

Vom Kamenné nám., am Ostrand der historischen Altstadt, läuft die Dunajská (Donaustraße) östlich zum Andreas-Friedhof. Die Dunajska liegt genau in der Verlängerung der Panská und Laurinská und ist ein Teil des alten Ost-West-Handelswegs, der zur Furt über die Kleine Donau bei Vrakuňa und weiter nach Osten führte. Hinter dem ehemaligen

Hotel ›Kyjev‹, wo die Rajská auf die Dunajská einmündet, stand seit 1493 das Donautor, das 1825 abgerissen wurde. In dem Viertel südlich der Dunajská befinden wir uns auf einer alten Insel zwischen zwei heute verschütteten Donauarmen, der Insel Grössling. An sie erinnert noch der Straßenname Grösslingová. Diese Straße liegt parallel zur Dunajská. Nach dem Krieg war den Kommunisten dieser Straßenname verdächtig, da deutsch, obgleich der Grössling, manchmal auch Kressling genannt, nichts anderes ist als ein Fisch, der sich in den Seitenarmen der früher noch unregulierten Donau bei Pressburg tummelte. Die Straße erhielt den neuen, politisch korrekten Namen ›Straße der Roten Armee‹, trägt aber mittlerweile wieder ihre frühere Bezeichnung.

In diesem Viertel, das bis zur Dostojevského rad reicht, findet man teils sehr schöne und renovierte vier- bis fünfstöckige **Bürgerhäuser** in Jugendstil und vor allem viel Neo: Romanik, Gotik und Barock. Die Häuser entstanden zwischen 1880 und 1910 und spiegeln in der Mannigfaltigkeit ihres äußeren Bildes den Wohlstand ihrer Erbauer und die Phantasie der damaligen Architekten wieder. Hie und da gibt es aber auch noch kleinere Gebäude aus der ersten Hälfte des 19. Jahrhunderts zu sehen. In der historischen Innenstadt zu bauen, war für die reichen Hof- und Kommerzienräte schon aus Platzgründen nicht mehr möglich, so dass man sich sein Stadthaus auf der anderen Seite des vormaligen Stadtgrabens errichten ließ, also jenseits der Štúrova. Da aber hier

Stadtspaziergänge

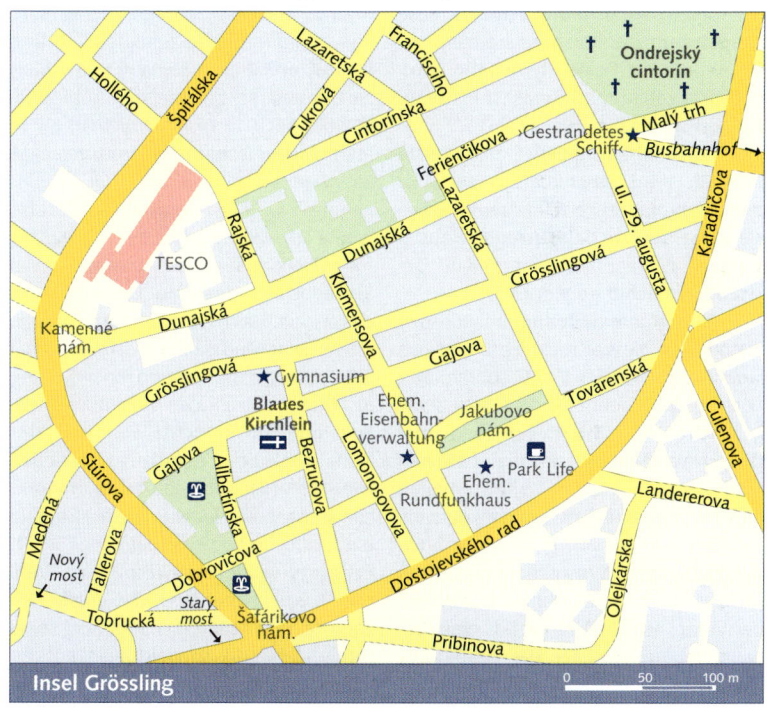

Insel Grössling

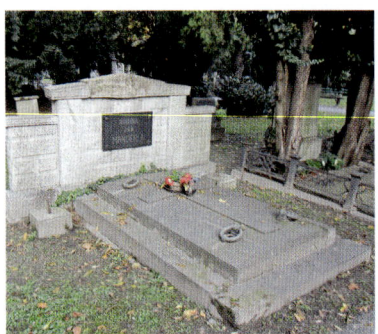

Das Grab des Großkaufmanns und Fleischers Manderla auf dem Andreasfriedhof

ständige Überschwemmungen drohten, wurde das Gebiet erst nach umfangreichen Meliorationsarbeiten, der Zuschüttung der verschiedenen kleinen Donauarme und der Regulierung des Flussbetts besiedelbar. Nachdem diese Arbeiten um 1840 abgeschlossen waren, wurde auch eine Pferdebahn nordostwärts gebaut, die zunächst bis Svätý Jur und später bis Trnava führte.

Wo die Dunajská auf die ul. 29. augusta mündet, steht gegenüber an der Ecke zum Malý trh ein seltsam futuristisches Haus, das sehr an das Tanzende Haus in Prag am Moldauufer erinnert und **Gestrandetes Schiff** genannt wird.

Auf dem **Andreasfriedhof** (Ondrejský cintorín) an dieser Kreuzung finden sich viele Gräber lokaler Honoratioren. Der Friedhof, der mehr Park als Gottesacker ist, besteht seit 1784. Ein Gang über diese Nekropole gibt auf dieser kleinen Stadtwanderung einen willkommenen Kontrast zum emsigen Gebrodel der Umgebung. Die Gräber mit deutschen, ungarischen und slowakischen Inschriften zeugen von der multiethnischen Historie der Stadt. Am Eingang gibt es eine Hinweistafel auf die Lage der Gräber der bedeutenden Persönlichkeiten. Hier fin-

det man unter anderem die Grabstellen vom Architekten Ignaz Feigler, der den Martinsdom umbaute, von Ignác Lamár (der ›schöne Náci‹), vom Fleischer Manderla (Hochhaus am Kamenné nám.), vom Bildhauer Alois Riegele und vom ›Preßburger Robinson‹, Karl Jetting (1730–1790). Der gebürtige Preßburger Karl Jetting verließ als junger Mann seine Heimatstadt, ging nach Wien und weiter nach London, wo er in die Dienste des englischen Königs eintrat. Der sandte ihn 1772 in einer offiziellen Mission nach Westafrika. Aber das Schiff mit ihm an Bord erreichte niemals den Bestimmungsort im späteren Senegal, da es Schiffbruch erlitt. Jetting überlebte knapp, doch wurde er von maurischen Piraten aufgegriffen, die ihn versklavten. Ein englischer Offizier bekam Kunde von Jettings Schicksal, und es gelang ihm, ihn den Piraten abzukaufen. Jetting kehrte zurück nach England und erhielt eine Bestallung als Gesandter in Marseille, doch auch dort kam er niemals an. Er erlitt wieder Schiffbruch und gelangte ein zweites Mal in die Sklaverei. Wieder gelang es, ihn freizukaufen. Jetting wollte seine Reise durch das Mittelmeer fortsetzen, doch traten ein weiteres Mal Seeräuber auf den Plan. Das Schiff, für das er eine Passage gekauft hatte, wurde unweit von Malta aufgebracht. Diesmal aber gelang es ihm, durch einen Sprung ins Meer, den Piraten zu entkommen. Schwimmend erreichte er mit letzter Kraft ein kleines Eiland, wo er sieben Monate völlig verlassen, ohne Kontakt zur Außenwelt, leben musste. Zufällig entdeckte ihn ein vorbeifahrendes Schiff. Er kehrte völlig geschwächt nach Preßburg zurück, quittierte die englischen Dienste, und heiratete in Preßburg seine große Liebe, die so viele Jahre auf ihn gewartet hatte. Knapp 500 Meter ost-

Karte S. 133

wärts befindet sich an der Mlynské nivý der **zentrale Omnibusbahnhof** (Autobusová stanica), den fast alle Überlandlinien anfahren.

Ein besuchenswerter Platz ist der **Jakubovo nám.** (Jakobsplatz). In Haus Nr. 4 und 5, einem Komplex vom Ende des 18. Jahrhunderts, war bis 1990 die sowjetische Militärkommandantur untergebracht, ihr gegenüber liegt auf der Südseite des Platzes das **ehemalige Rundfunkhaus** von Bratislava, ein funktionelles Gebäude aus den 1930er Jahren. Das sympathische **Café Park Life** nebenan (Nr. 13) ist einen Besuch wert.

Fast einschüchternd wirkt ein riesiges Gebäude an der Westseite des Platzes, Ecke Klemensova. Es ist die **ehemalige Eisenbahnverwaltung Oberungarns**, noch aus der Zeit vor 1918 stammend. Die Architektur erinnert deutlich an die des Erweiterungsbaus der Wiener Hofburg von 1913 direkt am Heldenplatz. Allerdings wurde die Eisenbahndirektion erst 1925 vollendet, auch die gleißende Verchromung des Eingangsportals stammt aus diesem Jahr.

In der Gajova steht an der Kreuzung mit der Bezručova die vielleicht ungewöhnlichste Kirche der Stadt. Es ist das sogenannte Blaue Kirchlein (Modrý kostolík), das eigentlich **Elisabethkirche** heißt und 1913 eingeweiht wurde. Der berühmte ungarische Architekt Ödon Lechner entwarf sie in bester Jugendstilmanier. Die Außenwände zieren blaue Majolikafliesen, während das Dach von blau glasierten Ziegeln gedeckt ist. Es war Lechners Anliegen, mit romanischen Elementen einen eigenen ungarischen Stil dieser Zeit zu schaffen. Das kreisförmige Mosaik über dem Eingangsportal zeigt die wundervollbringende heilige Elisabeth, auf dem Altarbild sieht man sie bei der Verteilung von Almosen an Bedürftige.

Vom gleichen Architekten stammt auch das **Gymnasium** an der Groesslingova, das hier der Kirche gegenüber, an der Gajova nur seine rückwärtige Seite zeigt.

Nové Mesto und Ružinov

Der Stadtteil Nové Mesto (Neustadt) schließt sich nördlich und nordöstlich an die Innenstadt an. Hier befand sich bis zum Beginn des 19. Jahrhunderts fast keine Bebauung, im weiten Bereich zwischen Vajnorská und Trnavská cesta und um den Bahnhof Bratislava Nové Mesto setzte sie erst um 1900 ein. Nur einige Einzelgehöfte und ein paar Ziegeleien fanden sich in den Wiesen und Auen. Durch dieses Gebiet verliefen die wichtigen Handelswege über Svätý Jur und Pezinok nach Modra und nach Trnava und Nitra. Diese Handelswege verließen die historische Innenstadt zunächst gemeinsam am Laurenzitor – entspricht heute etwa dem Kamenné nám. – und verliefen über die Špitálska zum heutigen Americké nám., wo sie sich gabelten. Der Weg nach Modra ging über die heutige Radlinského durch das ehemalige Blumental bis zum jetzigen Platz Račianske mýto, die Straße nach Trnava verlief über die Krížna zum Trnavské mýto und über die Trnavská cesta und Vajnorská ostwärts Richtung Senec und Trnava. An der Bezeichnung ›mýto‹ ist die große Bedeutung dieser Plätze erkennbar: Sie bedeutet ›Maut‹, die hier, am äußeren Befestigungsring um die Stadt, für die Benutzung dieser Fernstraßen entrichtet werden musste.

Nicht weit vom Platz Trnavske myto steht heute an der Ecke Krížna zur Legionárska – gegenüber der Einmündung der Blumentálska – noch das klassizistische **Bahnhofsgebäude** der 1840 eingerichteten Pferdebahn über Svätý Jur nach Trnava. Das Haus Legionárska 5

unweit davon ist ein schönes Beispiel des sogenannten Prager Kubismus, einer Übergangsarchitektur vom Jugendstil zum Expressionismus. Dieser Baustil wurde um 1910 nur eine kurze Zeit gepflegt, so dass nur sehr wenig Gebäude in dieser Form existieren. Ein interessanter Bau, dieser Häuserzeile gegenüber, ist die backsteinerne, expressionistische evangelische **Kirche**.

Im östlich davon gelegenen Dreieck zwischen Vajnorská und Trnavská cesta befanden sich zahlreiche Ziegeleien, weshalb das Gebiet Ziegelfeld (Tehelné pole) genannt wurde. Hier lag auch, weit außerhalb der Stadt, der Armenfriedhof.

Im Jahr 1939 begann man in diesem Viertel mit dem Bau verschiedener Sportanlagen und Schwimmbäder, da sich die bis dato existierenden Anlagen überwiegend in Petržalka, südlich der Donau, befanden und dieses Gebiet nach dem ›Wiener Schiedsspruch‹ an Großdeutschland angegliedert worden war. Daher war der junge Staat Slowakei gezwungen, in seiner Hauptstadt neue Sportareale zu bauen. In Nové Mesto war bereits 1938 das Eislaufstadion ›Ondrej Nepela‹ (Zimný štadión O. Nepelu) erbaut worden, und so wollte man hier zusammen mit den neu zu errichtenden Sportstätten ein großes Sportforum errichten. In diesem Stadion wird 2011 die Eishockey-WM ausgetragen.

Das **Fußballstadion** des ŠK Slovan – das ehemalige Ziegelfeld-Stadion –, das zwischen 1939 und 1944 an der Bajkalská ul. entstand und Heimarena von Slovan Bratislava ist, soll demnächst abgerissen und durch einen Neubau an der gleichen Stelle ersetzt werden. Gleich neben dem Stadion befindet sich das **Nationale Ten-**niszentrum SIBAMAC. Gegenüber breitet sich sich der **Sportkomplex Pasienky** aus, mit der Tennishalle (Hala ELÁN), dem Leichtathletikstadion aus den 1970er Jahren und der oval geformten Ballsporthalle aus dem Jahr 1962.

In diesem Viertel findet man Wohnblocks aus den 1950er Jahren; vor dem Krieg befand sich hier so gut wie keine Wohnbebauung. Es war neben der Ziegelherstellung eine Gegend der großen Nutzgartenanlagen; der tonige Boden eignete sich besonders gut dafür. Bis zum Beginn des Zweiten Weltkriegs lebten in einfachen Holzbehausungen viele Bulgaren hier, die Gemüseanbau betrieben und ihre Waren in der Stadt feilboten. Die nach dem Krieg in diesem Stadtteil errichteten Neubauten, beispielsweise um die Záhradnícka und die Ružinovská, weisen meist neun, doch höchstens zwölf Stockwerke auf, um in der Einflugschneise des Flughafens nicht zu stören.

In der Miletičova, gegenüber der Einmündung der Košická, befindet sich der größte **Marktplatz** Bratislavas. Auf dem nicht überdachten Areal findet von Montag bis Sonnabend ein emsiges Kaufen und Verkaufen statt. Für diejenigen, die sich auch einmal abseits der üblichen Supermarktketten umsehen wollen, ist dieser Ort eine gute Empfehlung.

Im Ortsteil **Nivy**, am Dulovo nám., etwa 500 Meter südlich des Marktgeländes, finden sich einige Wohnhäuser im Stil des sozialistischen Realismus der Stalinzeit. Mit ihrer einfachen Formen sind sie viel unauffälliger als ihre Geschwisterbauten in anderen Städten des vormaligen Ostblocks. Etwas mehr Ornamentik zeigt dieser Baustil an der Trenčianska,

Der Turm des Blauen Kirchleins

Stadtspaziergänge

die östlich der großen Durchgangsstraße Košická liegt.

Bratislavas zweitgrößter Bezirk, **Ružinov**, schließt südlich an Nové Mesto und direkt östlich an Staré Mesto an. Viel ist nicht zu finden, was für den Reisenden von besonderem Interesse sein könnte. Im Bezirksteil Prievoz gibt es ein eigenes Rathaus, da es bis zur Eingemeindung eine alte Siedlung war, und an der Autobahn D1 nach Žilina und Gagarinova zwei **Kirchen** aus dem 20. Jahrhundert (Krasna und Radničné nám.). Verhältnismäßig jung sind dagegen die großen Wohnkomplexe, die in Ružinov zwischen 1962 und 1970 gebaut wurden. In den Bezirksteilen Ostredky, Štrkovec und Trávniky entstanden damals Plattenbauten für 50 000 Menschen; Ružinov zählt heute knapp 75 000 Bewohner.

Trnávka

Trnávka (Dornkappel, oder wörtlich übersetzt Tyrnauer Vorstadt) war von jeher ein Siedlungsgebiet des gehobenen Kleinbürgertums. Im Gebiet zwischen der Rožňavská und der Trnavská (Staatsstraße 572) findet man die **Masaryk-Siedlung**. Kleine, zumeist zweistöckige Häuser verleihen dem Gebiet um die Okružná, um Na lánoch, um die Rozmarínova, die Krasinského und die Gašparíkova einen gartenstadtähnlichen Charakter.

Der Stil der fast uniform gestalteten Häuser aus den 1920er und frühen 1930er Jahren lässt – vor allem in den gekrümmten Dachgiebeln – noch expressionistische Tendenzen anklingen. Viele der schmalen Straßen enden als Sackgasse in kleinen Grünanlagen zwischen den Häusern. Es gibt so gut wie keine Geschäfte hier, Trnávka ist ein reines Wohngebiet, eine stille Oase, die deswegen einen Besuch wert ist.

Am besten fährt man mit dem Bus 39 von der Zochova oder dem Nám 1. Mája (unweit des Präsidentenpalast) ab oder mit dem Bus 61 vom Hauptbahnhof und steigt in der Trnavská am **Martinský cintorín** (Martinsfriedhof) aus. Auf diesem Friedhof ist unter anderem Jozef Tiso beigesetzt, der 1945 hingerichtete slowakische Präsident. Vom Hauptbahnhof fahren auch die Obuslinien 204 und 205 über die Rožnavská zur Masaryk-Siedlung. An der Ecke Slovinská muss man aussteigen und noch etwa 300 Meter laufen.

Große Beliebtheit genießt das **Naherholungsgebiet Zlaté piesky** (wörtlich ›Goldene Sande‹) im Nordosten von Trnavka, nahe der Autobahn D 1 und der Ausfahrt Senec. Um einen 54 Hektar großen und bis zu 11 Meter tiefen See, der in der Mitte eine kleine Insel hat, besteht an der Nordseite ein 400 Meter langer und 30 Meter breiter Strand mit Unterkunft- und Sportmöglichkeiten. Im Sommer finden oft verschiedene Konzerte oder Sportveranstaltungen statt. Am See befindet sich auch Bratislavas Campingplatz. Traurige Bekanntheit erlangte dieser See, als 1976 eine Il-18 der ČSA nach dem Start vom nahe gelegenen Flughafen in den See stürzte. 77 von 79 Passagieren kamen dabei ums Leben.

Vrakuňa und Podunajské Biskupice

Die beiden Stadtbezirke Vrakuňa (Fragendorf) und Podunajské Biskupice (Bischdorf) liegen ganz im Südosten der Stadt, bereits an der Peripherie. Sie sind mittlerweile zusammengewachsen, 40 000 Menschen leben hier. Historische Gebäude sind nur wenige anzutreffen. In Vrakuňa steht im äußersten Norden, unweit der Kleinen Donau (Malý Dunaj), die **Marienkirche** von

▲ Karte S. 131

1994 (Hradská ul.); an der gleichen Straße ist etwa 800 Meter südlich das **Pentagon** zu finden, ein fünfeckiger, halbgeöffneter Neubaublock mit interssanter Architektur. Im Nordwesten, nördlich der Kleinen Donau, ist Bratislavas größte Friedhofsanlage zu finden, der **Friedhof Ružinov**. Hier liegt auch **Nová Vrakuňa**, ein ruhiges Viertel kleiner individueller Wohnhäuser.

Architektonisch bedeutsam, wenngleich im Laufe der Zeiten unzählige Male um-gebaut und bis zur Unkenntlichkeit verändert, ist die **Nikolauskirche** an der Vetvárska im südlich gelegenen Podunajske Biskupice, unweit der Staatsstraße 63 nach Komárno. Sie stammt aus dem Jahr 1250, wurde während der Türkenzeit zerstört, anschließend 1750 barock fast vollständig neu errichtet, 1901 neugotisch umgestaltet und 1938 mit Anbauten versehen. Relikte der Gotik sind unter anderem im Gewölbe der Sakristei erhalten.

Die westlichen Vororte

Ein Besuch der nur zwölf Kilometer westlich von Bratislava gelegenen Burgruine Devín ist ein absolutes Muss bei einem Besuch der Hauptstadt. Zum einen gehört die Anlage zu den slowakischen Nationalheiligtümern, zum anderen präsentiert sie sich als höchst pittoreske Ruine, die in luftiger Höhe auf dem allerletzten Ausläufer der Kleinen Karpaten thront und von der sich nach allen Richtungen prächtige weite Blicke ergeben.

Nach Devín gelangt man mit Auto oder Bus vom Zentrum ohne Umwege nur über eine Straße, über die Nábrežie arm. gen. Ludvíka Svobodu. Sie führt von der Nový most in Bratislavas Zentrum auf der linken Seite der Donau flussaufwärts nach Westen. Es geht am Fuß des Burgbergs entlang, vorbei am Chatam-Sofer-Denkmal, wo die Straßenbahn aus ihrem Tunnel unter dem Burgberg wieder ans Tageslicht kommt. Fast unbeachtet bleibt rechts der jüdische Friedhof und ihm gegenüber der frühere Kulturpalast direkt am Donauufer. Die Straße unterquert dann die große Lafranconi-Brücke (Most Lafranconi), über die die Autobahn D2 nach Brünn und nach Ungarn verläuft. Grazioso Enea Lafranconi (1850–1895) war ein Multitalent. Als Bauunternehmer, Geschäftsmann und Archäologe besaß er die Steinbrüche in Devín, war Kunstsammler, beschäftigte sich mit der Regulierung des Donauflusses und suchte insbesondere viele Jahre nach dem Grab Arpáds, dem Großfürsten und Begründer der ersten ungarischen Dynastie der Arpáden. Unter Arpáds Führung gelang es den Ungarn im Jahr 907, das Gebiet der späteren Slowakei zu erobern.

Karlova Ves trägt ein modernes Gesicht

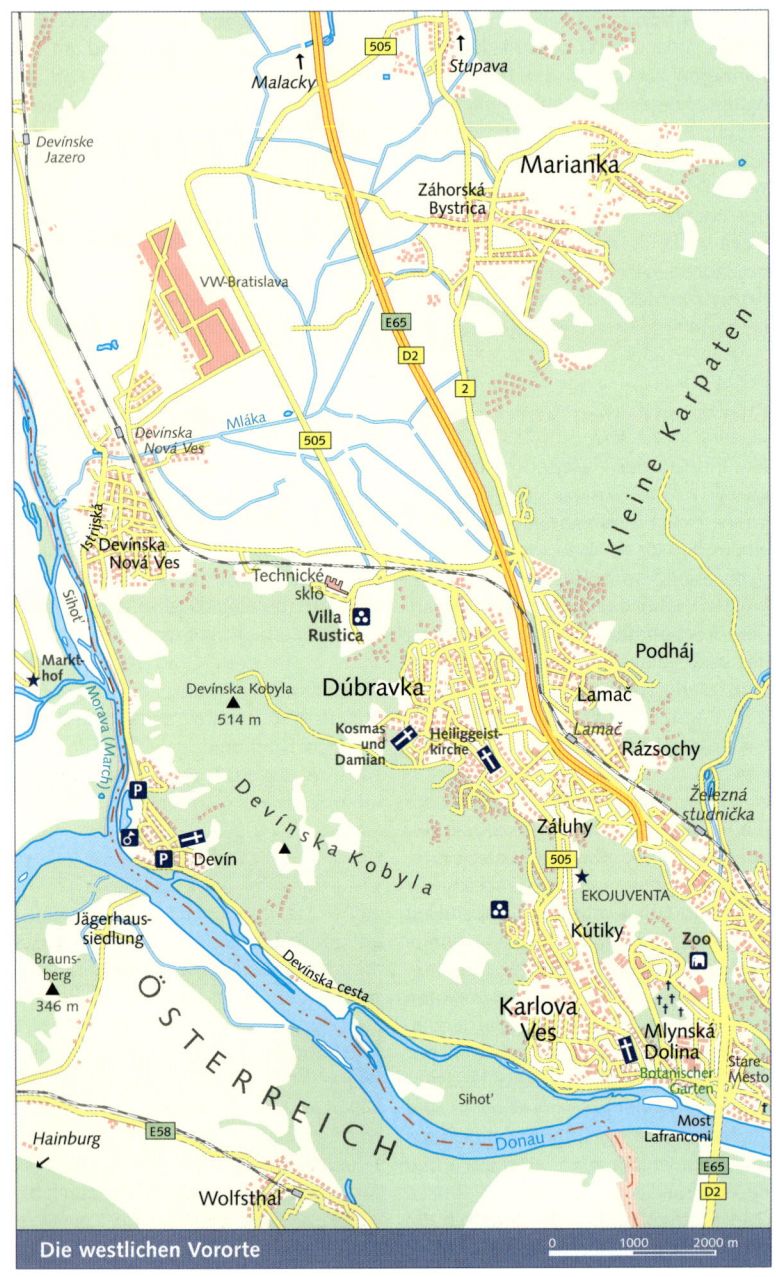

Karlova Ves

Westlich der Brücke beginnt der Stadtteil Karlova Ves (Karlsdorf) mit seinen 33 000 Einwohnern. Zwischen Brücke, Durchgangsstraße und Donau erstreckt sich der **Botanische Garten** (Botanická záhrada) von Bratislava. Er wurde in den 1940er Jahren angelegt und besitzt eine Fläche von sechs Hektar. Bedeutend sind seine Nadel- und Laubbäume, seinen alpinen Pflanzen und seine frostbeständigen Kakteen.

Ihm gegenüber, auf der anderen Straßenseite, trifft man auf jüngere Bauten, in denen Einrichtungen der Universität untergebracht sind. Karlova Ves ist im wesentlichen ein Neubaugebiet, doch gibt es einige wenige ältere Bauwerke wie die einschiffige **Michaelerkirche** vom Ende des 18. Jahrhunderts, die gegen 1940 im Stil der Epoche umgebaut wurde. Zwischen Karlova Ves und der Autobahntrasse liegt nördlich der kleine Ortsteil Mlynská Dolina, in dem eine Wohnstadt für Studenten besteht und wo die Studios des slowakischen Fernsehens liegen. Auch findet man hier den **Zoologischen Garten** (Zoologická záhrada), der 1960 eröffnet wurde. Auf 90 Hektar leben 1100 Tiere aus 160 Arten sowie 27 Dinosaurier aus Pappe. Der Zoo bildet ein langgestrecktes Areal, das unmittelbar an die Autobahn D2 grenzt. Das kleine Karlova Ves wurde schon 1944 nach Bratislava eingemeindet, da man von hier seit Jahrhunderten das Trinkwasser für die Stadt bezogen hatte und man in dieser lebenswichtigen Angelegenheit nicht von einer fremden Gemeinde abhängig bleiben wollte. Das Wasserwerk steht am Abzweig der Straße nach Devín von der Botanická und Karlovarská.

Die letzere Straße, die Staatsstraße 505, führt Richtung Dúbravka (Kalten-

brunn) und Devínská Nova Ves. Östlich von ihr, in Mlynská dolina rund um den **Friedhof Slávičie údolie** (Nachtigallental) – hier liegen die weltberühmte Sopranistin Lucia Popp und auch Alexander Dubček begraben – gibt es zahlreiche Studentenunterkünfte. Slowakische Studenten haben im allgemeinen keine eigenen Wohnungen und besitzen hier in einer fast komprimiert zu nennenden Form ein eigenes Wohngebiet. Meist wohnen sie in solchen Studentenheimen, seltener in Privat-unterkünften, wo sie ein kleines Zimmer für sich mieten können. An den acht Hoch- und Fachhochschulen Bratislavas studieren insgesamt 70 000 junge Menschen. Das **EKOJUVENTA-Zentrum**, unmittelbar am Ortsende von Karlova Ves rechter Hand, ist speziell für das sportliche und kulturelle Leben in diesem Wohngebiet und als Veranstaltungshalle Anfang des Jahrtausends erbaut worden.

Dúbravka

In Dúbravka lohnt ein Blick auf die **Kosmas-und-Damian-Kirche** mit ihrem elliptischen Grundriss. Sie schmiegt sich im alten Dorfkern – Dúbravka besteht ansonsten überwiegend aus Plattenbauten – ganz im Westen, unmittelbar am Ostabhang der Devinská Kobyla, an den steilen Hang des Berges. Die Kirche ist auf gotischen Fundamenten Anfang des 18. Jahrhunderts errichtet worden. Interessant ist auch eine Renaissancekapelle gleich neben der Kirche, die ebenfalls auf gotischen Fundamenten errichtet wurde. Man biegt bei der neu gebauten Heiliggeistkirche (Kostol Svätého Ducha) gegenüber der Einmündung der Janka Alexyho von der 505 ab und fährt weiter über die Pod záhradami durch die Neubauten und biegt beim Bürgermeisteramt (Miestny úrad) links in die Ja-

Die Kosmas-und-Damian-Kirche erhebt sich auf einem elliptischen Grundriss

dranská ein, die direkt zum Fuß des Kirchberges führt.

In der **Jadranská**, nahe der Kosmas-und-Damian-Kirche, ist die Atmosphäre eines Winzerdorfes aus der Zeit um 1880 einigermaßen erhalten geblieben. Beeinträchtigt ist der kleine historische Dorfkern von Dúbravka dadurch, dass er zur Stadt hin von zehn- bis zwanziggeschossigen Plattenhäusern ummauert ist. Trotzdem galt und gilt Alt-Dúbravka immer noch als begehrtes Wohngebiet. Man lebt innerhalb einer verhältnismäßig unberührten Natur und kann doch das Zentrum Bratislavas schnell erreichen.

Am nördlichen Ortsausgang nimmt die Straße eine scharfe Biegung nach links, um nach etwa 400 Metern nach rechts abzubiegen und die Eisenbahn zu unterqueren. An diesem Knick verlässt man die Hauptstraße und fährt geradeaus in Richtung einer großen Glasfabrik (Technické sklo). Unmittelbar vor deren Betriebseinfahrt führt ein kleiner, unbefestigter Weg nach links, nach Süden. Auf ihm gelangt man nach etwa 750 Metern zu einer bemerkenswerten archäologischen Lokalität, wo die Reste einer römischen ländlichen Villa – **Villa rustica** – ausgegraben sind. Die Ausmaße

Karte S. 140

der Anlage – 11 mal 13 Meter – lassen vermuten, dass zu dem Wohnhaus auch Wirtschaftsräume und Badeanlagen gehörten.

Devínska Nová Ves

Devínska Nová Ves hat wie Dúbravka einen alten Kern, aber auch viele Neubauten, die erst seit Anfang der 1980er Jahre entstanden sind. Der alte, recht malerische **Dorfkern** liegt direkt am Fluss Morava (March) und war ursprünglich eine Siedlung des 16. Jahrhunderts. Sie wurde von Kroaten begründet, die vor der Türkengefahr aus ihrer Heimat geflohen waren. Die Hauptstraße heißt Istrijská – Istrische Straße – und erinnert an die Herkunft der einstigen Bewohner.

Ein ganz neuer Ortsteil von Devínska Nová Ves wurde erst vor wenigen Jahren in Zusammenhang mit dem Bau des riesigen Volkswagenwerkes geschaffen. Eine eigenständige Wohnsiedlung, des Schallschutzes halber mit Mauern und Palisaden umgeben, steht nicht weit vom Werk entfernt an der Straße.

Im Zentrum von Karlova Ves ist die Straße Richtung Devín schlecht ausgeschildert. Bei der großen Krümmung der Hauptstraße muss man, kommt man aus dem Zentrum von Bratislava, geradeaus auf einer verhältnismäßig schmalen Straße – der Devínska cesta – fahren, keineswegs weiter auf der 505. Reisende mit eigenem Wagen sollten hier besonders gut achtgeben.

Direkt an einem Donauarm entlang, dem Karloveské rameno (Karlsdorfer Arm), und zwischen den Resten von Flussauen hindurch geht es weiter nach Westen. Zwischen diesem Arm und der eigentlichen Donau liegt die breite, spindelförmige **Insel Sihoť**. Steil ragen die letzten Erhebungen der Kleinen Karpaten direkt an der Straße empor, in sie haben sich große Steinbrüche eingefressen. An Werktagen herrscht ein umtriebiger Lkw-Verkehr, einen gesonderten Radweg gibt es nur an einigen kurzen Stellen. Es ist daher recht gefährlich, an solchen Tagen mit dem Fahrrad auf dieser Straße zu fahren. Links nähert sich der Straße ein weiterer, aber toter Flussarm, der Devinské rameno.

Devín

Devín (dt. Theben, ung. Dévény) ist vor allem wegen der Burg einen Ausflug wert. Ihre großartige Silhouette ist am Ortseingang sichtbar; hier biegt die Hauptstraße in das Zentrum Devíns ab. Wer mit dem Auto unterwegs ist, fährt hier rechts, bis er linker Hand den großen Parkplatz am Fuß des Burghügels erblickt. Bleibt man links, kommt ein Parkplatz. Danach ist der Weg für Motorfahrzeuge verboten. Dieser sehr malerische Uferweg führt direkt zur Donau und zum steilen Südabbruch des Burgbergs. Man erreicht jedoch auch auf diesem Weg den Vorplatz der Burg mit seinem Großparkplatz. An dieser Straße,

Slovanské nábrežie, Slawisches Ufer, liegen einige sehr attraktive Einkehrmöglichkeiten, außerdem kann man während der Saison mit einem Schiff ins österreichische Hainburg fahren. Dorthin sind es nur wenige Kilometer.

Direkt unter dem großen Kalkhügel des Burgberges fließt die **Morava** (March) in die Donau. Dieser Fluss, der der ganzen alten Markgrafschaft Mähren den Namen gab, ist ein 330 Kilometer langer linker Nebenfluss der Donau. Er entspringt an der Südflanke des Schneegebirges im Glatzer Bergland, über das die historische mährisch-schlesische Grenze verläuft, und fließt über Olomouc (Olmütz) durch die fruchtbare mährische Ebene der Haná (Hanna) nach Süden. Ab der Mündung der Thaya (Dyje), etwa 15 Kilometer südlich des südmährischen Břeclav (Lundenburg), bildet sie die heutige Grenze zwischen der Slowakei und Österreich, bis sie hier bei Devín gegenüber von Hainburg in die Donau mündet.

Über 100 Jahre versuchte man, den Fluss in seinem Mittellauf zu regulieren; erst 1964 betrachtete man die Arbeit als

Stadtspaziergänge

Blick vom Burgberg auf das Dorf Devín

beendet. 17 große Mäander wurden dabei abgeschnitten und der Flusslauf begradigt. Die alljährlichen großen Überschwemmungen sollten dadurch vermieden werden. Die Überflutungen gingen zwar zurück, doch auf Kosten einer einst reichen Flora und Fauna. Im Unterlauf, nahe der Grenze zu Österreich, zeigt die March aber noch immer viel von ihrem ursprünglichen Charakter.

An der Mündung der March in die Donau beginnt auf dem slowakischen Flussufer ein ausgeschilderter **Radweg**, der flussaufwärts über Záhorská Ves in das Záhorie führt. Dieser 25 Kilometer lange Weg ist auf fast seinem ganzen Verlauf auf dem alten Kolonnenweg der tschechoslowakischen Grenztruppen angelegt. Eine seltsame torähnliche Skulptur erinnert an die Opfer des Kommunismus, insbesondere des Grenzregimes hier am früheren Eisernen Vorhang. Der erste Kilometer dieses Radwegs verläuft durch die Flussauen der March, bis er dann parallel der Autostraße von Devín nordwestlich nach Devínska Nová Ves verläuft, sich kurz vor diesem Ort aber nach links in die Flussniederung wendet und in dieser verbleibt.

Unterhalb der Burg beginnt an jenem Denkmal auch der **Marchauen-Lehrpfad**, der mit vielen Schautafeln die Naturgeschichte der Region in mehreren Sprachen erläutert. Im Ökozentrum Daphne nahe der Kirche von Devín kann man mehr über alle diesbezüglichen Projekte erfahren.

Burg Devín

Die Burg Devín besitzt für viele Slowaken den Nimbus eines Nationalheiligtums. Denn vor über 1000 Jahren soll hier das Machtzentrum eines ersten eigenständigen slawischen Staates, des Großmährischen Reiches, gestanden

haben. Es war Ľudovít Štúr, der hier 1836 mit vielen seiner Anhänger auf die große Bedeutung der Burg für die slowakische Geschichte hingewiesen hat. Aber auch für die in der Slowakei lebenden Ungarn ist Devín ein Ort besonderer Weihe, errichteten die Magyaren doch nach dem Zerfall des Großmährischen Reiches angeblich hier ihre erste Hauptstadt. Als 1939 eine scheinbar eigenständige Slowakei gegründet wurde, schnitten die Nationalsozialisten aber das Devíner Gebiet ab und gliederten es Deutschland – Österreich war seit einem Jahr Teil des ›Großdeutschen Reiches‹ – an, da man der Meinung war, dass sich an dieser Stelle eine keltischgermanische Burg aus vorrömischer Zeit befunden hatte. Allerdings stützen keinerlei Funde diese These.

Die Burg auf 212 Meter Höhe über dem Meeresspiegel befindet sich an einem der großartigsten Orte Mitteleuropas. Hier stoßen Alpen und Karpaten aufeinander, hier fließen Donau und March zusammen, und hier berühren sich drei Kulturkreise: der slawisch-slowakische, der ungarische – das ungarische Territorium beginnt nur sechs Kilometer entfernt auf dem anderen Flussufer – und der deutsch-österreichische. Von alters

Große Teile der Anlage wurden rekonstruiert

Karte S. 140

her war man sich der besonderen strategischen und geopolitischen Lage dieses Ortes bewusst. Den Durchbruch der Donau durch die äußersten Ausläufer der Karpaten nennt man Thebener Pforte oder auch Porta Hungarica, Ungarische Pforte. Auch besteht seit alters hier eine Furt durch die March.

Die Burg wurde erstmals 864 unter dem Namen ›Dowina‹ erwähnt, doch ist dieser Punkt mit großer Wahrscheinlichkeit schon in der Bronze- und Hallstattzeit besiedelt gewesen. Die Römer unterhielten hier einen militärischen Posten, und in der Zeit des Großmährischen Reiches bestand eine größere Ansiedlung, wenn nicht gar das Zentrum dieses Staates. In der Ungarnzeit war an diesem heiklen Punkt zumindest eine militärische Station eingerichtet. In der ersten Hälfte des 15. Jahrhunderts erfolgte der Ausbau der Burg zu einer wehrhaften Festung. Nachweislich trotzte Devín, nun im Besitz der Familie Pálffy, der Türkenbelagerung 1683, als diese nach Wien vorrückten. Erst 1809 wurde die Burg von den napoleonischen Truppen zerstört. Seitdem ist ihr Zustand unverändert. Natürlich ist die Ruine gesichert worden – allerdings erst ab 1973.

■ Ein Rundgang

Vom Parkplatz gelangt man auf einem asphaltierten Weg über eine Treppe zum **Mährischen Tor** (Moravská brána), manchmal ›Goldenes Tor‹ genannt, wo sich auch die Kasse befindet. Dieses Steintor aus der Zeit um 1450 ist auf Fundamenten aus der Großmährischen Zeit errichtet. Auf der Wiese dahinter finden sich die Reste eines römischen Bauwerks, auch Fundamentrelikte aus der Großmährischen Epoche sind hier zu entdecken. Rechter Hand, unter einer Überdachung, kann man Fundamente

Kapellenreste aus dem 4./5. Jahrhundert

einer christlichen **Kapelle** aus dem 4./5. Jahrhundert bestaunen. Diese Reste eines kleinen steinernen Baus werden mitunter als antike Grabstelle interpretiert. Oberhalb dieser Halle gelangt man in den mittleren Teil der Burg. Dieser ist erst vor wenigen Jahren neu gestaltet und gesichert worden – allzu akkurat, als dass der ursprüngliche Charakter der Anlage erkennbar wäre.

Vom ehemaligen gotischen Garay-Palais und einem zweiten Palais (um 1550) zeugen größere Mauerreste. Blickt man von diesem Teil ins Donautal hinunter, fällt ein markantes Bauwerk ins Auge. Es ist der kleine, isoliert auf einem Felsen stehende **Jungfrauenturm** aus dem 15. Jahrhundert. Er ist einer von mehreren kleinen Bastionstürmen, die die Burg zum Donauufer zusätzlich schützten.

Dass sich früh Sagen und Legenden dieses Turmes bemächtigt haben, ist leicht nachzuvollziehen. Oberhalb des Turmes ist in der Felsenwand eine kleine Tür zu sehen. Von hier soll sich eine unglückliche Jungfrau in den Abgrund gestürzt haben, eine andere der vielen Legenden besagt, ein wilder Burgvogt habe in dem kleinen Turm eine Jungfrau lebenslang eingesperrt, weil sie sich ihm verweigert hatte.

Im Hof der Mittelburg ist noch der Burgbrunnen mit 55 Meter Tiefe erhalten. Von hier führt eine Holzbrücke über den inneren Burggraben des 16. Jahrhunderts, und man gelangt aufwärtssteigend zur Plattform eines – nicht mehr erhaltenen – Wachturms, der zu den ältesten erhaltenen Teilen der Burg zählt. Vermutlich stammte er aus der Zeit um 1250. Im Inneren eines ausgehöhlten Felsens unterhalb der Plattform gibt es eine kleine Ausstellung zur Burggeschichte.

Blick von Devín marchaufwärts

Das Panorama vom höchsten Punkt der Burg ist hinreißend. Nach Norden dehnt sich die Marchniederung mit ihren Sumpfgebieten, an die sich die Ausläufer der Kleinen Karpaten anschließen. Nach Westen blickt man in das weite, auf österreichischem Territorium liegende Marchfeld. An klaren Tagen sind sogar die Türme der Erdölraffinerie Wien-Schwechat auszumachen. Im Süden scheinen die Hainburger Berge mit der Königswarte (344 Meter) und der etwas unterhalb gelegenenen Ruine der Pottenburg zum Greifen nahe. Und nach Südosten erstreckt sich weit und endlos der ungarische Teil des Donautieflands.

Fuß- und Radwanderungen um und nach Devín

Geologisch Interessierte sollten den Sandberg mit seinen reichen Fundmöglichkeiten tertiärer Fossilien am Westhang der Devíner Berge besuchen. Man gelangt zu ihm entweder über die Autostraße Richtung Devínska Nová Ves, von der man dann nach etwa einem Kilometer über die Straße Dadia cesta nach dem Parkplatz an der Burg Devín rechts abbiegt. Allerdings muss man hier an der Straße sein Fahrzeug stehen lassen. Schöner ist der Spazierweg über einen blau markierten Wanderweg, der vom Burgparkplatz nach Norden führt und oberhalb der Autostraße, parallel zum Hang, zu den geologischen Aufschlüssen führt.

In den etwa 15 Millionen Jahre alten Kalk- und Tongesteinen des Tertiärs sind Fossilreste wie Haifischzähne, Seehund- und Walknochen gefunden worden, insgesamt Reste von über 300 Tierarten. Besondere Bedeutung für die Paläontologie und für die Anthropologie besitzt dieser Ort durch die Funde von Knochen von Menschenaffen (Dryopithecus). Die ganzen Devíner Berge stehen als Nationales Naturreservat Devínska Kobyla unter Naturschutz.

Denjenigen, die nicht mit dem eigenem Auto nach Devín kommen, sei der Weg zurück in die Stadt zu Fuß ans Herz gelegt. Von der Kirche in Devín folgt man dazu dem rot markierten, leicht ansteigenden Weg. Man ist bereits im Naturreservat Devínska Kobyla mit seiner seltenen, wärmeliebenden Flora angekommen. Der Weg windet sich weiter empor. Wenn man etwas abkürzen möchte, folgt man an einer Abzweigung dem gelb markierten Weg.

Der rote Weg führt um den Gipfel des Kobylá herum, ohne aber zum höchsten Punkt zu gelangen. Es ist die ›Štefánikova magistrála‹, der Hauptwanderweg der Slowakei, der in Devín beginnt und über den Kamm der Kleinen Karpaten bis zur Hohen Tatra führt. Man hat überwältigende Blicke auf die Burg Devín und die Donauniederung. Am Berg Dúbravská hlavica kreuzt der gelbe Weg den roten und führt hinab nach Dúbravka. Der rote verläuft weiter durch das Naturschutzgebiet Richtung Südost und kreuzt in Karlova Ves die 505, verläuft aber hier überweigend im verbauten Bereich der Neubaugebiete.

Am Nordwestrand Bratislavas führt der Weg in der Höhe des Zoos durch das Tal Mlynská dolina, überquert die Autobahn D2, den Stadtteil Slavín bis zum Ehrenmal, von wo er sich direkt nördlich Richtung Kleine Karpaten wendet. Spätestens hier sollte man die Trasse verlassen und den Abstieg zur Innenstadt machen.

Für diese Wanderung brauchen Freizeitwanderer ungefähr fünf Stunden. Größere Schwierigkeiten bestehen nicht, die Höhenunterschiede sind nicht allzu groß, aufpassen sollte man nur wegen der Orientierung innerhalb des Neubaugebiets. Oft übersieht man die Beschilderung. Es ist sinnvoll, die grüne Wanderkarte 127 (Malé Karpaty–Bratislava) mitzuführen.

 Die westlichen Vororte

Burg Devín, Tel. 02/65730105, www.muzeum.bratislava.sk, Nov. bis März tägl. 10–16 Uhr, April und Okt. Di–So 10–17 Uhr, Mai bis Sept. Di–Fr 10–18 u. Sa/So 10–19 Uhr.

Bus 29 fährt ab Busbahnhof unter der Neuen Brücke nach Devín, Parkplatz am Burgberg. **Bus 28** fährt ab der Neuen Brücke nach Devínska Nová Ves. Man steigt in diesem Fall an der Kirche im Zentrum Devíns aus und läuft dann etwa 400 Meter zur Burg.

Hotel Hradná brána, Slovanské hábrzie, Devín, Tel. 02/60102511, Fax 60102512, recepcia@hotelhb.sk, www.hotelhb.sk; DZ ab 150 Euro. Neues Hotel unmittelbar am Burgparkplatz in Devín, innen nach den Regeln des Feng Shui gestaltet.

Kein Campingplatz in der direkten Umgebung von Devín, der nächstgelegene ist der in Plavecký Štvrtok: **ATC Kamenný Mlyn-Vajarský**, 90068 Plavecký Štvrtok, Tel. 034/7793279, Fax 7793296, kamennymlyn@kamennymlyn.sk. Ganzjährig geöffnet. Südöstlich des Ortes direkt an der Staatsstraße 2 Richtung Bratislava am Flüsschen Močiarka.

Zahlreiche Restaurants und kleinere Einkehrmöglichkeiten. Berühmt ist der Johannisbeerwein aus Devín; er wird in nahezu allen Lokalitäten angeboten.

Botanischer Garten, Botanická 3, Bratislava-Karlova Ves, Tel. 02/65421311, www.bratislava.cdfoto.net/botanicde.htm, nur April bis Oktober Mo–So 9–18 Uhr.

Zoologischer Garten, Mlynská dolina 1, Bratislava-Karlova Ves, Tel. 02/65420985 und 65422823; www.zoobratislava.sk, April bis Okt. 9–18 Uhr, Nov. bis März 10–15 Uhr.

Die südlichen Vororte

Südlich des Bratislavas, zwischen der Donau und der ungarischen Grenze, ist noch ein kleiner Zwickel slowakischen Territoriums vorhanden. Meist dient er nur der Durchfahrt Richtung Ungarn, doch gibt es auch hier einiges Erwähnens- und Besuchenswerte. Insbesondere für Wassersportler ist an einer Stelle eine über die Landesgrenzen hinaus berühmte Anlage geschaffen worden. Das ganze Areal gehört bis zur ungarischen Grenze zum Stadtgebiet von Bratislava.

Petržalka

Was bei der Überquerung der Donau zunächst dem Reisenden am anderen Ufer gegenübertritt, ist nicht unbedingt eine Sehenswürdigkeit im touristischen Sinn, aber in der Maßlosigkeit seiner Ausdehnung ebenso beeindruckend. Es ist das Neubaugebiet Petržalka, das auf dem ehemaligen Dörfchen Engerau entstanden ist. Dieses Engerau, wie es bis 1945 deutsch hieß, war eine Art Gartenvorstadt mit vielen natürlichen Grünzonen, die in der Donauniederung bestanden haben. Im Preßburg der Vorkriegszeit befanden sich hier die großen Sportanlagen der Stadt, auch für den Reitsport gab es die notwendigen Einrichtungen.

Petržalka hat heute etwa 105 000 Bewohner, nimmt damit etwa ein Viertel der Gesamtbevölkerung Bratislavas auf, ist gleichsam eine Stadt in der Stadt und wäre die drittgrößte Ansiedlung der Slowakei nach Bratislava und Košice. Obwohl diese Trabantenstadt administrativ zu Bratislava gehörig ist, führt sie doch wegen ihrer Größe, ihrer auf dem Reißbrett entstandenen und nicht organisch gewachsenen Strukturen und insbesondere wegen ihrer durch die Donau von

der eigentlichen Stadt getrennten Lage ein eigenes Dasein.

Pläne zur Erweiterung Bratislavas wegen der schnell steigenden Bevölkerungszahl bestanden seit der unmittelbaren Nachkriegszeit, doch die Errichtung großflächiger Neubaugebiete war in Richtung der Kleinen Karpaten und nach Westen nicht möglich. So entschloss man sich, die Tiefebene südlich der Donau dafür zu nutzen. Diese wies jedoch den Nachteil hoher Grundwasserstände auf, so dass Unterkellerungen kaum möglich waren. Dem stand in der sozialistischen Zeit der Gedanke entgegen, der Bevölkerung, gerade an der Grenze zu Westeuropa, Wohngebiete mit atombombensicheren Bunkern zur Verfügung zu stellen. Die Wahrscheinlichkeit von Donauüberschwemmungen schien größer zu sein als die eines Atomkriegs – so haben die Häuser keine Keller. Der Bau des Viertels begann nach 1974 und war gegen Ende der 80er Jahre abgeschlossen. Ursprünglich war auch die Anbindung an das Stadtzentrum durch eine U-Bahn vorgesehen, doch die schwierigen hydrologischen Verhältnisse verhinderten deren Bau.

Die beste Übersicht über Petržalka bekommt man von der Terrasse des Burgberges. Vor dem Betrachter entfaltet sich ein einzigartiges Panorama: zu Füßen Bratislavas Altstadt, dahinter ihm die sanften grünen Hügel der Kleinen Karpaten, die sich allmählich aus dem Tal emporheben. Und jenseits der Donau eine unübersehbare Ebene, die ein ungeheurer Riegel monotoner Betonarchitektur zum Vordergrund hin abschließt. Petržalka wird von Nord nach Süd von einem schmalen Grünstreifen durchzogen, durch den der Chorvátske rameno

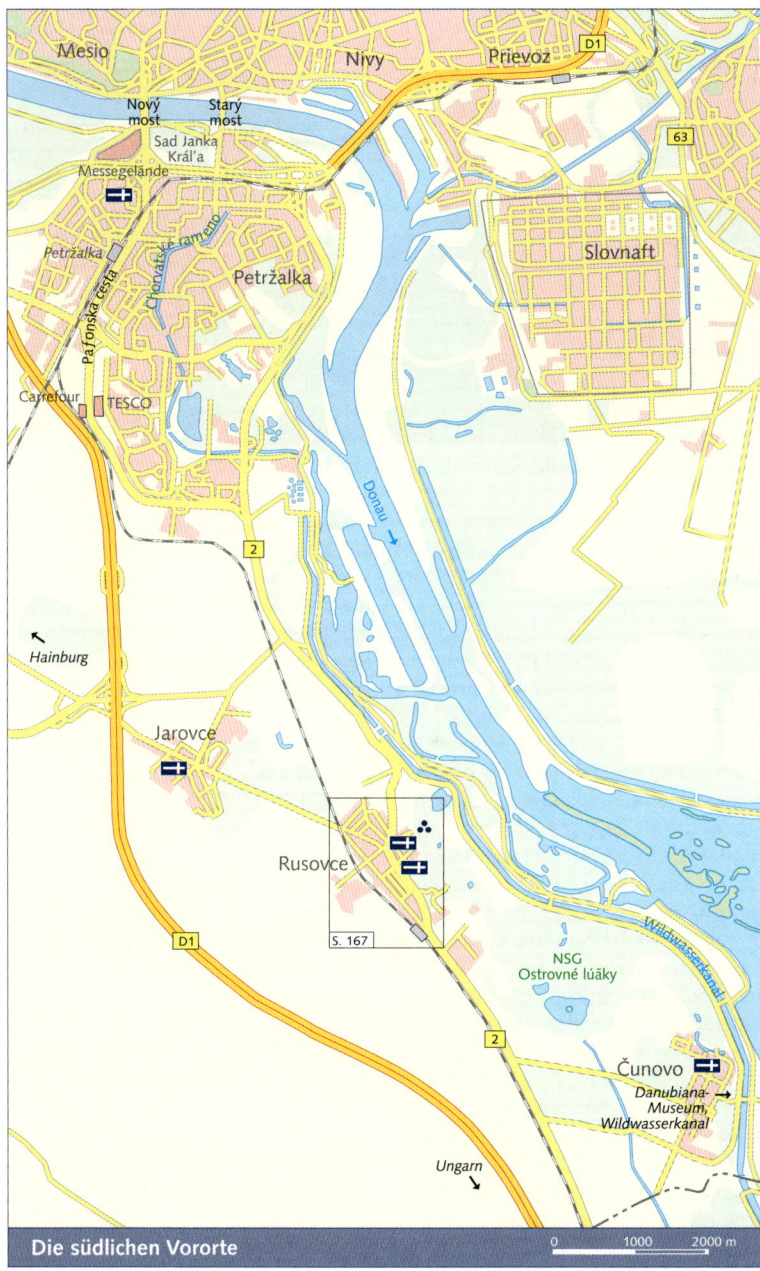

Stadtspaziergänge

Die südlichen Vororte

0   1000   2000 m

Nahe der Großstadt und doch eine ruhige Oase: der Janko-Kral-Garten

(Kroatenbach) verläuft, ein toter Donauarm. Die Donau vollzieht im Stadtgebiet einen scharfen Knick nach Süden und begrenzt Petržalka auch im Osten. Auf der anderen Flussseite erstreckt sich auf etwa vier Quadratkilometern Fläche die Raffinerie SLOVNAFT, die wahrscheinlich größte Industrieanlage des Landes.

Hat man die Nový Most überquert, erstreckt sich gleich rechter Hand das neue **Messe- und Ausstellungsgelände**. In der sozialistischen Epoche fand hier die internationale Chemiemesse INCHEBA statt, die für das Messegelände immer noch namengebend ist. Jetzt betreibt ein Russe namens Alexander Rozin diese Messe neben der Messe in Prag als privater Unternehmer. Westlich des Messegeländes gibt es weite **Ufer- und Waldlandschaften** an der Donau (Pečniansky les, vormals Pötschener Wald). Sie eignen sich bestens für Spaziergänge und Radfahrten, werden allerdings straff von den Autobahnen D1 und D2 begrenzt.

Östlich der Stadtmagistrale findet sich eine europäische Besonderheit, der **Sad Janka Kráľa** (Janko-Kral-Garten). Hervorgegangen aus den ehemaligen Donauauen, ist dieses Auwald-Relikt die wahrscheinlich älteste öffentliche Parkanlage Europas. Denn Preßburgs Stadtväter hatten bereits zur Zeit Maria Theresias die Idee, für alle Bürger der Stadt einen allgemein zugänglichen Garten anzulegen. Ihn schmücken verschiedene Denkmäler wie das des Namensgebers Janko Kráľ und eines des ungarischen Poeten und Revolutionärs Sándor Petöfi (1823– 1849). Ein Rest eines gotischen, fialengeschmückten Turms ist besonders auffallend. Er stammt von der Franziskanerkirche und wurde 1897 bei deren Umbau hierher gebracht. An der nördlichen Seite des Parks verläuft die Viedenská cesta, die man nehmen muss, will man in das Aussichtsrestaurant oder zur Aussichtsplattform im Turm der **Nový Most** gelangen. Parkmöglichkeiten befinden sich unmittelbar unter der Brücke am Turm und unweit am Messegelände. Um den Park befindet sich mit der **Shopping Mall Aupark** (Einsteinova 18) eine der größten Einkaufsmöglichkeiten der Stadt.

Karte S. 149

Beliebt wegen seiner schönen Lage und seinem niveauvollen Ambiente ist auch das **Restaurant Leberfinger**, keine hundert Meter östlich vom Brückenturm am Rand des Parks gelegen.

Der Park grenzt im Südwesten an ein großes Straßenkreuz, wo sich die D1 – in diesem Abschnitt heißt sie Einsteinova – mit der zur Schnellstraße ausgebauten Panónska cesta schneidet. Über die Panónska ist gleich rechter Hand der Bahnhof Petržalka erreicht, auf dieser Seite der Trasse befinden sich große Industrieanlagen.

In dem Viertel nördlich des Bahnhofs und nördlich der Vranovská findet man mit der **Kirche der Heiligen Kreuzerhebung** (Kostol Povýšenia sv. kríža) am Daliborovo nám. und einigen Straßenzeilen mit Häuschen aus den 1920er Jahren Relikte des alten Engerau-Petržalka. Vor dieser Kirche aus dem Jahr 1932, einem ganz ungewöhnlichen einstöckigen Flachbau mit ganz niedrigem Turm, stehen einige Kunstdenkmäler aus dem Vorgänger der jetzigen Kirche, die damals wegen einer Straßenverbreiterung abgerissen wurde.

Erwähnenswert ist noch, dass Engerau-Petržalka nach dem Münchner Abkommen und dem Wiener Schiedsspruch 1938 genau wie Devín Großdeutschland angeschlossen wurde. Hitler selber war im November 1938 hier in Petržalka an der Donau und hat sich dabei wohl Gedanken gemacht, wie mit der Slowakei weiter zu verfahren sei. Angeblich habe er nach Preßburg hinübergesehen, dort auf einem Denkmal den böhmischen Löwen, das Symbol der Tschechoslowakei, erblickt und dabei geäußert: »Die Katz muss weg.« Weiter südlich an der Panónska finden sich die riesigen Einkaufszentren von TESCO und Carrefour. Dahinter läuft Petržalka allmählich aus, die Ausfallstraßen führen nach Rusovce.

Rusovce und Jarovce

Das Gebiet südlich der Donau gehörte einst zur römischen Provinz Pannonien, deren Hauptstadt Carnuntum unweit des heutigen Hainburg lag. Hier verlief der römische Limes, die Nordgrenze des Imperiums, die um die Zeitenwende etwa mit dem Verlauf der Donau gleichzusetzen war. Dem Hauptlager Carnuntum unterstanden mehrere kleinere militärische Stützpunkte, von denen einer, Gerulata, an der Donau beim späteren Rusovce errichtet wurde.

■ Gerulata

Um die Reste des römischen Lagers in Augenschein zu nehmen, fährt man in der Mitte von Rusovce am Rathaus links in die Gerulatská, wo man parken kann. Vorbei an der Magdalenenkirche, sind nach hundert Metern links hinter einer Mauer die Reste Gerulatas erschlossen. Ihre Besichtigung ist gebührenpflichtig, ihr Anblick aber nicht besonders beeindruckend. Die Mauerreste sind nicht mehr als bloße Fundamente, daneben gibt es einen Brunnen und einen Ofen;

Die Reste der alten Römerstadt Gerulata in Rusovce

Stadtspaziergänge

dennoch gilt: Zwei Jahrtausende blicken auf den Besucher herab. Auf dem Areal des Lagers kann man im Städtischen Museum eine ergänzende Ausstellung über Gerulata sehen (in der Winterzeit geschlossen), das übrigens erst in der Nachkriegszeit ausgegraben wurde. Gerulata war eine verschollene Stadt. Man wusste von ihrer Existenz, aber nichts über ihre Lage, bis man durch Zufall bei Bauarbeiten auf die Überreste stieß.

■ **Schloss Rusovce**

Das Schloss von Rusovce ist zur Zeit nicht zugänglich, da es Restitutionspro-bleme gibt zwischen dem slowakischen Staat und dem rechtmäßigen Erben, dem Benediktinerkloster Pannonhalma in Ungarn. Das Schloss liegt hinter einer Mauer verborgen, mit seinem Park fast direkt an der Hauptstraße. Von dieser kann man nicht in den Park hinein, wohl aber, wenn man über die Mad'arska östlich von der Hauptstraße abfährt, wo man alsbald zu den vormaligen Pferde-stallungen des Schlosses gelangt. Von hier kann man den Park betreten und zum Schloss gelangen. Eine markante Löwensäule verleiht der Schlossansicht einen archaischen Charakter. Der ur-

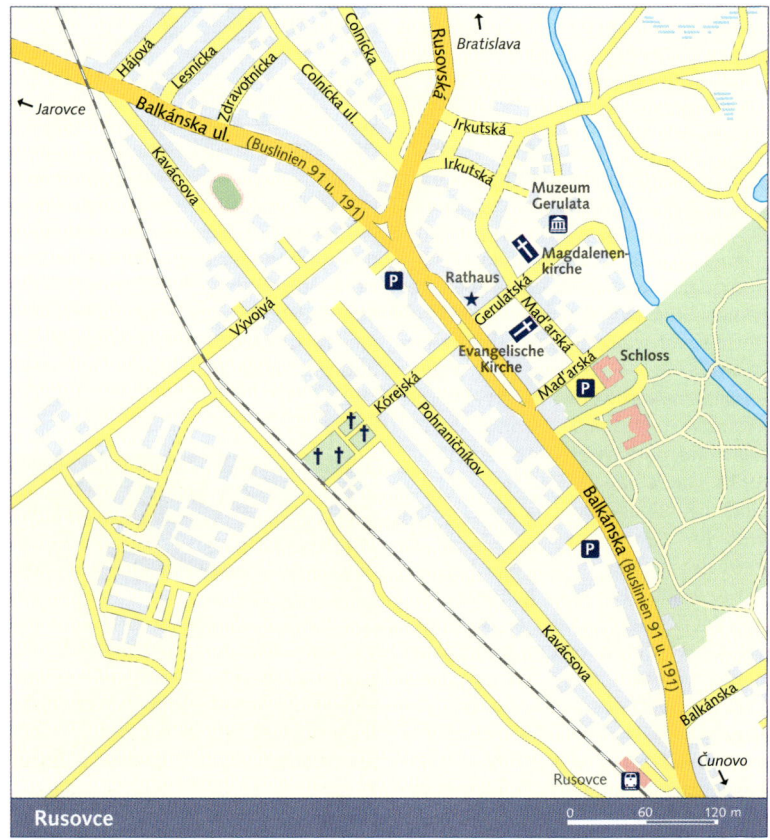

Rusovce

Tudorgotik im Windsor-Stil: Schloss Rusovce

sprüngliche Neorenaissancebau aus dem Jahr 1813 wurde später durch den Grafen Henckel von Donnersmarck – dieser Familie gehörten unter anderem große Teile der oberschlesischen Kohle- und Zinkgruben – neugotisch im Windsor-Stil umgestaltet.

Später wohnte dort Stefanie von Belgien (1864–1945), die Witwe des 1889 durch Selbstmord gestorbenen österreichischen Kronprinzen Rudolf. 1900 heiratete sie den ungarischen Grafen Elemér Lónyay von Nagy-Lónya und Vásáros-Namény. 1906 erwarb das Ehepaar das Schloss, das damals noch den ungarischen Namen Oroszvár trug. 1944 wurde im Schloss ein Lazarett eingerichtet. Graf und Gräfin flohen in das knapp 90 Kilometer südöstlich gelegene Kloster Pannonhalma, wo Stefanie im August 1945 starb, nachdem sie den Benediktinern ihren ganzen Besitz vermacht hatte. Ihr Ehemann folgte ihr ein Jahr später nach.

■ Jarovce

Wer beim Besuch dieser Gebiete noch etwas Zeit haben sollte, kann Jarovce aufsuchen, westlich von Rusovce gele-

gen. Hier zogen im 16. Jahrhundert Kroaten zu, die von den Türken aus ihren angestammten Regionen vertrieben worden waren. Nicht ohne Grund findet man in der Umgebung von Bratislava viele Orte, die das Attribut ›chorvátsky‹ – kroatisch – tragen. Kroatisch-Jahrndorf war vor 250 Jahren deshalb auch der deutsche Name der Gemeinde. In der Mandlová ul. finden sich noch einige **Häuser der kroatischen Volksarchitektur**, die sich durch die Verwendung von gebranntem und ungebranntem Lehm auszeichnet. Diese Straße geht von der zentralen Kreuzung nach Süden ab.

Sehenswert ist insbesondere auch die spätbarocke **Nikolauskirche** und der bei ihr gelegene **Karner** (Beinhaus).

Durch Jarovce fahren die Buslinien 91 und 191; sie verkehren zwischen der Nový Most und Čunovo.

Čunovo

Etwa einen Kilometer vor der ungarischen Grenze zweigt von der Staatsstraße 2 ein Weg nach Čunovo (Sarndorf) ab, dem südlichsten Ortsteil von Bratislava. Hier kann man die **Michaeliskirche** von 1783 mit dem anschließenden Kuriengebäude aus der gleichen Zeit bewundern.

Was aber den Ort für so viele Menschen anziehend macht, ist weniger die Kirche, sondern ein riesiges, international bekanntes **Wassersportareal**, das sich am Rand der zum Stausee von Gabčikovo umgeformten Donau befindet. Aus Čunovo geht es dorthin ostwärts heraus, zunächst über einen schmalen Donaukanal hinweg. Der liegt tiefer als die eigentliche Donau und wird durch hohe Dämme vor ihr geschützt. Dann gelangt man zu der künstlichen Anlage, einem Wildwasserkanal, wo man sich zusammen mit einem Profi auch als Ungeübter

Der Wildwasserkanal

auf 500 Metern von einer reißenden Strömung dahinwirbeln lassen kann.

Fast genauso viele Besucher zieht ein kleines Museum auf einer künstlichen Landzunge an, das hier im Jahr 2000 eröffnet wurde. Es ist das **Danubiana-Museum**, das auch nach dem Holländer Gerard Meulensteen, seinem Mäzen, Meulensteen Art Museum genannt wird. Es befindet sich rund 300 Meter hinter dem Wildwasserkanal und ist gleichzeitig eine Galerie mit wechselnden Ausstellungen zeitgenössischer Kunst aus allen Nationen.

Um das architektonisch interessante Museumsgebäude herum befindet sich ein **Skulpturenpark**.

■ Mit dem Fahrrad nach Čunovo

Eine Tour mit dem Rad nach Čunovo ist ein ganz besonderes Erlebnis. Man muss nur durch Petržalka hindurch finden und kann dort, wo die slowakischen Staatsstraßen 2 und 65 zusammenkommen, auf einem ausgeschilderten Radweg ostwärts zum Donauufer und zum Wasserwerk fahren. Von hier geht es südlich weiter, an der Donau entlang, durch die phantastischen Auenwälder. Wegen eines anfangs überquerten Kanals gelangt man nicht nach Rusovce hinein, und leider fährt man am Naturschutzgebiet Ostrovné lúčky vorbei, das durch seine seltenen Orchideenarten und durch die eigens hier angepflanzten exotischen Pappeln unter besonderem Schutz steht. Doch genau deshalb darf man nicht hineinfahren.

Der Radweg biegt bei Čunovo ostwärts ab, und man gelangt zur Rafting-Anlage und zum Danubiana-Museum. Danach führt die Radroute weiter am Südsaum des großen Stausees von Gabčikovo entlang. Erst dort kann man auf der Staumauer auf dessen Nordseite gelangen und zurück nach Bratislava über den eigentlichen Donauradweg (Dunajská cyklistická cesta) fahren. Es bleibt dennoch eine im Sommer eindrucksvolle Tagestour um das ›Slowakische Meer‹, wie die gewaltige Wasserfläche bisweilen auch genannt wird.

Karte S. 149 ▲

Die südlichen Vororte

Zwischen der Nový Most (Busbahnhof unterhalb der Burg) und Čunovo (Dorfmitte) verkehrt die Buslinie 91. Von der Dorfmitte muss man zum Museum wie zum Wassersportgelände laufen (etwa 2 km).

Auch die 191 fährt vom Busbahnhof in das Gebiet, endet aber am Bahnhof Rusovce.

In den kleinen Ortschaften gibt es Möglichkeiten zum Einkauf, Lokale sind allerdings rar. Empfehlenswert ist: **Antica Toscana Ristorante**, Madárská ul. 27, Rusovce.

Muzeum Gerulata, 85110 Bratislava 5, Rusovce, Gerulatska ul. 69, Tel. 02/62859332; nur April bis Oktober Di – So 10 – 17 Uhr.
Danubia Meulensteen Art Museum, Postadresse: 85101 Čunovo, Vodne dielo. Tel. 02/62528501, Fax 62528502, www.danubiana.info, danubiana@danubiana.sk; Mai bis September Di – So 10 – 20 Uhr, Oktober bis April Di – So 10 – 18 Uhr.

Rafting Areál Čunovo, Na Hrádzi 174, 85110 Bratislava V (Čunovo), www.actionland.sk (auch auf deutsch), www.rafteam.szm.sk; info@action land.sk, Tel. 02/62528077/78 oder mobil 0904/223333. Tgl. geöffnet, die Voranmeldung ist allerdings obligat. Eine Stunde pro Person 20 Euro, zwei Stunden 30 Euro. Motor-Wasserskater (Zweisitzer, Jet-Ski) je nach Modell 70 bis 150 Euro pro Stunde. Weitere Sportarten, unter anderem Paintball sowie Offroad-Geländetouren mit Quads oder ehemaligen Militärfahrzeugen, werden auf Anfrage angeboten. Innerhalb des Areals haben in der Saison verschiedene gastronomische Einrichtungen geöffnet. Für Zuschauer ist das Betreten des Areals jederzeit kostenfrei und ohne weiteres möglich.

Auf der Wanderkarte 127 des slowakischen Verlags VKÚ Harmanec (Militärkartographischer Verlag) sind die vorgestellte Region und die Radwege detailliert verzeichnet.

Stadtspaziergänge

Blick vom Brückenturm der Neuen Brücke donauaufwärts

Bratislava hat sich bestens auf seine ausländischen Gäste eingestellt. Die hervorragende touristische Infrastruktur, das lebendige Kultur- und Nachtleben und nicht zuletzt die Mehrsprachigkeit seiner Bewohner ermöglichen einen unkomplizierten und anregenden Aufenthalt in der slowakischen Hauptstadt.

Markt auf dem Hlavné nám.

BRATISLAVA-INFORMATIONEN

Allgemeine Informationen

Vorwahl: 02, aus dem Ausland 00421/2.

Postleitzahl: 80000–89900.

Autokennzeichen: BA.

Offizielle Internetseite: www.visit.bra tislava.sk.

Bratislava Kultur- und Informationszentrum, Klobučnicka 1, Telefon 54433715, Fax 54432708, www.bkis.sk, info@bkis. sk. Das Hauptbüro der städtischen Touristeninformation befindet sich unweit des Alten Rathauses und des Primatialpalastes. Auch am Flughafen gibt es eine Touristeninformation. Neben den allgemeinen Informationen über die Stadt gibt es ein umfangreiches Angebot von Karten und Plänen, Auskünfte zum Mieten von Fahrrädern und über das Angebot an privaten Übernachtungsmöglichkeiten. Hier ist auch die **Bratislava City Card** erhältlich. Mit ihr kann man kostenlos die öffentlichen Verkehrsmittel benutzen und erhält u.a.

Karte: s. vordere Umschlagklappe

Die Touristeninformation befindet sich direkt neben dem Primatialpalais

in verschiedenen Museen Rabatte. Sie kann für unterschiedliche Geltungsdauern erworben werden.

Slowakische Zentrale für Tourismus, Filiale Bratislava, Dr. V. Clementisa 10, 82102 Bratislava, Tel. 50700801, Fax 55571654, sacrba@sacr.sk, www.slova kiatourism.sk. Außerhalb der Innenstadt in Trnávka unweit des Martinsfriedhofs gelegen.

Bratislava Tourist Service, Ventúrska 9, Tel. 54641271, www.bratislava-info-sk; April bis Oktober Mo–So 10–20, sonst Mo–So 10–16 Uhr. Privates Büro, das ebenfalls umfangreiche touristische Dienstleistungen anbietet.

Slowakische Zentrale für Tourismus, Hildebrandstr. 25, 10785 Berlin. Tel. 030/25942640, Fax 25942641, www. slovakiatourism.sk, sacr-berlin@bot schaft-slowakei.de. Eine Fülle von Karten und Informationsmaterial aller Art kann hier bezogen werden.

www.bratislava.sk: Auf der vorzüglichen Seite ist die Stadt Bratislava umfassend dargestellt. Auf die Nutzung dieser Seite wird ausdrücklich hingewiesen, da hier stets aktuelle Informationen zu den verschiedensten Einrichtungen abgerufen werden können.

www.muzeum.bratislava.sk: Die Museen Bratislavas sind (leider nur in slowakischer Sprache) auf dieser umfassenden Seite erläutert.

Botschaft der Bundesrepublik Deutschland, Hviezdoslavo nám. 10, Tel. 59204400/4440, www.pressburg. diplo.de.

Botschaft der Bundesrepublik Österreich, Ventúrska 10, Tel. 59301500, www. rakusko.eu.

Botschaft der Schweizerischen Eidgenossenschaft, Tolstého 9, Tel. 59301111, www.eda.admin.ch/bratis lava.

Wichtige Telefonnummern
Feuerwehr und **Feuerwehr-Rettungs-dienst**: Tel. 150 und 112.
Notarzt: Tel. 155 (von jedem Netz ohne Vorwahl).
Polizei: Tel. 158 und 112.
Stadtpolizei: Notruf 159, allgemeine Rufnummer 54418223. Gunduličova 10 (nahe Präsidentenpalais).
Telefon-Auskunft der Slowakischen Telekom SR: Tel. 1181 (www.zoznamst.sk).
Mobilfunknetz Orange SR: Tel. 1185.
Slowakisches Festnetz: Tel. 1188.
Internationale Nummern: Tel. 12149.

Banken

In der Slowakei ist der Euro seit Anfang 2009 die einzig gültige Währung; alte slowakische Kronen wie auch andere ausländische Währungen tauscht jede Bank um. Fast alle Geschäfte und Restaurants akzeptieren Kreditkarten sowie EC-Karten, mit denen man auch an allen Geldautomaten abheben kann. Anders als etwa in Prag gibt es in Bratislava nur wenige ›reine‹ Wechselstuben (slowakisch: Znemáreň). In der Regel sind die Banken wochentags 9–17 geöffnet.

Postämter

Hauptpost, Nám. SNP 34–35; Mo–Fr 7–20, Sa 7–18 und So nur für Briefsendungen 9–14 Uhr.
Briefmarken gibt es ausschließlich auf Postämtern, bisweilen in den höherpreisigen Hotels; nur ganz selten führen Ansichtskartenverkäufer ein kleines Sortiment.

Internetcafés

Internet Cocktail Café, Obchodná 58, City Centrum, (1. Etage, Aufgang im Hof), Mo–Fr 8.30–2, Sa 11.30–2, So 11.30–23 Uhr.
Öl Internet Café, Baštová 9, Mo–Mi 7.15–22, Do/Fr 7.15–24, Sa 10–24, So 10–22 Uhr.
MEGAiNet, Klariská 4, tgl. 9–22 Uhr.
Slovak Pub, Obchodná 62, Mo–Do 10–24, Fr/Sa 10–2, So 12–24 Uhr.
Internet Centrum, Michalská 2, tgl. 9–24 Uhr.

Karten und Begleitbücher

Stadtpläne Bratislavas sind in unterschiedlichen Maßstäben und für unterschiedliche Ansprüche in der Stadt in den Kiosken, Trafiken (Tabakläden) und allen Buchhandlungen erhältlich. Auch in Deutschland kann man in den großen Buchhandlungen, ebenso bei der Slowakischen Tourismus-Zentrale in Berlin, verschiedenes Material erhalten.
Für die Stadt Bratislava und ihre nächste Umgebung ist auch eine Wanderkarte sehr zu empfehlen. Es ist die sogenannte Grüne Wanderkarte (Turistická mapa) Nr. 127 (Malé Karpaty-Bratislava) aus dem Vojenský Kartografický Ustav (Militärkartographischer Verlag) in Harmanec.

An- und Abreise

Weiterführende Informationen in den Reisetipps ab S. 234.

Mit dem Flugzeug

Der Flughafen M.R. Štefánik befindet sich etwa neun Kilometer östlich des Bratislavaer Zentrums, Vom Flughafen Bratislava gelangt man mit dem Bus 61 in die Innenstadt (25 Min.). Diese Linie endet am Hauptbahnhof. Der ebenfalls am Flughafen abfahrende Bus 96 fährt nach Petržalka. Informationen zu aktuellen Flugverbindungen unter www.airportbratislava.sk

Bratislava-Informationen

Der Eingangsbereich des Flughafens

Mit der Bahn

Von Wien-Hbf. aus verkehren stündlich Züge auf allerdings unterschiedlichen Strecken, entweder über Marchegg oder über Kittsee. In letzterem Fall kommt man in Petržalka an, der weitaus günstiger gelegene Hauptbahnhof wird nur von den Zügen via Marchegg angefahren.

Vom Hauptbahnhof gelangt man mit den Bussen 81, 83 und 93 und der Straßenbahnlinie 1 in die Innenstadt, vom Bahnhof Petržalka mit dem Bus Nr. 82. Weitere Auskünfte unter www.bahn.de bzw. Tel. 11861 (in Deutschland) und unter www.oebb.at. Die Slowakischen Bahnen informieren unter www.zsr.sk und (vom Ausland) unter der Telefonnummer 00421/18188.

Mit dem Bus

Die Linienbusse von Eurolines halten in Petržalka, an der Nový Most und am Flughafen von Bratislava. Informationen, Fahrpläne und Reservierung: Eurolines Austria, Erdbergstraße 202, 1030 Wien, Tel. 0043/1/7982900, info@eurolines.at, www.eurolines.at, www.eurolines.sk.

Über die Busverbindungen Bratislavas mit anderen slowakischen Städten gibt www.cp.sk Auskunft. Der zentrale Omnibusbahnhof (Tel. 900/211312, 972/222222 bzw. 900/211222 und 55422734; Info-Assistent 12111) für den innerstaatlichen Überlandverkehr befindet sich etwas östlich der Innenstadt an der Mlynské Nivy 31. Vom zentralen Omnibusbahnhof kommt man mit dem Trolleybussen 202, 205, 208 und dem ›gewöhnlichen‹ Bus 70 zur historischen Altstadt.

Mit dem Auto

Die Anreise ist am einfachsten über Wien oder über Brno (Brünn) möglich, diese Autobahnen führen fast an das Stadtzentrum heran.

Unterwegs in Bratislava

Das Zentrum Bratislavas ist kleinräumig und weitgehend als Fußgängerzone ausgewiesen. Die meisten Sehenswürdigkeiten erkundet man daher am besten zu Fuß. Auch außerhalb dieser Zone sind Parkplätze rar. Das Nahverkehrssystem ist dicht. Es empfiehlt sich daher, den eigenen Wagen stehen zu lassen. Fahrradfahrer stellen eine ausgesprochene Minderheit dar. Man kann die Stadt außerhalb des historischen Zentrums mit dem Fahrrad erkunden, sollte sich aber auf Straßenbahngleise einstellen und daran, dass die anderen Verkehrsteilnehmer an Fahrradfahrer nicht gewöhnt sind.

Mit dem eigenen Auto

Im Zentrum ist das Parken schwierig, kostenfreie Parkplätze gibt es so gut wie keine. Nur am Donauufer westlich der Burg finden sich einige Möglichkeiten. Ansonsten sollte man entweder eine Tiefgarage oder ein Parkhaus aufsu-

Karte: s. vordere Umschlagklappe

chen, denn das Abstellen des Wagens an dafür nicht erlaubten Stellen führt ganz schnell zur Anbringung einer Radkralle (Stadtpolizei: Tel. 54418220).

Zwischen Nationalmuseum und Donau (Fajnorovo nabr.) gibt es einige preiswerte **Parkplätze**. Oft gibt es keine Parkautomaten, wie wir sie kennen, sondern man muss bei einem Parkplatzwächter einen Parkschein kaufen (Stundentarif 0,50 €) und anschließend den Parkschein im Fahrzeug deutlich sichtbar positionieren.

Weitere **Parkplätze** und **Tiefgaragen** befinden sich am Nám. 1. Mája (unweit Präsdientenpalast); am Hotel ›Carlton‹, Hviezdoslavovo 3; am Hotel ›Park Inn‹, Rybné nám.; in der Uršulinska und in der Palackého 1 (Alexia Garage). Das neue Einkaufszentrum Eurovea besitzt eine große Tiefgarage (Pribinova). Touristenbusse wie auch Pkw parken (über Nacht) an der Lafranconi-Brücke, tags-über an der Alten Brücke (Starý Most), am Fajnorovo nábr. (gebührenpflichtig) und am Arena-Theater in Petržalka (gratis).

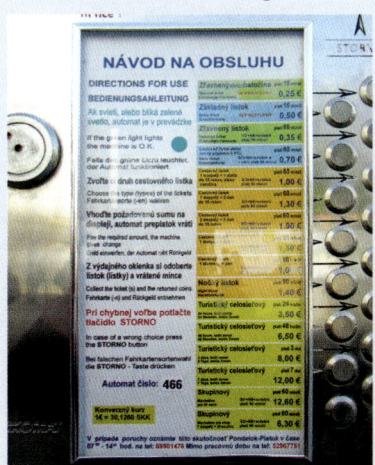

Auch die Parkautomaten sind auf die Touristen eingestellt

Mit dem Mietwagen

Mietwagen sind in der Slowakei im Vergleich zu Deutschland unverhältnismäßig teuer. Es empfiehlt sich daher, vor der Anreise über den ADAC oder über die Autoclubs Österreichs vorzubestellen.

Avis Rent A Car, am Flughafen, Tel. 43410709. Agenturen gibt es in den größeren Hotels wie dem ›Carlton‹ oder dem ›Danube‹; www.avis.sk.

Eurocar, Dostojevského rad 4/26, Tel. 59632117, rent@eurocar.sk, www.eurocar.sk.

Hertz, am Flughafen. Tel. 43640562, www.hertz.sk.

National Car Rental, im Hotel ›Devín‹, Riečna 4, Tel./Fax 54430918, www.nationalcar.sk, info@nationalcar.sk.

Internetportale: Wer günstige Alternativen sucht, kann hier fündig werden: www.billiger-mietwagen.sk (auch auf deutsch), www.rent-a-car.sk, www.abrentcar.sk, www.ab-wickam.sk, www.autopozicovna-rijak.sk.

Mit öffentlichen Verkehrsmitteln

Es gibt ein dichtes Netz von Straßenbahnen, Bussen und Oberleitungsbussen (Trolleybussen). Fast an jeder Haltestelle gibt es Automaten, an denen man – allerdings nur mit Münzen – Fahrkarten erwerben kann. Wer nur Banknoten hat, kauft in den Kiosken (Trafiken). Die Fahrkarten gelten für 15 (0,70 Euro) oder 60 Minuten (0,90 Euro) und müssen beim Einstieg in das jeweilige Fahrzeug entwertet werden. Innerhalb des jeweiligen Zeitraums kann man beliebige Rund- und Rückfahrten machen und die Fahrt auch unterbrechen. Stellt man während einer Fahrt fest, dass man sein Ziel nicht innerhalb des Gültigkeitszeitraums der Fahrkarte erreicht, muss beim Ablauf eine weitere (am besten

Straßenbahnen erschließen fast alle Bereiche der Innenstadt

vorher gekaufte) im Wagen entwertet werden. Achtung: Mit der 15-Minuten-Karte ist kein Umsteigen zulässig ! Von 23 bis 5 Uhr übernehmen Nachtlinien den Verkehr entlang teils etwas veränderter Linienführung.

Es gibt für Touristen auch 24-Stunden-Karten für 4,50 € und 48-Stunden-Karten für 8,30 €, 72-Stunden-Karten für 10 € und auch 7-Tages-Karten (15 €). Schwarzfahren kostet zur Zeit 40 €.

Informationen erteilen die Touristenbüros oder die Bratislavaer Verkehrsbetriebe: www.dpb.sk. und www.imhd.sk. Beim Verlust von persönlichen Gegenständen in den öffentlichen Verkehrsmitteln kontaktiere man ebenfalls den Verkehrsbetrieb Dopravný podník Bratislava (DPB), Tel. 59505950.

S.a. den Übersichtsplan in der hinteren Klappe dieses Buches.

Mit dem Taxi

Es ist billiger, ein Taxi telefonisch zu bestellen, als eines auf der Straße anzuhalten. Fahrten innerhalb des Zentrums kosten 3–5 €, vom Flughafen in die Innenstadt zahlt man rund 15 €. Die

Grundgebühr ist je nach Einsteigeort und Ziel unterschiedlich und beträgt 2,50–4 €.

Fun Taxi: Tel. 16777.
Otto Taxi: Tel. 16322.
Top Taxi: Tel. 16611.

Mit dem Fahrrad

Es ist möglich, über das Städtische Touristenbüro in der Klobučnicka Nr. 2 Fahrräder leihweise zu erhalten. Am Fajnorovo nám. (nahe Stáry Most) konnte man 2014 (im Areal des Kinderspielplatzes) Fahrräder leihen (15.5.–30.9., tgl. 10–18 Uhr).

Weiterer Verleih: **Luka-Tours**, Tel. 0907/683112 (mobil).

Die slowakische Hauptstadt stellt sich immer mehr auf Radfahrer ein. Allgemeine aktuelle Hinweise, auch zu den Möglichkeiten, das Umland mit dem Fahrrad zu erkunden, finden sich unter www.bratislavasightseeing.com und www.cyklotrasy.sk.

Stadtführungen und Rundfahrten

Es ist in Bratislava – wie in der ganzen Slowakei – allen Personen, die nicht die staatliche Touristenführerprüfung abgelegt haben, strengstens verboten (Strafen bis zu 1600 Euro!), touristische Gruppen im Rahmen kommerzieller Reisen zu führen. Die Stadtpolizei und andere Behörden machen diesbezüglich Stichproben.

Individuelle Führungen und Stadtrundfahrten durch Bratislava können durch die Touristeninformation oder direkt bei der Slowakischen Vereinigung der Touristenführer organisiert werden: **Slovenská Spoločnosť' sprievodcov cestovného ruchu**, Zálužická 23, 82101 Bratislava, Tel./Fax 43331292; mobil 905/231292. Unter letzterer Nummer meldet sich Herr Marián Bilačič, der deutsch spricht

Karte: s. vordere Umschlagklappe

und zweifellos ein vorzüglicher Kenner der Stadt und des Landes ist. Eine private Führung durch ihn wird ausdrücklich empfohlen. Weitere Informationen: **www.touristguides.sk**.

In der Saison fahren täglich mehrmals von 9 bis 17 Uhr vom und über den Hauptplatz kleine **historische Bahnen** der Firma ›Cacaotour‹ durch die Innenstadt bis zur Burg, wobei der Fahrzeugführer auch als Erklärer tätig ist. Auf den gleichen Strecken fahren auch größere Wagen bzw. längere Züge, wobei es mehrere unterschiedlich lange Routen gibt. Informationen: www.presporacik.sk bzw. www.tour4u.sk (Tel. 903/302817). Eine wichtige Abfahrts- und Ankunftshaltestelle liegt dabei am Hafen, nahe des Nationalmuseums an der Fajnorovo.

Die Abfahrtsstelle für **Stadtrundfahrten** mit Bussen befindet sich in der Jesenského ul.

Unterkünfte

In einigen Hotels der mittleren Preiskategorie ist das Frühstück im Zimmerpreis nicht inbegriffen, ebenso muss in Bratis-lava oft schon am Ankunftstag bezahlt werden. Ganzjährig kommt pro Person und Tag noch 1,65 Euro ›Stadtgebühr‹ hinzu, eine Art Kurtaxe. Privatquartiere gibt es nur sehr wenige, sie können über die Touristeninformation erfragt werden. In den meisten Hotels besteht ein kostenloser WiFi-Zugang zum Internet.

Weitere allgemeine Auskünfte über die Hotels der Stadt findet man unter www.bratislavahotels.com, www.slovakia-travel.net und www.ubytovanie.skrz.sk. Im Folgenden einige Empfehlungen, die alle Preisklassen einschließen. Die Preise beziehen sich stets auf ein DZ mit Frühstück in der Hauptsaison, wenn nicht anders angegeben.

Adonis 1, Vlčie hrdlo 1, Tel. 58597638, Fax 58597250, www.hotel-adonis-v-bratislava.sk. Außerhalb, am Haupteingang der Slovnaft-Raffinerie, aber gutes Preis-Leistungs-Verhältnis; DZ 60 Euro.

Arcus 2, Moskovská 5, Tel. 55572522, Fax 55576750, www.hotelarcus.sk, bratislava@hotelarcus.sk. Zentrumsnah, gleich hinter dem Medizinischen Garten, nahe dem Americké nám; 80–100 Euro.

Ein Minibus im Stadtzentrum

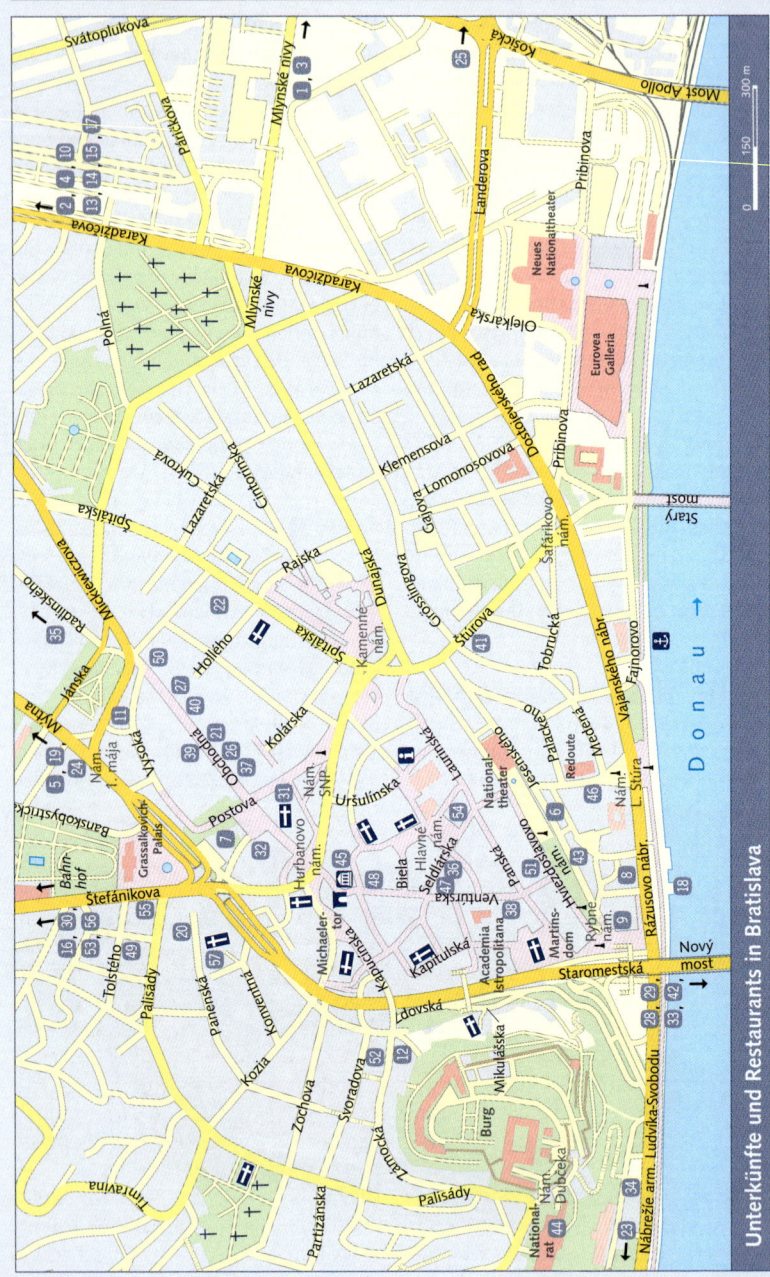

Unterkünfte und Restaurants in Bratislava

Astra 3, Prievozská 14a, Tel. 58238111, Fax 53413526, www.hotelastra.sk, hotel@hotelastra.sk. An der großen Ausfallstraße Richtung Komárno, dadurch eine gute und schnelle Anbindung an die zwei Kilometer entfernte Innenstadt; 40 Euro, mit Frühstück 5 € p.P. mehr.

Avion 4, Ivánska cesta 15, Tel. 43292206, Fax 43426912, www.hotelavion.sk, hotelavion@hotelavion.sk. An der Ausfallstraße zur Autobahn nach Osten, unweit des Flughafens; 70 Euro. Gleich daneben liegt das Shoppingcenter Avion.

Barónka 5, Mudruchova 2, Tel. 44872324, Fax 44885400, www.baronka.sk, recepcia@baronka.sk. Das Drei-Sterne-Hotel liegt etwas außerhalb der Innenstadt im nordöstlichen Stadtteil Rača, dafür aber unmittelbar in den Weinbergen der Kleinen Karpaten; 80 Euro, es gibt interessante Last-Minute-Angebote.

Radisson Blu Carlton Hotel 6, Hviezdoslavovo nám. 3, Tel. 59390000, Fax 59390010, www.radissonblu.com, reservation.bratislava@radissonblu.com. Zweitnobelstes Haus am Platze, unmittelbar im Zentrum; 80–200 Euro, Preise saison- und tagesabhängig, Anfrage empfiehlt sich erst bei feststehendem An- und Abreisetermin.

Crowne Plaza 7, Hodžovo nám. 2, Tel. 59348111, Fax 54414645, www.crowne-plaza.sk. In sehr guter Lage direkt gegenüber dem Präsidentenpalast, mondäne Ausstattung, gutes Preis-Leistungsverhältnis, viele preisliche Spezialangebote und Pakete, durchaus erschwinglich bei rechtzeitiger Online-Anfrage oder Buchung.

Devín 8, Riečna 4, Tel. 59985111, Fax 54430682, www.hoteldevin.sk, recepcia@hotel-devin.sk. Edles Vier-Sterne-Hotel am Südrand der Innenstadt, unmittelbar am Donauufer; Preise auf Anfrage, ab 170 Euro.

Park Inn (einstmals Danube) 9, Rybné nám. 1, Tel. 59340000, Fax 5441 43 11, www.parkinn.com/hotel-bratislava. Groß, sehr zentral gelegen. Lage und Vier-Sterne-Ausstattung haben ihren Preis: ab 200 €. Genaueres auf Anfrage. Parken kostet allein 30 Euro pro Nacht.

Echo 10, Prešovská 39, Tel. 32171555, Fax 55569174, www.hotelecho.sk, recepcia@hotelecho.sk. Eine preisgünstige Möglichkeit im Stadtbezirk Ružinov, mit der unweit über die Záhradnicka verlaufende Straßenbahnlinie 4 gelangt man in 20 Minuten zum Hviezdoslav-Platz; um 85 Euro, Spezialangebote am Wochenende und auf Anfrage.

Filmhotel 11, Vysoká 27, Tel. 52931600, Fax 52921394, www.filmhotel.sk, reception@filmhotel.sk. Das geschmackvolle Haus, in dem wie in einem Museum an verschiedene Filmgrößen erinnert wird, befindet sich unweit des Präsidentenpalastes; 90 Euro.

Ibis 12, Zámocká 38, Tel. 59292000, Fax 59292111, www.ibis-bratislava.sk, h3566@accor-hotels.com. Unweit des historischen Zentrums am Osthang des Burgbergs, sehr unterschiedliche Preise, abhängig von Wochentagen und Saison, von 65 € aufwärts. Anfrage erst bei feststehendem An- und Abreisetag ratsam.

Junior 13, Drieňova 14, Tel. 43334340, www.juniorhotel.sk, recepcja@juniorhotel.sk. Etwa vier Kilometer östlich des Zentrums, doch gut angebunden. Ab 50 Euro, Preise wochentags- und saisonabhängig.

Nivy 14, Líščie Nivy 3, Tel. 55410390/ -91, -92, -93, -94, -95, Fax 55410389, www.hotelnivy.sk, hotel@hotelnivy.sk.

Das gepflegte Haus liegt im Bezirk Ružinov unweit der Hotels ›Turist‹ und ›Echo‹ und besitzt wie diese eine gute Anbindung durch öffentliche Verkehrsmittel an die Innenstadt; 60 Euro, mit Frühstück p.P. 5 € mehr. Man akzeptiert keine Hunde und Katzen. Parkplatz 0,50 Euro/Std.

Plus 15, Bulharská 72, Tel. 48231920, Fax 43 293378, www.hotely-plus.sk, obchod@hotely-plus.sk. Im Stadtteil Trnávka, schöne Alternative zu den teureren Hotels im Zentrum. Die Preise sind etagenabhängig; um 45 Euro, Frühstück p.P. 5 Euro extra, 7 Euro Hunde- und Katzenzuschlag.

Spirit 16, Vančurova 1, Tel. 54777561, Fax 54777817. www.hotelspirit.sk, info@hotelspirit.sk. Das phantastisch im Hundertwasserstil gestaltete Haus liegt unweit des Hauptbahnhofes. Es bietet auch ›esoterische Aufenthalte‹ an; 60 Euro. Nur Barzahlung möglich.

Turist 17, Ondavská 5, Tel. 55410508/09, Fax 55573180, www.turist.sk, hotel@turist.sk. Im Stadtteil Ružinov unmittelbar neben dem Hotel ›Echo‹. Eine preisgünstige Alternative in Bratislava, erst kürzlich renoviert; etwa 50 Euro.

Botel Gracia 18, Rázusovo nábr. (gegenüber Nationalgalerie), Tel. 5443 2123, Fax 54432131, www.botelgracia. sk, hotel@botel-gracia.sk. Verhältnismäßig preiswerte Unterkunftsmöglichkeit in unmittelbarer Zentrumsnähe. Die Kabinenzimmer des Hotelschiffes sind natürlich kleiner als in einem ›festen‹ Hotel; 65–75 Euro.

Penzión Pod Pyramídou 19, Mýtna 1, Tel. 57273649, Fax 52626445, www. penzionpodpyramidou.sk. Sehr zentral gelegene und empfehlenswerte Übernachtungsmöglichkeit, einige hundert Meter östlich des Präsidentenpalastes; 75 Euro.

Für Rucksacktouristen

Downtown Backpacker's Hostel 20, Panenská 31, Tel. 54641191, Mobil 905/259714, www.backpackers.sk info@backpackers.sk. Etwas für Jugendliche bzw. Rucksacktouristen, unweit des Präsidentenpalastes und zahlreicher Clubs und Pubs. Richtig schön ist es nicht; p.P. im DZ 25–40 €, im Zehnpersonenzimmer 10–20 €, abhängig von Saison, Feiertagen, Silves-ter oder WM-Ereignissen.

City Hostel 21, Obchodná 38, Tel. 52636041, www.cityhostel.sk. DZ je nach Saison 44–56 €; preiswert und gut.

Patio Hostel 22, Špitálska 35, Tel. 52925797, www.patiohostel.com; DZ ab 34 €.

Studentenheim Mladost 23, Staré grunty 53, Tel. 918/664051.

Studentenheim Mladá garda 24, Račianska 103, tel. 918/664020.

Studentenheim Ekonom 25, Prístavná 18, Tel. 53411996, www.stuba.sk.

Vegas Hostel 26, Obchodná 48, Tel. 52622777, www.vegashostel.sk, Preise tagesabhängig.

Campingplatz

Zlaté Piesky, 82107 Bratislava, Senec-ká cesta 2, Tel. 44450592 und 44257373; 1. Mai bis 15.Okt. Knapp zehn Kilometer östlich des Zentrums, am See gleichen Namens, nahe der Autobahn 1 nach Zilina.

Weiterführende Informationen: www. intercamp.sk. Infos über alle slowakischen Campingplätze teils auch auf deutsch und englisch.

Gastronomie

Generell und vor allem in der Innenstadt findet der Gast zahlreiche Restaurants und Cafés mit Gerichten aus aller Welt.

Karte S. 164

In der vorliegenden Aufzählung werden aber bewusst nur die Lokale erwähnt, die entweder einen ganz besonderen Charakter besitzen, eine besondere Lage haben und/oder die regionale/nationale Küche anbieten. Informationen zu weiteren Lokalen finden sich unter www.bratislava.sk/de und www.menu. sk sowie www.obedovat.sk.

Restaurants und Bierlokale

1. Slovak Pub 27, Obchodná 62, Tel. 52926367, www.slovakpub.sk; Mo–Do 10–24, Fr/Sa 10–2, So 12–24 Uhr. Sicherlich das beste Beispiel für rustikales slowakisches Ambiente. Zu jeder Tageszeit gut besucht, gleichzeitig Restaurant mit nationalen Speisen und urige Bierkneipe. Voll junger Leute, ein Muss! Selbstgemachtes Spezialbier ›nur für Studenten‹. Viele günstige großportionierte Gerichte (4–7 €).

Alcatraz 28, Mánesovo nám. 5, Petržalka, Tel. 903/712824, www.alcatraz.obedovat.sk. Günstige Menüs, junges Publikum.

Alfa 10 29, Jiráskova 1 (Petržalka), Tel. 63812285, tgl. bis 3 Uhr. Auch südlich der Donau gibt es noch Kulinarisches zu entdecken. Traditionelle Küche, Grillspezialitäten und ein breites Sortiment slowakischer Weine findet man in diesem rustikalen Lokal, das samstags mit Live-Musik und einem Disco-Club aufwartet. Viele günstige Gerichte zwischen 3 und 8 €.

Benihana 30, Hlboka cesta 7, Tel. 32186240, www.benihana.sk. Japanisches Steakhaus, aber auch viele asiatische Fischgerichte. Gemäßigte Preise, dennoch alles stets frisch zubereitet, keine fernöstliche Küche vom Band. Sehr zu empfehlen.

Bratislava Flagship 31, Poštová 8, Tel. 905/353230. Sicherlich der phantasievollste und attraktivste Gastropub in der Innenstadt; Gerichte 4–7 €.

Bratislavský Meštiansky Pivovar 32, Drevena 8, Tel. 944/212265, www.mestianskypivovar.sk/de; Mo–Do 11–24, Fr/Sa 11–1, So 11–23 Uhr. Zur Zeit das vielleicht angesagteste Bierlokal und Restaurant, im ungebauten Brauhaus der alten Bürger-Brauerei, die 1752 gegründet wurde. Eigenes Bier wird hier immer noch ausgeschenkt. Es gibt eine Fülle phantastischer und preisgünstiger Speisen. Ohne Vorbestellung ist eigentlich zu keiner Zeit ein Platz zu bekommen, man muss aber einmal dagewesen sein.

Bystrica (UFO) 33, Nový Most, Tel. 62520300, www.u-f-o.sk, office@u-f-o.sk; Mo–So 10–1, Sa 10–22 Uhr. Mediterrane und asiatische Gerichte in luftiger Höhe, 80 Meter über der Donau. Dem Restaurant ist eine Nachtbar – Eigenwerbung: ›the hottest place in town‹

Eines von vielen Lokalen im Zentrum

– angeschlossen. Informationen dazu unter 0905/499108.

Caribic's 34, Žižkova 1a, Tel. 54418334, Fax 54418333, www.caribics.sk. Sehr beliebtes Restaurant mit Fisch- und anderen Meeresspezialitäten, das auch sechs kleine Zimmer anbietet, von denen man einen schönen Blick auf die Donau hat; Gerichte 10–40 €.

Česká pivnica 35, Radlinského 39, Tel. 52491945; tgl. bis 24 Uhr. Das Lokal bietet vor allem traditionelle böhmische Küche an, es hat eine Sommerterrasse für 200 Personen und wird wegen seiner Nähe zur Technischen Universität auch von vielen jungen Leuten besucht. Man schenkt das berühmte böhmische Krušovice aus. Speisen bis 15 €.

Dubliner Irish Pub 36, Sedlárska 6, Tel. 54410706, www.irish-pub.sk, irish@irish-pub.sk; Mo–Sa 11–3, So 11–1 Uhr. Das Pub scheint einen besonderen Kultstatus zu haben. Wer nach Bratislava kommt, will meist auch die irische Küche genießen.

Eden 37, Obchodná 48, Tel. 915/980888, www.eden.obedovat.sk. Günstige Tagesmenüs, auch abends sehr beliebt, hier trifft sich die Jugend.

Flowers 38, Venturska 1 (Erdödy-Palast), Tel. 20922733, www.flowersrestaurant.sk. Restaurant und Weinlokal im Innenhof mit gediegener Atmosphäre.

Gastro Monika 39, Obchodná 33, Tel. 903/462153; Mo–Fr bis 24, Sa/So leider nur bis 20 Uhr. Hier gibt es traditionelle slowakische und europäische Küche mit und ohne Fleisch. Wegen der zentralen Lage und des offenen Hofes sehr beliebt, Speisen bis 10 €.

KGB 40, Obchodná 52, Tel. 5273 1279, www.kgb.sk. Der Name hat keineswegs etwas mit Verklärung des sojetischen Geheimdienstes zu tun, sondern ist die Abkürzung für ›Krčma of Gourmets of

Bratislava‹ (Kneipe der Bratislaver Gourmets). Sehr beliebt bei jungen Leuten nicht nur wegen der günstigen Preise.

Klub Lúčnica 41, Štúrova 6, Tel. 0907/721382; Mo–Fr bis 1 Uhr, am Wochenende leider geschlossen. Am Ostrand der historischen Altstadt bietet man hier klassische slowakische Nationalgerichte sowie hausgemachte Spezialitäten an; Speisen bis 10 €.

Leberfinger 42, Viedenská cesta 257, Tel. 62412227, Fax 62412105, www.leberfinger.sk; tgl. 11–24 Uhr. Traditionelles Restaurant mit slowakischen Spezialitäten und Niveau am anderen Ufer der Donau, unweit vom Brückenturm der Nový Most. Schön im Grünen gelegen. Gerichte ab 10 €.

Lemon Tree 43, Hviezdoslavovo nám. 7, Tel. 54411244. Thai-food-Restaurant ›Sky-Bar‹ mit Dachterrasse. Von hier kolossaler Blick über die Stadt. Rechtzeitig reservieren! Im Erdgeschoss legen täglich DJs auf.

Parlamentka 44, Nám. Alexandra Dubčeka 1, Tel. 59724251. Dem Parlamentsgebäude angeschlossenes öffentliches Restaurant mit brüderlicher Preisgestaltung. Von hier hat man eine sehr schöne Sicht über die Donau. Ein Geheimtipp.

Prašná Bašta 45, Zámočnícka 11, Tel. 54434957, www.prasnabasta.sk. Niveauvolles Restaurant mit Barbetrieb. Auf der Tageskarte wechselnde Menüs zu günstigen Preisen.

Prazdroj Bierstube 46, Mostová 8, Tel. 54411108, Fax 52920610, plzenska@post.sk. Auch wenn Bratislava in der Slowakei liegt und nicht in Böhmen, so ist ein Besuch dieser gemütlichen ›böhmischen‹ Bierstube, wo es aber auch genug Slowakisches gibt, unbedingt zu empfehlen. Direkt am Štúrplatz gelegen; Speisen ab 5 €.

Karte S. 164

Slovenska Pivnica 47, Sedlárska 4, Tel. 54410921; tgl. 11–24 Uhr. Rustikales Restaurant und Bierlokal, bei Touristen beliebt.

Staroslovenská krčma (Altslowakische Schenke) 48, Michalská 14–16, Tel. 54430872, www.staroslovenska krcma.sk; Mo–So 11–24 Uhr. Wenige Schritte vom Michaelertor, traditionelle slowakische Küche und interna-tionale Gerichte; Gerichte 8–15 €.

Traja Mušketieri (Drei Musketiere) 49, Sládkovičova 7, Tel. 54430019, www.trajamusketieri.sk; Mo–Fr 11–23.30 Uhr. Erlesenes Lokal im Diplomatenviertel unweit des Präsidentenpalastes. Jedes Gericht auf der Karte hat einen volltönenden Eigennamen und wird genau erläutert. Etwas höhere Preisgestaltung.

U Remeselnika 50, Obchodná 64, Tel. 52731357; tgl. bis 22 Uhr. Nahe dem Zentrum, regionale Spezialitäten, besonders Teiggerichte. Ein Handwerkerhof ergänzt das hübsche Ambiente, Speisen bis 12 €.

Verne 51, Hviezdoslavovo nám. 18, Tel. 54430514. Treffpunkt geistig Tätiger. Pasta, Steaks, Salate etc. zu günstigen Preisen.

Zámocký pivovar (Schlossbrauerei) 52, Zámocká 13, Tel. 0915/760214 (mobil), www.zamockypivovar.sk. Vorzügliche Biere, hervorragende Speisen.

Kaffeehäuser

Altes Forsthaus 53, Lesná 1, Horský Park, Tel. 54789050; Mi–Sa 15–20, So 11–20 Uhr. Beliebtes Café am Bergpark mit vorzüglichen Torten und Kuchen. Kinderspielplatz.

Café Mayer 54, Hlavné nám. 4, Tel. 54411741, www.eurest.sk; tgl. 9–24 Uhr. Traditionsreiches ›Wiener‹ Kaffeehaus am Hauptplatz. Vorzügliche Süßspeisen.

Café Štefánka 55, Palisády 59, Tel. 52620847, www.stefanka.sk. Kaffeehaus mit schönem Jugendstilinterieur direkt am Präsidentenpalais.

Espresso Patrónka 56, Brnianska 57, Tel. 54773849; Mo Fr bis 24 Uhr. Diese älteste Kaffeebar der Stadt bietet u.a. auch Grillspezialitäten mit großen Portionen, außerdem kann man sein Tagesmenü selbst bestimmen. Sie liegt im Nordwesten der Stadt, an der Ausfallstraße zur Autobahn, und ist deshalb das Richtige nach der Rückkehr vom Kamzik oder einer Wanderung durch den Stadtwald. Speisen bis 8 €.

Next Apache 57, Panenska 28, Tel. 0903/818169, www.nextapache.sk. Literarisches Café.

Museen und Galerien

Unter www.muzeum.sk sind alle slowakischen Museen, Galerien, Denkmäler, Burgen, Schlösser, Holzkirchen u.v.a. erfasst. Die offizielle Website der Stadt – www.bratislava.sk – führt alle diese Einrichtungen mit aktuellen Öffnungszeiten ebenso auf.

Die interessantesten und bedeutendsten Museen

Städtisches Museum, Radničná ul. 1, 81518 Bratislava, Tel. 32181312, bzw. 59295135 oder 54434742; Di–Fr 10–17, Sa/So 11–18 Uhr. Im Alten Rathaus, Ausstellungen zur Stadtgeschichte, zur Gerichtsbarkeit in der Stadt und besonders zu den Krönungszeremonien. ▶ Filiale im Michaelertor (Michalská), Tel. 54433044, Mai bis September Di–Fr 10–17, Sa/So 10–18 Uhr, sonst Di–So 10–16.30 Uhr. Historische Waffen.

Städtische Galerie Pálffy-Palais, Panská 19–21, Tel. 54433627; www.gmb.sk,

Eingang zum Archäologischen Museum

tgl. 11–18 Uhr. Dauerausstellungen: Gotische Malerei und Skulpturen, mittelosteuropäische Malerei und Skulpturen von 1800 bis 1918, daneben zahlreiche Wechselausstellungen und eine hochinteressante, teilweise virtuelle künstlerische ›Passage‹ zwischen Büchern und einem Abgrund im ersten Stock. Die Passage symbolisiert einen Kurzgang durch die Welt, in der wir existieren oder verweilen: Aus der tatsächlichen Welt hinein in eine Welt der menschlichen Kultur, wo die Realität durch ein andere – virtuelle – Realität ersetzt wird; eine Welt des Wortes, des Zeichens, des Bildes und wieder zurück. So die offizielle Beschreibung.

Mirbach-Palais, Františkánske nám. 11, Tel. 5443156; Di–So 10–17 Uhr. Wechselnde Ausstellungen, Dauerausstellung barocker Gemälde und Skulpturen mit Bezügen zur Stadt.

Arthur-Fleischmann-Museum, Biela 6; Di–Fr 10–17, Sa/So 11–18 Uhr. Leben und Werk des Bratislaver Bildhauers (1896–1990).

Johann-Nepomuk-Hummel-Museum, Klobučnícka 2; Di–So 10–18 Uhr. Eine Ausstellung zu Leben und Werk des ältesten der drei großen Preßburger Komponisten.

Milan-Dobeš-Museum, Zámočnícka 13; Tel. 54432305, Di–So 10–18 Uhr. Ein Museum zu den konstruktivistischen Richtungen in der slowakischen Kunst.

Bibiana-Haus der Kinderkunst, Panská 41; Tel. 54431308, Di–So 10–18 Uhr, www.bibiana.sk.

Slowakisches Nationalmuseum. Es umfasst mehrere Unterabteilungen in verschiedenen Häusern:

▸ Naturwissenschaftliches Museum, Vajanského nábr. 2, Tel. 59349122; Di–So 9–17 Uhr.

▸ Historisches und Archäologisches Museum (auf der Burg), Tel. 54411444; Di–So 9–17 Uhr.

▸ Musikinstrumentenmuseum (auf der Burg in der Bastion Luginsland) Tel. 59724221; Di–So 9–17 Uhr.

Slowakische Nationalgalerie, Rázusovo nábr. 2, Tel. 59342081; Di–So 9–17 Uhr. Die ständigen Ausstellungen der Slowakischen Nationalgalerie zeigen in vier Abteilungen europäische Kunst aus der Zeit zwischen dem 16. und 18. Jahrhundert, Gotisches aus dem Gebiet der heutigen Slowakei, die Barockkunst der Slowakei und schließlich verschiedene Werke der Malerei und der Bildenden Kunst, die durch den Künstler oder das Motiv auf die Slowakei Bezug nehmen.

Archäologisches Museum, Žižkova 12, Tel. 59207231; Di–So 9–17 Uhr. Interessante Kollektionen aus der Vorgeschichte der Stadt, unter anderem keltische Münzen, Wissenswertes über das Großmährische Reich.

Museum der Kultur der Karpatendeutschen, (Múzeum kultúry Karpatských nemcov), Žižkova 14, Tel. 55415570; Di–So 10–16 Uhr. Ein Muss für alle, die über diese heute in Deutschland weitgehend unbekannte Kultur etwas wissen wollen.

Polizeimuseum der Slowakischen Republik, Gunduličova 2 (nahe Präsidentenpalais), Tel. 961/056096.

Museum der Kultur der Ungarn, (Múzeum kultúry Maďarov na Slovensku), Žižkova 18; Tel. 54412021. Die Sammlungen zeigen Gebrauchsgegenstände des Alltags der Ungarn vor mehreren hundert Jahren sowie alte Zeitungsausschnitte, daneben Winzergerätschaften. Nicht ganz uninteressant für den, der das multiethnische Bratislava erkunden will.

Museum der jüdischen Kultur (Múzeum židovskej kultúry), Židovská 17, Tel. 54418507; So–Fr 11–17 Uhr. Hier erfährt man viel über das jüdische Leben Preßburgs, etwa über die Talmudschule des Chatam Sofer oder über Bau und Abriss der Synagoge.

Uhrenmuseum, Židovská 1, Tel. 54411940; Mai bis September Di–Fr 10–17, Sa/So 11–18 Uhr, sonst Di–So 9.30–16.30 Uhr. Die Eintrittskarte gilt auch für das Kunsthandwerkmuseum gegenüber (Beblavého 1).

Verkehrsmuseum (Múzeum dopravy), Šancová 1 (am Hauptbahnhof), Tel. 59356111; Di–So 10–17 Uhr.

Weitere wichtige Sehenswürdigkeiten

Burg (Hrad/Hradný areál), Tel. 54411 444. Burgareal: von April bis September 9–20 Uhr, sonst 9–18 Uhr. Besichtigungen sind möglich, Führungen werden ebenso angeboten.

Parlamentsgebäude Es gibt an Werktagen jeweils um 14 Uhr die Möglichkeit, an Führungen teilzunehmen. Sie dauern knapp eine Stunde, wobei man sich mindestens eine Viertelstunde vorher am Besucherzentrum des Parlaments (Tel. 59722462) melden muss.

Grabstelle des Chatam Sofer Nur nach Voranmeldung bei der jüdischen Kultusgemeinde in Bratislava zugänglich. Tel. 02/54416949, znoba@znoba.sk, www. slovak-jewish-heritage.sk.

Bratislava-Informationen

Rund um den Štúr-Platz finden sich gleich mehrere Ausstellungsgebäude

Bratislava am Abend

In den Touristenbüros ist das ›Twin City Journal‹ erhältlich. Dieses Veranstaltungsheft erscheint montalich und bietet umfassende Informationen zu Veranstaltungen. An vielen Stellen liegt das ebenfalls kostenlose Magazin ‹Kam do mesta› aus, ebenso das halbjährlich erscheinende Magazin ‹City Guide Bratislava›, das zweisprachig – slowakisch und englisch – vor allem über Lokale und Clubs informiert.

Theater

Über das Programm des **Nationaltheaters** wie auch über Kartenbestellungen im allgemeinen informieren www.snd. sk (Nationaltheater) bzw. Tel. 20472298 (Schauspiel) und Tel. 54433771 (Oper und Ballett). Weitere Informationen dazu gibt es auf www. ticketportal.sk (auch auf englisch); hier können Karten gebucht werden. Programm- und Karteninformationen zur **Slowakischen Philharmonie** unter www. filharm.sk.

Kino

Es gibt zahlreiche Kinos, die die üblichen internationalen Produktionen zeigen. Anspruchsvolle eigene Reihen präsentieren vor allem:

Mladost', Hviezdoslavovo nám. 24, Tel. 54435003.
Filmklub Cultus, Súťažná 18, Tel. 55960861.
Filmklub Múzeum, Primaciálne nám. 1 (im neuen Rathausgebäude), Tel. 54434742.
Filmklub Za zrkadlom, Rovniankova 3 (in Bratislava-Petrzalka), Tel. 63811328.

Bratislava bei Nacht

Allein in der Innenstadt finden sich rund drei Dutzend Lokale, Clubs und Discos. Besonders dicht liegen sie in den Stra-

Eine Aufführung in der Redoute

Karte: s. vordere Umschlagklappe

ßen Obchodná, Sedlárska, Ventúrska, Panská und Hviezdoslavovo nám. beieinander. Im folgenden einige Empfehlungen:

Aligátor, Laurinská ul. 7, Tel. 54418611. Auch Life-Rockkonzerte.

Apolion Gay Club, Panenská 24.

Café Studio, Laurinská 13, Tel. 54431 796, www.vipclubdisco.com/vipclubdisco/HOME.html, Jazz-Club.

Charlie's, Špitálska 4, Tel. 52968994.

Dopler, Prievozska 18, www.dopler.sk. Die zur Zeit wohl angesagteste Dicso der Stadt.

Flamenco music club, Štefánikova 14, Tel. 0905/612904.

Greenwich Coktail Bar, Zelená 10. Gilt als beste Cocktailbar der Stadt.

Irish Pub, Sedlárska 6, Tel. 54410706. Nicht gerade typisch slowakisch, aber sehr urig. Viel junges Publikum.

Jazz Café, Ventúrska 5, Tel. 54434661, www.jazz-cafe.sk. Traditionelles Jazzlokal.

Metro Music Club, Suche myto 6. Diskothek, auch Live-Rockkkonzerte.

Nu spirit bar, Medená 16, tel. 905/865566, www.nuspirit.sk. Funk.

Nu spirit Club, Šafárikovo nám. 7, Tel. 917/304801, www.nuspirit.sk.

Radost', Obchodná 48, Tel. 907/723678, www.mojaradost.sk. Techno und Elektronik.

1. Slovak Pub, Obchodná 62, Tel. 52926367. Hält, was der Name verspricht. Für junge Leute bis 50.

Veranstaltungen

Es gibt in Bratislava zahlreiche Veranstaltungen, Festspiele sowie Aufführungen aller Art. Darüber informieren unter anderem die oben genannten Magazine und kostenlosen Broschüren. Aktuelle Infos: www.bkis.sk.

Zu den größeren und wichtigen regelmäßigen Veranstaltungen zählen:

Februar

Bratislavaer Stadtball in der Redoute; **Faschingsfest** in der Altstadt.

März/April

Bratislavaer Musikfestspiele; **Ostermarkt** auf dem Hauptplatz; **Bratislava für alle** (letztes April-Wochenende): Gratis-Eintritt in alle Museen.

Mai

Freundschaftsweg: Fahrradfahrer aus Ungarn, Österreich und der Slowakei fahren auf einem rund 130 Kilometer langem Weg, der die drei Staaten verbindet; **Musica Sacra**: Internationale Festspiele der sakralen Musik; **Frühlings-Jazztage** (www.rockpop.sk); **Slovak Food Fesival** (www.slovakfoodfestival. sk).

Juni

Fischsuppenkochwettbewerb. Wird unter freiem Himmel auf Rybné nám. und Hviezdoslavovo nám. ausgetragen; **Wilsonic**: Festival für elektronische zeitgenössische Musik, jeweils am zweiten Juniwochenende. 2010 fiel es aus, ob es 2011 stattfindet, sehe man unter www.wilsonic.sk; **Kultursommer**: Mehrere hundert Veranstaltungen mit von Jahr zu Jahr wechselnden Schwerpunkten. Der Kultursommer dauert von Juni bis September; **Sommer-Musikfestival** (letzte Juniwoche) **Vivamusica**: Klassik, Jazz und Weltmusik; www.vivamusica.sk. **Königskrönung**: Jedes Jahr wird am vierten Wochenende im Juni die Krönung eines ungarischen Königs nachgestellt. 2015 wird es die Karls III. (1712). sein, 2016 die Maria Theresias (1741). Schauspieler in historischer Kleidung stellen die historischen Ereignisse in einzelnen Szenen nach (www.kroenung.sk).

September

Seit einigen Jahren trifft man sich am ersten oder zweiten Wochenende im September zum **Donaufest** (www. donaufest.sk), einer großen multinationalen folkloristisch-musikalischen Veranstaltung am Donauufer und anderen Standorten in der Stadt mit Mitwirkenden aus allen Donau-Anrainerstaaten. Das größte Stadtfest ist sicherlich auch das schönste.

Einkaufen

Die meisten der kleineren Geschäfte sind Mo–Fr 8–18 oder 10–18 Uhr geöffnet, wobei die großen Einkaufszentren selbstverständlich erweitere Öffnungszeiten haben. MY-TESCO hat wie alle Hypermärkte 24 Stunden geöffnet. Typische Bratislava-Andenken gibt es eigentlich nicht. Erhältlich sind jedoch viele allgemein slowakische Mitbringsel wie handgemachte Puppen aus Maisstroh, Holzschnitzereien, Lederwaren

u.ä. Immer beliebter sind auch die slowakischen Weine, die in allen Vinotheken der Stadt erhältlich sind.

Landestypisches, Handwerkliches, Andenken

Folk Folk, Obchodná 10 und Rybárska brána 2.
ÚĽUV, Michalská 4 und Nám. SNP 12.
Bratislava Shop, Nám. SNP 13.

Einkaufszentren

Aupark, Einsteinova 18, www.aupark. sk; tgl. 9–21 Uhr. Am Südufer der Donau, unweit des UFO-Restaurants.
Avion Shopping Park, Ivánska cesta 18, www.avion.sk. Am östlichen Stadtrand, nicht weit vom Flughafen gelegen, gut mit der Autobahn D1 oder der Buslinie 61 vom Hauptbahnhof erreichbar. Sehr attraktiv durch eine ganzjährig geöffnete Eisbahn.
City Center, Obchodná 58.
Danubia, Panónska cesta 16, Petržalka.
Dunaj, Nám. SNP 30.
Eurovea, Pribinova 10, www.eurovea. sk; tgl. 10–21 Uhr. Östlich der Altstadt

Werbung an einem Souvenirladen

direkt an der Donau. Ganz neu, das wohl prächtigste Einkaufszentrum der Stadt.
MY-TESCO, Špitálska, am Kamenné nám. Großer Markt.
Polus City Center, Vajnorska 100, www.poluscitycenter.sk; Mo–So 9–21 Uhr. Etwas außerhalb des Stadtzentrums, gut mit der Straßenbahn Nr. 4 vom Kamenné nám. erreichbar.

Buchhandlungen, CDs, Zeitschriften

▸ Zeitschriften und Magazine:
Interpress, Sedlárska ul.
Press International, Obchodná 11.
▸ Platten und CDs:
Dr. Horák, Medená 19, Tel. 54435667, www.drhorak.sk. Auch Gebrauchtes und Raritäten.
▸ Die größten Buchhandlungen:
Svet knihy, Obchodná 4.
Pištek, Obchodná 2.
Art Forum, Kozia 20. Recht spezialisierte Angebote abseits vom üblichen Bücherkommerz. Kult-Buchhandlung.
▸ Antiquarisches in allen drei traditionellen Sprachen der Stadt:
Antiquariat Steiner, Ventúrska 22, Tel. 54433778, Mo–Fr 10–18 Uhr.
Panta Rhei, Einsteinova 18 (Aupark-Centrum). Gut sortiertes Angebot.
▸ Fremdsprachige Literatur:
Big Ben Book Shop, Michalská 2. Englischsprachiges.
Oxford Bookshop, Laurinska 9, Tel. 52622029, www.oxfordbookshop.sk; Mo–Fr 10–19, Sa 10 –17. Große Auswahl.

Sportmöglichkeiten

Eislaufen

Zimny štadión Ondreja Nepelu, Odbojárov 9, Tel. 44372828.

Tennis

Nationales Tenniszentrum, Príkopova 6, Tel. 49209888.
Tenisový klub AŠK inter, Trnavská 33, Tel. 44371391.
Tenisový klub slovan, Odbojárov 3, Tel. 44256748.

Squash

Squash centrum, Dunajska 23, Tel. 52962806.
Hercules, Tomašihova 30, Tel. 4342 3977.
Squash centrum, Trnavského 2b, Tel. 65412345.

Golf

Golfclub, Kaštielska 4, 900 27 Bernolákovo, Tel. 544321, www.golf.sk.

Ärztliche Hilfe

Poliklinik Ružinov, Ružinovská 10, Tel. 43333728 und 43338645 (Kinderklinik).
Poliklinik Tehelná, Tehelná 26, Tel. 02/44372688.
Ambulanzzentrum Strečnianska, Strečnianska 13, Tel. 02/63833878 und 62833130 (Kinderklinik).
Poliklinik Kramáre, Limbová 5, Tel. 02/59541111.
Kinderklinik Kramáre, Limbova 1, Tel. 02/59391777.
Zahnärztlicher Bereitschaftsdienst, Drieňová 38, Tel. 02/43423433.

Apotheken

Durchgehend geöffnet:
Nám. SNP 20, Tel. 54432952.
Ružinovská 12, Tel. 43331143.
Strečnianska 1, Tel. 63835868.

Bratislava-Informationen

Die slowakische Hauptstadt ist von reizvollen und dabei sehr unterschiedlichen Landschaften umgeben: Das Záhorie bietet Abgeschiedenheit entlang der March, am Rand der Kleinen Karpaten locken die vielen Winzerorte, und im Donautiefland lohnen nicht nur Wassermühlen den Besuch. Von besonderer historischer Bedeutung ist schließlich Trnava, die alte Erzbischofsstadt.

DIE UMGEBUNG VON BRATISLAVA

Schloss Smolenice

Das Záhorie

Nördlich von Bratislava, zwischen der Morava (March) im Westen und Norden, die hier auch die Staatsgrenze bildet, und den Kleinen Karpaten mit ihren Ausläufern im Osten liegt das Záhorie. Der Name bedeutet ›hinter den Bergen‹. Gemeint sind damit die Kleinen Karpaten, von der Mittelslowakei aus betrachtet. Der östliche Teil der Region heißt Borská nížina – übersetzt etwa ›bewaldetes Tiefland‹ –, der westliche Teil entlang der Morava, der überwiegend Naturschutzgebiet ist, Dolnomoravská nížina (Marchniederung). Das Záhorie ist eine teils noch fast unberührte Region stiller Auenlandschaften, melancholischer Kiefernwälder und sanft geschwungener Hügelketten. Die Morava, die in ihrer Geschichte mehrmals ihren Lauf veränderte, schuf eine unvergleichliche Niederungszone voller Altarme, die als Feuchtbiotop mit gut 27 000 Hektar zu Recht unter Schutz steht. Die Region ist von alters her ein Jagdgebiet und gilt daneben ebenso als Paradies für Pilzsammler, wie es auch das bedeutendste Spargelanbaugebiet des Landes ist. Das Záhorie ist die westlichste Region der Slowakei und dient den meisten Besuchern nur als Durchgangsgebiet, wenn sie über die Autobahn D2 (E 65) oder die parallel verlaufende slowakische Fernstraße 2 von Norden nach Bratislava fahren oder die Slowakei in dieser Richtung verlassen. Besucher, die über Wien anreisen, lassen das Záhorie ohnehin meist links liegen. Große landschaftliche oder kulturgeschichtliche Höhepunkte finden sich hier nicht, doch gibt es vieles, was einen Tagesausflug von Bratislava lohnt, zumal selbst die nördlichen Städte der Záhorie kaum 70 Kilometer von der Hauptstadt

entfernt sind. Es lohnt auch, auf dem Weg von Brünn nach Bratislava das Záhorie auf den Landstraßen zu erkunden und die Stille dieser Landschaft kennenzulernen. Die Gebiete des Záhorie um Senica, Skalica und Myjava bleiben hier unberücksichtigt, da sie allzu abseits der Autobahn und der Fernstraße 2 gelegen sind, von denen sich die Abstecher anbieten.

Es ist eine recht unbekannte Region, vielleicht weil es kein für die herkömmliche Vorstellung von der Slowakei charakteristisches Gebiet ist. Die Grenzlage zur Tschechischen Republik, historisch gesehen die Grenzlage zu Mähren, brachte eine eigentümliche Mischung der Sprache als auch der Architektur mit sich. Die geschichtliche und kulturelle Entwicklung dieses Gebiets, das jahrhundertelang dem ungarischen Kulturkreis angehörte und als ›Ober-Ungarn‹ bezeichnet wurde, verlief anders als im böhmisch-mährischen Raum. Diese Entwicklung verleiht dem Gebiet einen individuellen Charakter, der womöglich aber erst beim zweiten Blick spürbar wird.

Zwischen tschechischer Grenze und Veľké Leváre

Wer sich von Norden über die D2 in die Slowakei begibt und die zusätzliche Maut für die slowakische Autobahn sparen möchte, muss bereits bei der Ausfahrt Břeclav auf tschechischem Gebiet die Autobahn verlassen und durch die Stadt hindurch und weiter über die Staatsstraße 425 Richtung Lanžhot fahren. Vor der Grenze besteht keine weitere Ausfahrt. Man unterquert die Autobahn, die hier wegen des sumpfigen Geländes fast nur auf Pfeilern steht, und passiert die ehemalige Grenzstation.

▲ Karte S. 179

■ Gbely

In Kúty erreicht man die slowakische Staatsstraße 2, die südlich nach Bratislava führt. Knapp 15 Kilometer nordöstlich von Kúty kann man dem Städtchen Gbely (Egbell) einen Besuch abstatten. Hier befindet sich eine für das Land wichtige Erdöllagerstätte, geologisch denen im österreichischen Weinviertel verwandt. Fördertürme zieren die Umgebung des Ortes, in dem man auch ein

Erdölmuseum (Naftárske muzeum) findet. 1913 sprudelten hier zum ersten Mal an einem Ort in Mitteleuropa Öl und Gas aus dem Boden.

Ján Medlen – ein Mann um die Fünfzig, mit verfilztem Vollbart, im Dorf wenig angesehen – machte eines Tages die zufällige Entdeckung, dass das Erdreich hier während einer Wanderung unter seinen Füßen Blasen bildete. Es gelang Medlen, das Stück Land für geringes

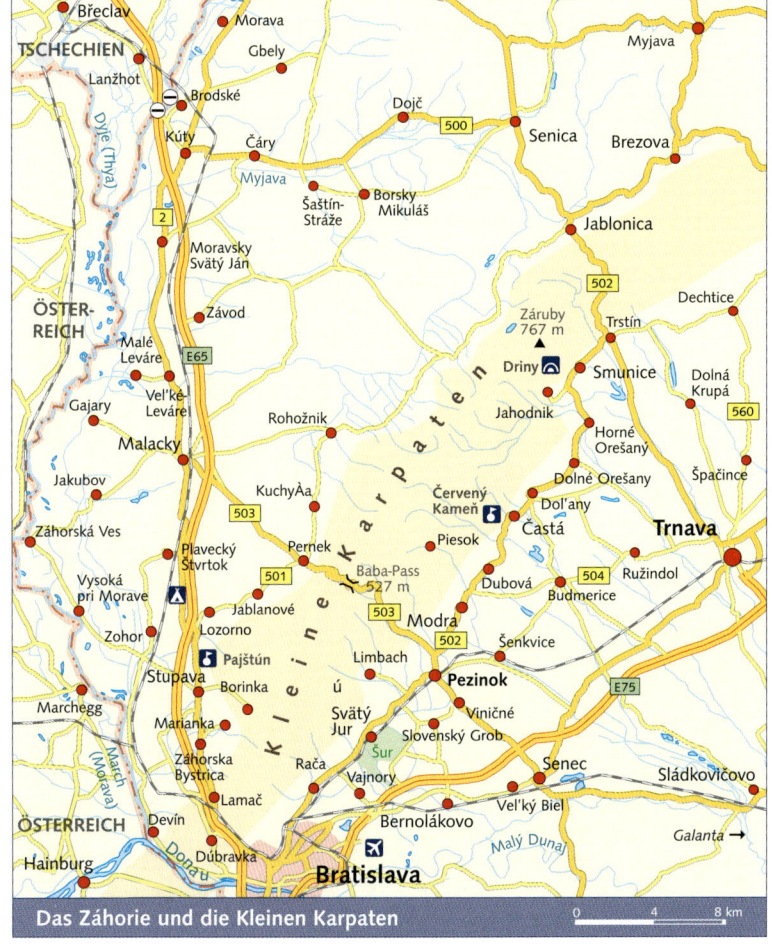

Das Záhorie und die Kleinen Karpaten

Entgelt zu erwerben. Er untersuchte die Blasen, stellte fest, dass sie seltsam riechendes und brennbares Gas enthielten, und versuchte, eine Vorrichtung zu bauen, um seine Hütte beheizen zu können. Dabei explodierte jedoch seine Apparatur. Die Gendarmerie musste einschreiten, eine geologische Kommission wurde eingesetzt und die wahre Natur dieser Entdeckung festgeschrieben. Medlen verkaufte nun – weit unter Wert – sein Grundstück und errichtete ein neues Haus. Er starb 1944, im Alter von 74 Jahren, scheinbar als armer Mann. Als man jedoch nach seinem Tod sein Haus inspizierte, fanden sich in verschiedenen Verstecken ungeheure Mengen an Banknoten, die inzwischen aber fast alle von den Mäusen zerfressen waren. Erst 1969 wurde für Medlen, dessen tatsächliches Grab inzwischen unbekannt war, an der Stelle, wo die Blasen erstmals auftraten, ein Gedenkstein errichtet.

■ Kúty

Kommt man über die Autobahn ins Land, so erreicht man nach wenigen Kilometern die erste Abfahrt auf slowakischem Gebiet, Kúty. Dieses Grenzstädtchen hat außer einer **Barockkirche** und einem **Denkmal** für den slowakischen Dichter Andrej Radlínský (1817 – 1879) auf dem Marktplatz keine Besonderheiten aufzuweisen.

■ Šaštin-Stráže

An der ersten Autobahnabfahrt abzufahren, lohnt vor allem wegen des kleinen Ortes Šaštin-Stráže (Schossberg), der etwa neun Kilometer östlich von Kúty liegt. Jeder slowakische Katholik kennt diesen bedeutenden Wallfahrtsort, der bereits in der Bronzezeit besiedelt war. In der Mitte des 16. Jahrhunderts erbat sich eine fromme Frau Hilfe von der Jungfrau Maria, um ihren untreu gewordenen Ehemann zurückzuerhalten. Die Bitte wurde

▲ *Die Wallfahrtskirche in Šaštin-Stráže ist für das ganze Land von großer Bedeutung*

erhört, und die Frau ließ aus Dankbarkeit eine Kapelle mit einem Marienbild erbauen. Das Marienbild stand bald im Ruf, fromme Bitten erfüllen zu können, so dass man 1732 diese Figur als wundertätig erklären ließ. Paulinermönche kamen im gleichen Jahr an, um ein Kloster zu gründen. Sie ließen auch die gewaltige **Wallfahrtskirche St. Maria von den sieben Schmerzen** errichten, die 1764 von Kaiser Franz I. (besser bekannt auch als Franz Stephan von Lothringen) und seiner Gemahlin Maria Theresia eingeweiht wurde. Allerdings war die Kirche zu dieser Zeit noch nicht fertiggestellt, denn ihre Türme wurden erst 1864 gebaut, nachdem der gesamte Bau 1786 eingestellt worden war: Kaiser Joseph II. hatte durch die Säkularisation aller Klöster des Landes diese gleichsam aufgelöst.

Die wundertätige **Marienfigur** – 1564 erstmals erwähnt – befindet sich auf dem aus rotem Marmor gestalteten Hauptaltar, die 1945 beschädigte Orgel aus dem Jahr 1770 gilt als größte der Slowakei. Eindrucksvoll sind auch die illusionistischen Fresken, die einen viel größeren Kirchenraum vortäuschen.

■ **Moravský Sväty Ján**

In Moravský Sväty Ján ist ähnlich wie in Kúty wenig Sehenswertes zu finden. Eine klassizistische **Kirche** und ein kleines, stark umgebautes **Schlösschen** mögen kaum Grund für einen Halt sein. Einzig der westlich der Hauptstraße, in Richtung Sekule, gelegene **Badesee** könnte ein solcher Anlass sein. Seit 2005 führt hier eine **Brücke** über die March ins österreichische Hohenau.

■ **An Morava und Dyje**

Etwa 400 Meter westlich der Autobahnausfahrt Kúty quert die slowakische Staatsstraße 2 den kleinen Fluss Myjava. Unmittelbar hinter der Brücke verläuft ein schmaler Fuß- und Radweg auf einer Art Damm in west-südwestlicher Richtung. Hier gelangt man schnell in die **Auenniederung** der Morava (March), die hier besonders eindrucksvoll ist, da hier neben der Myjava auch die Dyje (Thaya), die von Nordwesten kommt und die österreichisch-tschechische Grenze bildet, in den Fluss mündet.

Nach etwa dreieinhalb Kilometern finden sich etwas nördlich vom Weg Überbleibsel von **Befestigungsanlagen** des 18. Jahrhunderts, die wegen der nahen Grenze zu Österreich auch von den Grenztruppen der ČSSR genutzt wurden. Reste dieses Festungsgürtels lassen sich, vom Fluss teilweise bis zu acht Kilometer entfernt, an vielen Stellen bis in die Gegend südlich von Malacky finden.

Der Dammweg wendet sich nach Süden und erreicht nach knapp zwei Kilometern eine Straße, die von Westen aus Hohenau in Österreich kommt, an einem kleinen Grenzübergang die Morava überquert und weiter nach Moravský Svätý Ján (St. Johann an der March) führt, wo wieder die Staatsstraße 2 erreicht ist. Etwa 250 Meter westlich dieser Kreuzung befindet sich gegenüber einem kleinen Industriebetrieb ein bescheidenes, aber empfehlenswertes **Restaurant**.

Wer ein Fahrrad zur Verfügung oder ausreichend Zeit zum Wandern hat, sollte nicht verzichten, diesen Dammweg weiter nach Süden Richtung Gajary und Malé Leváre zu befahren oder zu begehen. Mit Hilfe der slowakischen grünen Wanderkarte (Turistická Mapa), Blatt 150 (Borská Nížina – Malacky), lassen sich hier und weiter moravaaabwärts sehr schön zahllose individuelle Wege auch abseits ausgeschilderter Radwege erkunden. Die ganze March-niederung ist für Radler paradiesisch, es gibt nur geringen Autoverkehr, und Einkehr- und Einkaufsmöglichkeiten bestehen auch in kleinen Dörfern.

Veľké Leváre

Das wegen seiner exponiert liegenden Kirche schon von weitem sichtbare Veľké Leváre (Großschützen) lohnt zweifellos einen Besuch. Die 1733 fertiggestellte **Kirche** mit ihrer prächtigen Südfassade und den gewaltigen Türmen ist besonders durch den unmittelbar daneben befindlichen Pranger bemerkenswert.

Besondere Bedeutung hat die **Habaner-Siedlung** (Habánsky Dvor) am Westrand des Ortes. Dort, wo der Weg in einer weit geschwungenen Linkskurve Veľké Leváre verlässt, befindet sich linker Hand ein unscheinbarer Handwerkerhof mit mehreren Wohnhäusern und einer kleinen Kapelle. Die Anlage ist teilweise in Privatbesitz, wird aber zu bestimmten Zeiten für die Öffentlichkeit geöffnet, etwa für den jeweils am ersten Julisonntag stattfindenden Habanermarkt. Auch ein kleines **Museum** befindet sich hier (geöffnet auf Anfrage unter 034/ 7794493 bzw. 7794107 oder 7794316, www.levare.sk).

Die Habaner (oft auch Hutterer genannt) waren eine Anfang des 16. Jahrhunderts gegründete radikale Glaubensgemeinschaft, die ursprünglich im Hannoverschen, in der Schweiz und im Rheinland zuhause war und später nach Ungarn und Siebenbürgen auswanderte. Sie ähnelte der zur gleichen Zeit aufkommenden Wiedertäuferbewegung, zeigte aber eine ganz ungewöhnliche ›sozialistische‹ Färbung, in dem sie das Leben und Arbeiten in einer Art Kollektiv verherrlichte. Ihr Begründer Jakob Hutter starb, als Ketzer verurteilt, 1536 in Innsbruck den Feuertod. Bekannt waren die Habaner für ihre keramischen Arbeiten, insbesondere Majoliken und Fayencen. Habanerhäuser waren grundsätzlich aus gestampftem Lehm errichtet, die Giebeldächer teilweise grasbewachsen.

Die großen **Waldgebiete**, die sich östlich und südöstlich von Veľké Leváre und Malacky bis zur Podmalokarpatská Zníženina (etwa ›Niederung am Fuß der Kleinen Karpaten‹) hinziehen, sind größtenteils militärisches Sperrgebiet und nur über die Staatsstraßen 590 (Richtung Studienka) und 503 (Richtung Pernek) zu durchqueren.

Karte S. 179

▲ *Blick auf Veľké Leváre*

Malacky

Die kleine Stadt Malacky (Malatzka) –
18 000 Einwohner – ist die Bezirkshaupt-
stadt des Záhorie. Sie liegt etwa 35 Kilometer nördlich von Bratislava und ist
nicht sonderlich attraktiv. Ältere Gebäude sind nur wenige vorhanden, weniger
eine Folge des großen Stadtbrandes von
1808 als vielmehr der sozialistischen
Epoche geschuldet, als zwischen 1965
und 1990 die verkommene Altbausub-
stanz großflächig abgerissen wurde. Diese Erscheinung lässt sich in vielen
kleineren Städten des Landes beobachten: Durch direkte Kriegseinwirkungen
wurde während des Zweiten Weltkriegs
in der Slowakei wenig zerstört, sieht
man einmal von der kleinen Region um
den Dukla-Pass ganz im Osten des
Landes ab, wo im Herbst 1944 der
Frontverlauf mehrmals hin und her
wogte. In den vergangenen Jahren wurde das Stadtzentrum Malackys aber
großflächig erneuert und verschönert,
auch füllen viele Neubauten die vormaligen Lücken. Daher lohnt ein Halt in der
Stadt durchaus.

An der großen Kreuzung in der Stadtmitte, gleich hinter der Grünanlage des Klos-
terplatzes (Kláštorné nám.), befindet
sich die **Marienkirche** von 1653 mit dem
daran anschließenden **Franziskanerkloster**. Wegen der Gefahr türkischer An-
griffe im 17. Jahrhundert wurden beide
mit einer Wehrmauer umgeben. Die sehr
weitläufige Anlage weist an ihren Ecken
vier niedrige Türme auf. Einer davon
erhebt sich unübersehbar direkt an der
Ausfallstraße nach Bratislava. Das Klostergebäude war ursprünglich ein Schlösschen im Jagdrevier der Grafen Pálffy,
die Anfang des 17. Jahrhunderts die Eigentümer der Region wurden.

In der Ul. Zámocká steht die ehemalige
Synagoge vom Ende des 19. Jahrhun-

*Heute ein Konzerthaus: die Synagoge in
Malacky*

derts. Sie ist im damals sehr beliebten
maurischen Stil gehalten und dient heute als Konzert- und Veranstaltungshalle.
Die Zámocká geht östlich vom Kloster-
platz gegenüber der Sparkasse (Spoři-
teľna) von der Radinskeho ab. Die
Orientierung ist auch mit Stadtplan
schwierig, da durch großflächigen Abriss
der Straßenverlauf verwischt ist. Trotzdem ist die Synagoge leicht zu finden
– sie steht unmittelbar neben einem
großen Supermarkt.

Das unzugängliche **Barockschloss**
(1808 klassizistisch umgebaut), besitzt
einen schönen Landschaftspark mit jahrhundertealten Eichen und Platanen und
beherbergt heute eine Nervenklinik.

■ Pernek

Von Malacky gelangt man über die
Staatsstraße 503 nach zwölf Kilometern
in das schon am Fuß der Kleinen Karpaten liegende Pernek (Bäreneck), einem

einst zusammen mit dem jenseits der Kleinen Karpaten befindlichen Pezinok bedeutenden Bergbaugebiet. Gold, Silber und Antimon wurden gefördert, 1848 entstand hier die erste Schwefelsäurefabrik Ungarns. Der Ort ist ein beliebter Ausgangspunkt für Wanderungen. Über die 503 kann man hier an einer der ganz wenigen Möglichkeiten für Kraftfahrzeuge die Kleinen Karpaten auf dem Pass Sedlo Baba (527 Meter) überqueren und nach Pezinok gelangen. Von Pernek führt am Fuß der Kleinen Karpaten die 501 auf die Staatsstraße 2 zurück.

Etwa acht Kilometer südlich von Malacky befindet sich unmittelbar an der Hauptstraße der **Campingplatz Kamenný Mlyn** mit einem guten, nicht allzu luxuriösen empfehlenswerten Hotel.

■ Záhorská Ves

15 Kilometer westlich von Malacky kommt man über die 503 nach Záhorská Ves (Ungeraiden) und damit wieder an die Morava. Hier, an einem kleinen Grenzübergang zum niederösterreichischen Angern, liegt der westlichste Punkt der Slowakei auf 48° 22′ 53″ Breite und 16° 50′ 04″ östlicher Länge. Die Überquerung der Grenze erfolgt

So unspektakulär ist der westlichste Punkt der Slowakei

mittels einer kleinen **Fähre**, die 2015 durch eine Brücke ersetzt werden soll.

Ein sehr empfehlenswerter ausgeschilderter Radweg führt auf dem Damm des Flusses nach Süden in die **Auenwälder**, auch die von hier südöstlich nach Vysoká pri Morave führende Straße ist landschaftlich besonders reizvoll. Letzteres Dorf ist durch eine besonders befestigte Mauer von den immer wiederkehrenden Hochwassern der Morava abgesichert. In Záhorská Ves kam die weltberühmte Sopranistin Lucia Popp zur Welt, die im November 1993, erst 54-jährig, einem Gehirntumor erlag. Für Leonard Bernstein war sie eine der bedeutendsten Sängerinnen ihrer Epoche. Eine kleine Gasse, die ul. Lucie Poppovej, ist nach ihr benannt. Beigesetzt wurde sie in Bratislava auf dem Friedhof Slávicie údolie. Erstaunlich ist, dass die Stadt Bratislava bisher keine Straße nach diser bedeutenden slowakischen Künstlerin benannt hat.

Stupava

Der nächste größere Ort an der Staatsstraße Richtung Bratislava ist Stupava (Stampfen), ein Ort mit knapp 8000 Einwohnern. Der berühmteste Sohn der Stadt, Ferdiš Kostka (1878–1951), ein Nachfahre von Habanern, schuf hier prächtige, phantasievolle keramische Arbeiten; wahrscheinlich brannte er seine Werke im hier einzigen noch erhaltenen Brennofen aus der Habanerzeit. Seine Werkstatt mit Ofen kann in seinem 1968 zum **Museum** umgestalteten Wohnhaus besichtigt werden (ul. Ferdiša Kostku; das ist die Straße, die aus Vysoká kommt, nicht weit von der Mündung in die Staatsstraße 2).

Direkt an der Hauptstraße (Hlavná) befindet sich das 1871 durch den berühmten ungarischen Architekten Mik-

Der Eingang zum Schloss Stupava

los Ybl umgebaute **Renaissanceschloss**, in dem heute neben einem Altersheim einige städtische Einrichtungen untergebracht sind. Gleich daneben findet sich auch die **Pfarrkirche St. Stephan**, deren Renaissanceformen später barockisiert wurden. Erst 1911 erhielt sie ihren auffallenden Turm. Sehnswert ist auch die **Synagoge** in der Hlavná ulica. Sie ist zwar ziemlich verfallen, die Rekonstruktion aber in vollem Gang.

Wie fast alle Regionen der südwestlichen Slowakei ist auch der Süden des Záhorie schon im 3. Jahrhundert vor der Zeitrechnung von Römern besiedelt gewesen. Archäologische Funde, die man in der Umgebung fand, zeigen dies.

Borinka und Umgebung

Wo die Straße von Vysoká am Nordrand von Stupava auf die 2 trifft, beginnt der Weg nach Borinka (Ballenstein). Borinka ist wie Pernek Ausgangspunkt zahlreicher Wandermöglichkeiten in den Kleinen Karpaten (für diese Region und für die nähere westliche und östliche

Umgebung Bratislavas sei die grüne Wanderkarte 1:50 000 Nr. 127 Malé Karpaty–Bratislava empfohlen).

In Borinka führt gegenüber der Kirche ein rot markierter Wanderweg zur auf 486 Meter Höhe gelegenen **Ruine Pajštún** hinauf. Um 1250 auf einem fast unzugänglichen, schwindelerregenden Felsen errichtet, wurde sie 1810 von napoleonischen Truppen zerstört.

Von Borinka führt die Fahrstraße weiter das Tal des Stupavský potok (Stampfenbach) hinauf. Über einer verengten Linkskurve thront auf einem vorspringenden Fels die **Drachenburg** (Dračí hrádok). Der Weg wendet sich hier nach Norden und verengt sich bei Medené hámre, wo es Reste ehemaliger Bergbauanlagen gibt, in einer romantischen Karstschlucht weiter. Bei Košarisko – nach etwa vier Kilometern – ist dann die Straße für Motorfahrzeuge gesperrt. Mit dem Rad oder zu Fuß kann man auf einem blau markierten Radweg über die Kleinen Karpaten hinweg nach Svätý Jur gelangen oder in nordwestlicher Richtung bei Lozorno wieder auf die Staatsstraße 2 zurückkommen. **Košarisko** ist für die Bratislavaer ein beliebter Ausflugs- und Erholungsort.

Marianka

Am nördlichen Ortsrand von Záhorská Bystrica (Bisternitz), zwei Kilometer südlich von Stupava, führt nach Osten (schlecht ausgeschildert und leicht zu übersehen), die Straße nach Marianka (Mariental) ab. Das ist der älteste Wallfahrtsort des Landes, der alljährlich am 8. September von unzähligen Pilgern besucht wird. Das Kloster liegt am östlichen Ende des Ortes in einer Senke und ist von weitem nicht zu sehen. Man biegt im Ort vor der Buswendeschleife in sehr spitzem Winkel in einer abschüssigen Straße nach rechts ab und gelangt nach einigen hundert Metern zur **Klosteranlage**. Die 40 Zentimeter große Marienfigur aus der Zeit um 1050, die von einem Eremiten geschnitzt und versteckt wurde, ist Zentrum der Verehrung. Sie ist Teil des Hauptaltars in der um 1375 fertiggestellten, ursprünglich gotischen, aber um 1690 barockisierten Klosterkirche, die aus Anlass eines Sieges über die Türken gebaut wurde. Seit damals gehörte sie – wie Šaštín-Stráže – dem Paulinerorden. Wie dieses wurde das Kloster 1786 aufgrund des Erlasses Kaiser Josephs II. säkularisiert.

Von der Kirche führt ein Weg, der von 14 Kapellen aus dem 20. Jahrhundert gesäumt wird, zum **Wunderbrunnen**. Hier steht die Brunnenkapelle. In ihr findet man hinter dem Altar einen kleinen Brunnen, in dem angeblich um 1300 die Marienstatue gefunden wurde.

Vom Kloster geht ein rot markierter Wanderweg, die Červená cesta, ganz am Westrand der Kleinen Karpaten nach Bratislava und mündet am Nordrand der Stadt auf die Einfallstraße (die 2), die hier Lamačská cesta heißt. Nach Norden führt der gleiche rote Wanderweg nach Borinka hinunter.

Marianka war in altösterreichischer Zeit aber noch aus einem anderen Grund berühmt: Die hiesigen Schieferbrüche lieferten das Material für die Schultafeln der Kronländer. 8000 Stück Schiefertafeln verließen vor 1916 täglich die hiesige Tafelfabrik. In der Blütezeit des Schieferabbaus, zwischen 1850 und 1890, lieferte man solche Tafeln sogar nach Ägypten und Südamerika. Die Steinbrüche sind seit langem stillgelegt, doch gibt es einen Verband, der den Abbau wiederaufnehmen will. Teile des Fantasy-Films ›Dragonheart‹ (1996) wurden übrigens hier gedreht.

Die nördlichen Vororte Bratislavas

Mit **Záhorská Bystrica** ist der nördlichste Ortsteil Bratislavas erreicht; das Stadtzentrum ist noch etwa 20 Kilometer entfernt. In der reizvollen Dorfstraße, die quer zur Hauptstraße nach Westen abgeht, gibt es noch viele charakteristische **Winzerhäuschen** zu sehen. Die Straße schiebt sich nun in die südwestlichen Ausläufer der Kleinen Karpaten hinein, im Westen sieht man im Tiefland die ausgedehnten Industrieanlagen von Devínska Nová Ves. Hier produziert VW.

Lamač (Blumenau) ist erreicht. Hier wurde 1866 mit einem lokal berühmten Gefecht der preußisch-österreichische Krieg beendet, den man ansonsten mit Namen wie Königgrätz verbindet. Erst in den vergangenen fünf Jahren hat auch dieser Ortsteil durch die Ansiedlung kleinerer Industriebetriebe einen kleinen Aufschwung genommen. Einst war er ein reiner Winzerort, die Weingebiete in der unmittelbaren Umgebung von Bratislava sind aber in der zweiten Hälfte des 20. Jahrhunderts verschwunden. Hinter der Autobahnauffahrt Lamač liegt rechter Hand **Dúbravka**, mit seinem exponierten Neubaugebiet an die Nordflanke der Devínska Kobyla (Thebener Kogel oder Thebener Stute) gebettet. Die Verkehrsdichte hat hier bereits deutlich zugenommen, Autobahn und Staatsstraße 2 haben sich vereinigt und führen in die Stadt hinein. Lange Zeit behinderte der Bau des Autobahntunnels unter dem Berghügel Sitina (1,4 km lang) den Verkehr hier am Eingang zur Stadt. Nun ist die Untertunnelung des kleinen bewaldeten Sitina, unmittelbar westlich der Slowakischen Landwirtschaftsakademie, fertiggestellt. Die von Brünn kommende Autobahn ist jetzt direkt an die Südtrasse Richtung Ungarn angebunden und ver-

◀ Karte S. 179

ringert die Verkehrslast der ins Zentrum führenden Lamačska und Brnianska. Nördlich des Zoos vereinigt sich dieses Autobahnstück mit der Stadtautobahn. Alsbald erreicht man eine große Abzweigung. Geradeaus geht es an den Stadtteilen Slavín und Vinohrady (Wein-

berge) vorbei ins Zentrum von Bratislava hinein, nach rechts erreicht man schnell durch die Mlynská Dolina (Mühlental) wieder die Autobahn am Südausgang des erwähnten Tunnels, die über die Lafranconi-Brücke am Westsaum Bratislavas über die Donau führt.

 Das Záhorie

Touristeninformation Malacky, Bernolákova 1a, 90001 Malacky, Tel. 034/7722055, www.tikmalacky.sk, info@tikmalacky.sk. www.malacky.sk ist eine informative Website mit Stadtplan (auch auf Deutsch); u.a. Hinweise auf offizielle Fahrradwege, Bade- und Erholungsmöglichkeiten.
Touristeninformation Vysoká pri Morave, Hlavná 185, 90066 Vysoká pri Morave, Tel. 02/64282103, tikniva@vysokaprimorave.sk.
Touristeninformation Stupava, Agátova 16, 90031 Stupava, Tel./Fax 02/65934312, msks-stupava@msks-stupava.sk.
Veľké Leváre: www.velkelevare.sk.
Borinka: Unter www.borinka.sk findet man Informationen u.a. zu Übernachtungs- und Einkehrmöglichkeiten im Ort und seiner näheren Umgebung.

Hotel Atrium, Zámocká 1, 90001 Malacky, Tel. 034/7723161, www.hotelmalacky.sk. Gutes Mittelklassehotel direkt im Zentrum; DZ 40 Euro..
Park Hotel, Nová ul. 64, 90031 Stupava, Tel. 02/6593-4768/-4268, Fax 6593431, www.parkhotel.sk; DZ 50 Euro.
Penzión Privát, Marta Koleničová, Hviezdoslavova 72, Tel./Fax 02/65934185, www.privatik.sk, info@privatik.sk; DZ 40 Euro.

Penzión Intenzíva, Nová 66, 90031 Stupava, Tel. 0902/917596, www.ubytovanic-stupava.sk. Mit guter Bar, DZ 30 Euro.

Habaner-Museum (Habánske múzeum), Veľke Leváre, Tel. 034/7794493, www.zahorskemuzeum.sk; geöffnet Di und Do, Voranmeldung erwünscht.

ATC Rudava, 90874 Malé Leváre 177, Tel. 034/7795134, 15.6. bis 15.9. Südwestlich des Ortes an einem kleinen See, an der Straße nach Gajary. Gleich hinter der Brücke über die Rudava geht es dorthin.
RS Gazárka, 90841 Šaštín-Stráže, Tel. 034/592348, 15.6. bis 15.9. Am Südufer des unmittelbar südlich des Bahnhofs befindlichen kleinen Sees.
ATC Kamenný Mlyn-Vajarský, 90068 Plavecký Štvrtok, Tel. 034/7793279, Fax 7793296, kamennymlyn@kamennymlyn.sk. Ganzjährig geöffnet. Der Zeltplatz liegt südöstlich des Ortes direkt an der Staatsstraße 2 Richtung Bratislava am Flüsschen Močiarka, nur knapp 20 km vom Zentrum der Hauptstadt entfernt. Doppelzimmer 30 Euro.

Moravaniederung: Wanderkarte (Turistická Mapa) Blatt 150 (Borská Nížina–Malacky).

Die Kleinen Karpaten

Den westlichsten Ausläufer des großen Karpatenbogens, der sich in kühnem Schwung von der Donau bei Bratislava über die Hohe Tatra, wo er seine höchsten Erhebungen aufweist, und weiter über ukrainisch-rumänisches Territorium bis zum Eisernen Tor wieder zur Donau zurückwindet, stellen die Kleinen Karpaten (Malé Karpaty) dar. Die Karpaten sind wie die Alpen ein Faltengebirge, das im Tertiär etwa in der Zeit vor 45 Millionen Jahren bis vor 15 Millionen Jahren entstand. Dabei kollidierte die Afrikanische Platte mit Europa, und der Meeresboden zwischen beiden wurde zusammen mit Resten des Kontinentalrands aufgefaltet und mannigfaltig verformt und überschoben. Die Westkarpaten besitzen einen sogenannten kristallinen Kern aus Gneisen und magmatischen Gesteinen, der eine Hülle mesozoischer und tertiärer Sedimentgesteine aufweist. Heiße wässerige Lösungen, die in unterschiedlichen erdgeschichtlichen Epochen in diese Gesteine der Karpaten eindrangen, brach-

ten gelöste Erzminerale mit, die Grund des bergbaulichen Reichtums der Region sind.

Die Hügel von Devín (Devínske Karpaty) westlich von Bratislava sind die äußersten Vorposten der Kleinen Karpaten. Geologisch-geographisch gesehen und somit genaugenommen stellen die Hainburger Berge mit dem Braunberg (346 Meter), der Königswarte (344 Meter) sowie dem Hundsheimer Berg (481 Meter) auf österreichischem Gebiet unmittelbar südlich der Donau ihr tatsächliches Westende dar.

Auf einer Länge von etwa 85 Kilometern erstreckt sich dieses Mittelgebirge von der Donau in nord-nordöstlicher Richtung bis nach Nové Mesto nad Váhom (Waag Neustadt) am Fluss Váh (Waag). Das Gebirge zieht sich jenseits des Flusses als Biele Karpaty (Weiße Karpaten) in der gleichen Richtung weiter. Es ist nur etwa 20 Kilometer breit, kann aber, da es in großen Teilen (650 Quadratkilometer) unter Naturschutz steht, nur an drei Stellen mit Motorfahrzeugen

Weiter Blick über die sanft geschwungenen Kleinen Karpaten

Karte S. 179

überquert werden: von Pezinok nach Pernek, von Boleráz nach Jablonica und von Vrbové nach Brezová.

Die höchste Erhebung ist der Záruby (767 Meter), der sich etwa zwei Kilometer nordwestlich von Smolenice im mittleren Bereich des Gebirgszugs erhebt. Das südliche Vorland liegt nur auf etwa 160 Meter Meereshöhe. Die Kleinen Karpaten wirken trotz dieser verhältnismäßig großen Höhendifferenz aufgrund des langsamen Anstiegs nur als sanfte Bergkette. Sie stellen mit ihrem dichten Netz gut erschlossener Wanderwege und leicht zu befahrener Skipisten nicht nur ein wichtiges Naherholungsgebiet für Bratislava und seine Besucher dar, sondern besitzen auch aufgrund ihrer günstigen Boden- und Klimaverhältnisse an ihrer Südflanke traditionelle Weinbaugebiete, die einen wichtigen wirtschaftlichen Faktor in der Westslowakei darstellen.

Die Kleinkarpatische Weinstraße

Weinanbau wurde an den Südhängen der Kleinen Karpaten wahrscheinlich seit der Keltenzeit und nachweislich seit der Zeitenwende durch die Römer betrieben. Es waren die Legionäre des Kaisers Marc Aurel, die die ersten Weingärten anlegten, wobei allerdings erst seit dem 13. Jahrhundert mit der Einwanderung deutscher Kolonisten ein großflächiger Anbau erfolgte. Seitdem befindet sich hier das älteste und größte Weinbaugebiet der Slowakei. Für die Slowaken spielt der Wein als Alltagsgetränk eine weitaus größere Rolle als Bier. Von den insgesamt etwa 4000 Hektar Anbaufläche entfallen 80 Prozent auf weiße Sorten, davon etwa ein Drittel auf Riesling (Rizling vlašský), innerhalb der nur geringen Rotweinproduktion überwiegen

mit dem Blaufränkischen (Frankovka modrá) und dem Blauen Portugieser Rebensorten, die der ungarische Historiker Matias Bel schon zu Beginn des 18. Jahrhunderts für das Gebiet beschrieb. Um 1750 geriet der Weinanbau in eine Krise, da hohe Zölle die ausländische Nachfrage zurückgehen ließen, insbesondere da auch billigere Weinsorten aus Ungarn und dem Burgenland in Konkurrenz traten. Um dieser besser begegnen zu können, schlossen sich die Winzer freiwillig zu Genossenschaften zusammen. In Preßburg wurde die erste Fabrik außerhalb Frankreichs gegründet, wo Sekt nach französischen Originalrezepten hergestellt wurde. Dieses Unternehmen, die Champagnerfabrik J. Hubert, wurde 1825 gegründet, exportierte dann Kleinkarpatische Weine in alle Welt und existiert heute noch. In Trnava gab es den größten Weinkeller Ungarns: Drei Millionen Liter Wein konnten dort bei der Firma Anton Szuliny gleichzeitig gelagert werden. Um 1890 vernichteten Schädlinge 80 Prozent der Anbaufläche. Was zunächst eine Katastrophe darstellte, wurde ein Grund, Anbauart und -methoden zu erneuern. Weinbauschulen entstanden, und bald stand die westslowakische Winzerei in neuer Blüte.

Nach 1945 wurden die teils jahrhundertealten Familienbetriebe enteignet, und es trat ein staatlich gelenkter, ›kolchosierter‹ Weinbau an ihre Stelle. Nach 1989 konnten jedoch die alten Besitzer sehr oft wieder ihre Winzereien übernehmen; die Tradition der Familienunternehmen, die so lange Garant für die hohe Qualität der kleinkarpatischen Weine gewesen war, setzte sich fort. Die Kleinkarpatischen Weine sind meistens trocken und zeigen eine frische Säure. Sehr beliebt ist im Herbst der ›burčiak‹, ein junger verdauungsför-

Die Umgebung von Bratislava

Produkte der Kleinkarpatischen Weinstraße

dernder Wein, der noch in der Gärungsphase steht – verwandt unserem ›Federweißen‹. Die kleinkarpatischen Weine sind von besonderer geschmacklicher Güte, da die Trauben hier nicht bei großer Hitze und Trockenheit reifen, wie es in Italien oder anderen südlichen Regionen der Fall ist, sondern bei mäßigen Temperaturen und ergiebiger Feuchtigkeit zur Vollendung gelangen. »Das Preßburger ist das größte, das St. Georgener das beste, das Bösinger das prächtigste und das Moderner das trächtigste.« So charakterisierte man früher die vier großen Weinbaugebiete der Kleinen Karpaten.

Ursprünglich eine bloße Panoramastraße durch ein Weinbaugebiet, wo es auch die Möglichkeit zur Verköstigung von Weinen und zum Besuch von Kellereien gibt, besitzt die Kleinkarpatische Weinstraße (Malokarpatská vínna cesta, MVC) heute eine institutionelle Vertretung in Form eines 2001 gegründeten Vereins. Darin haben sich zahlreiche Gemeinden sowie einzelne Winzer und Winzergesellschaften zwischen Bratislava und Trnava zum Zweck der Förderung des Tourismus auf der Basis von Weinproduktion und regionaler Kultur und Historie zusammengeschlossen.

Der Verein veranstaltet ganzjährig, teils mit seinem Partnerverein, der österreichischen ›Römerweinstraße Carnuntum‹, etwa 80 Feste und Events, am bedeutendsten ist der ›Tag der offenen Kellertür‹ im November.

Die Kleinkarpatische Weinstraße verläuft von Bratislava über Rača, Svätý Jur und Pezinok nach Modra. Hier führt ein südlicher Zweig nach Trnava, ein nördlicher nach Smolenice. In diesen Orten endet die Weinstraße, wobei es noch zahlreiche ›Seitenarme‹ gibt.

Diese Weinstraße ist nicht die einzige der Slowakei – erwähnenswert ist noch die Tokajerweinstraße im Südosten des Landes –, aber sie lässt sich besonders leicht von Bratislava erkunden. Schon ein Tagesausflug führt in die wichtigsten Orte, dank der vorhandenen Übernachtungsmöglichken und allein wegen der zahlreichen architektonischen Sehenswürdigkeiten lohnt ein Mehrtagesausflug an ihr entlang.

Von Bratislava nach Svätý Jur

Die slowakische Staatsstraße 502 führt aus dem Zentrum von Bratislava am Fuß der Kleinen Karpaten und am Nordrand der weiten Donauniederung in die berühmten Weinanbaugebiete und in die drei ebenso berühmten Städte Svätý Jur, Pezinok und Modra.

Eine Ausschilderung Richtung Pezinok ist in Bratislava allerdings nicht überall vorhanden, und ohne Stadtplan findet man die 502 daher nicht gut. Aus der Stadtmitte beispielsweise fährt man vom Grassalkovich-Palais die Mýtna in nordöstlicher Richtung stadtauswärts und überquert die große Kreuzung am Račianske Mýto weiter geradeaus. Hier beginnt die Račianska, und damit ist man auf der 502, die direkt nach Pezinok führt. Wer an diese Kreuzung vom

Karte S. 179

Westen über die Šancová kommt, darf hier nicht links abbiegen. Wer es dennoch tut, kann dann nur mit Hilfe eines Plans versuchen, in die Račianska zurückzufinden. Man fährt sodann kilometerlang durch große Industrieanlagen, auf linker Seite nähern sich die sanften Ausläufer der Kleinen Karpaten immer mehr der Straße.

Wo die Straße über die Bahnlinien führt, befindet sich der Bahnhof Bratislava Vinohrady (Weinberge). Dahinter beginnt der Stadtteil Rača (Ratzersdorf). Hier befindet man sich zwar noch nahe am Industriegebiet, aber an den Hängen werden 310 Hektar eines traditionellen Weinanbaugebiets bewirtschaftet, so dass auch Bratislava eine Weinstadt genannt werden kann. Das älteste Zeugnis dieser Tradition ist eine Urkunde von 1237.

In der Alstrova im **Ortsteil Rača**, die parallel zum Karpatenhang verläuft, sieht man eine große Anzahl typischer alter **Winzerhäuser**. Hier sind verschiedene dieser Häuser zur Straße hin hintereinander gebaut, wobei der Durchgang über unterschiedlich lange Höfe erfolgt. Grund war einfach, dass die Straße bereits ›zugebaut‹ war und trotzdem andere Winzer hier noch ihr Haus errichten wollten.

■ **Das Naturschutzgebiet Šúr**

Hat man hinter dem nach rechts führenden Abzweig nach Vajnory nun endlich Bratislava hinter sich gelassen, befindet sich rechter Hand ein in der Welt einmaliges kleines Naturschutzgebiet, der sumpfige Erlenwald Šúr (Schoor). Dieses mit zahlreichen kleinen Seen durchsetzte, morastige, etwa 550 Hektar große Gebiet war leider 100 Jahre lang verschiedenen mehr oder weniger nachhaltigen Versuchen zu seiner Trockenle-

gung ausgesetzt, da hier immer wieder Überschwemmungen auftraten.

Zwar hat man 1952 ein Naturschutzgebiet ausgerufen, es wurden Wasserrückhalte-Vorrichtungen geschaffen, doch beklagten sich alsbald die anliegenden Kolchosen über zu trockene Äcker, so dass diese Maßnahmen wieder rückgängig gemacht wurden. Heute weist die Šúr als Feuchtbiotop ihre ehemalige typische Flora und Fauna wieder auf. Im Oktober 2006 hat die nichtstaatliche Organisation APOP, ein Zusammenschluss von aktiven Naturschützern und Vertretern der Industrie (!), einen **naturkundlichen Lehrpfad** eingerichtet. APOP will innerhalb der ganzen Slowakei Inter-essen der Industrie und der Wirtschaft mit den Erfordernissen des Landschaftsschutzes abstimmen und hat insbesondere in der Donauniederung erfolgreiche Projekte erarbeitet.

Zum Naturschutzgebiet gelangt man am besten über die Straße nach Vajnory, von dort weiter nordostwärts Richtung Čierna Voda und Slovenský Grob, von wo aus ebenso die Zufahrt möglich ist.

Das Wappen von Vajnory

■ Vajnory

Vajnory ist größtenteils ländlich geprägt. Die Roľnícka ist die Hauptstraße des Dorfes – ein Vorort Bratislavas –, denn es hat immerhin über 3000 Bewohner. Sie führt südlich des kleinen Ortskerns um die Kirche vorbei. Das **Volkshaus** (Nr. 185) stellt eine typische Weinbauernwohnung dar. Hier kann man verschiedenen Handwerkern und Malern bei traditionellen Tätigkeiten zusehen. In der Roľnícka 56 gibt es in einem alten Winzerhaus das vielleicht beste Essen dieser Gegend. Die hier angebotenen Gänse- und Entenbraten sowie Schwein vom Spieß zusammen mit den vortrefflichen kleinkarpatischen Weinen machen dieses Lokal zu einem besonderen Treffpunkt.

Svätý Jur

Svätý Jur (Sankt Georgen) ist die erste der drei berühmten kleinkarpatischen Weinstädte. Hier, am Fuß der Kleinen Karpaten, wo heute 4500 Einwohner leben, bestanden schon vor über 3000 Jahren erste menschliche Ansiedlungen. Zu Anfang des 13. Jahrhunderts wurde die Stadt erstmals erwähnt, in dieser Zeit begann auch ihre Weinbautradition. Die Sankt Georgener Weine zählten vor 500 Jahren zu den berühmtesten des Donauraums und wurden bis nach Polen und Böhmen verkauft. 1647 erhielt Svätý Jur zusammen mit den beiden anderen Städten Pezinok und Modra den Status einer königlichen Freistadt, womit sie mit besonderen Privilegien ausgestattet war.

■ Sehenswürdigkeiten

Das kleine Zentrum liegt etwas abseits, nordwestlich der großen Durchgangsstraße 502. Der Ort hat in den letzten Jahrhunderten kaum bauliche Veränderungen erfahren, so dass man ein originales Winzerstädtchen, mit sogar teilweise erhaltener **Stadtmauer**, aus der

▲ *Im Rathaus ist auch das Heimatkundemuseum untergebracht*

Der heilige Georg in der Kirche von Svätý Jur

Zeit um 1750 vor sich hat. Deshalb steht der Ortskern seit 1990 unter Denkmalschutz. Ein- bis zweistöckige vormalige **Winzerhäuser** mit ihren ausladenden Einfahrtstoren schmücken die Ortsmitte, ein im 19. Jahrhundert neogotisch verändertes **Renaissance-Rathaus** beherbergt neben der Stadtverwaltung auch ein **Heimatmuseum**. Die Hauptstraße des Zentrums steigt allmählich an, oberhalb des Rathauses befindet sich links das **Schloss der Familie Pálffy** (Kastell), ein später mehrmals umgestalteter Renaissancebau. Am Haus Prostredná 37 erinnert eine Tafel an die Toleranzedikte Kaiser Josephs II. von 1781.

Weiter aufwärts, schon außerhalb des Ortes, befindet sich rechter Hand die **Georgskirche** aus der Zeit um 1280. Auch sie wurde in der Zeit danach mehrfach verändert und erweitert. 1663 brannte ihr Turm ab. Er wurde nicht mehr aufgebaut und durch einen kleinen freistehenden Glockenturm aus

Holz ersetzt. In der Kirche befinden sich Gräber der Herren von St. Georgen und Bösing (Pezinok). Wertvollster Teil ist der gewaltige, aus einem Kalksteinblock herausgemeißelte Georgsaltar, der vermutlich 1520 vollendet wurde und Szenen aus dem Leben des Heiligen im Relief zeigt.

Einige hundert Meter oberhalb der Kirche zweigt von der Asphaltstraße nach links ein Radweg ab, der über den Kamm der Kleinen Karpaten bis nach Borinka führt. Nicht weit hinter diesem Abzweig findet man an genau diesem Weg die Ruine der **Burg Weißenstein** (Biely kameň), nicht weit entfernt liegen auch die **Reste einer slawischen Burgstätte** aus dem Großmährischen Reich. Diese stammt aus der Zeit um 850.

■ Slovenský Grob

Der Ortsname Slovenský Grob lässt jedem Slowaken das Wasser im Mund zusammenlaufen und ist mindestens im ehemaligen Ostblock international bekannt. Denn in diesem äußerlich ganz unscheinbaren Ort zelebriert man eine grandiose Kunst der Zubereitung von Gänsebraten. Im August feiert man ein großes Fest, bei dem Gänsebraten in allen Variationen zubereitet werden.

Die Hausfrauen aus Slovenský Grob verkauften schon viele Jahrhunderte lang immer samstags auf den Märkten in Bratislava und Pezinok gebratene Gänse und Gänseleber. Die Zubereitung geschah auf ganz bestimmte Weise, nämlich in Tonbratpfannen und in Brotbacköfen. So erzielte man einen besonderen, unvergleichlichen Geschmack. In der Nachkriegszeit begannen sich dann die Feinschmecker für die Gänsebraten aus Slovenský Grob zu interessieren. So entstand auch das große Fest. Zum Fleisch serviert man in den zahlreichen kleinen

In Slovenský Grob werden die besten Gänsebraten des Landes zubereitet

Lokalen eine slowakische Art von Kartoffelpuffern (lokše) sowie selbstverständlich Weine aus der Umgebung. Der Gänseverzehr erfolgt in Slovenský Grob ganzjährig.

■ **Bernolákovo**

Von Slovenský Grob kann man in südlicher Richtung nach Bernolákovo (Lanschütz) gelangen, das schon in der Donauniederung liegt und von dem ein alter Donauarm, die sogenannte Kleine Donau, nicht mehr weit ist. Hier lebte Ende des 18. Jahrhunderts der slowakische Sprachwissenschaftler Anton Bernolák, der nach 1945 dem Ort seinen Namen gab. Und hier steht eines der bedeutendsten Barockschlösser der Slowakei, das von 1714 bis 1722 unter teilweiser Mitwirkung des berühmten Baumeisters Johann Bernhard Fischer von Erlach errichtet wurde, nach dessen Plänen unter anderem auch Schloss Schönbrunn in Wien entstand. Leider ging die prachtvolle Ausstattung des **Schlosses Bernolákovo** 1945 durch kriegsbedingte Plünderungen verloren. Ein dreiflügeliger Bau umschließt einen Hof, wobei auf dem Mittelbau ein ovaler

Turmaufsatz errichtet ist, während die Seitenflügel von kleinen viereckigen Türmen gekrönt sind. In diesem Ort entstand 1994 übrigens der erste Golfplatz der Slowakei.

■ **Limbach**

Das westlich von Pezinok an der 502 gelegene Limbach ist ein bevorzugtes Wohngebiet der Bratislavaer High Society. Natürlich finden sich auch hier zahlreiche charakteristische **Winzerhäuser**. Hält man sich an der Straßengabel in der Dorfmitte rechts, kommt man zur klassizistischen ehemaligen evangelischen **Kirche** von 1802, über deren Portal man die Worte ›Eine feste Burg ist unser Gott‹ erkennen kann. Am oberen Dorfende findet sich die gotische **Theobaldskirche** mit einigen bescheidenen Wandmalereien.

Pezinok

Neben dem weiter nordöstlich gelegenen Modra ist Pezinok (Bösing) zweifellos der bedeutendste Ort an der Weinstraße und dem gesamten Südrand der Kleinen Karpaten. Wie fast alle Orte der Region entstand Pezinok im 13. Jahrhundert als deutsches Kolonistendorf und gelangte nicht nur wegen des Weinbaus, sondern auch wegen seiner Erzvorkommen zu großem Reichtum. Die Kleinen Karpaten führten innerhalb ihrer Gesteine in diesem Abschnitt bis hin nach Pernek an ihrer Nordflanke bedeutende Anreicherungen von Gold, Silber und Antimon. Nachdem die Goldvorkommen um 1750 erschöpft waren, betrieb man die Gewinnung von Antimon, das zuvor kaum eine Rolle im Bergbau gespielt hatte. Antimon war einst für die Härtung von Bleimunition und in der Pharmazie wichtig, heute wird es in der Halbleiterindustrie ver-

▲ Karte S. 179

wendet. Bei Mineraliensammlern sind in aller Welt die Antimonerze aus Pezinok begehrt, insbesondere der rötliche, langnadelige Kermesit (Sb_2S_2O). Bedeutsam war und ist Pezinok auch durch seine Ziegelindustrie und die Keramikfabrikation.

Der berühmteste Sohn der Stadt – neben dem Barockmaler Ján Kupecky – und gleichzeitig der wohl bedeutendste slowakische Komponist überhaupt ist Eugen Suchoň (1908–1993). Er ist der eigentliche Schöpfer einer national eigenständigen slowakischen Kunstmusik. Suchoň griff auf Elemente der slowakischen Folklore zurück, verknüpfte sie mit impressionistischen und neobarocken Elementen zu einer farbigen, manchmal polytonalen, doch auch elegischen Tonsprache. Sein Hauptwerk ist die symphonische Suite ›Metamorphosen‹ von 1952. Es ist eine faszinierende Musik, die auch in einer Klavierfassung vorliegt. Ebenso aus Pezinok kommt Ľudovít Rajter (1906–2000), der profilierteste slowakische Dirigent der zweiten Hälfte des 20. Jahrhunderts.

■ Sehenswürdigkeiten

Pezinok mit seinen heute 22 000 Einwohnern hat, anders als Svätý Jur, einen urbanen Charakter, und man merkt dem

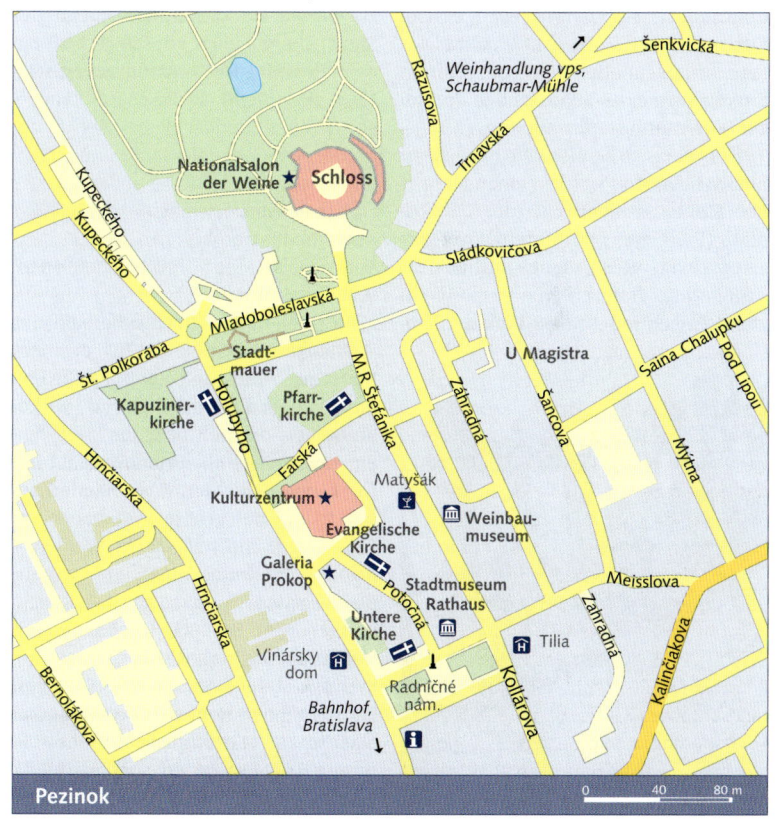

Pezinok

Die Umgebung von Bratislava

Ort seinen früheren Reichtum immer noch an. Zwar sind viele Altbauten abgerissen, zwar wirken manche Straßen und Ecken der Stadt keineswegs harmonisch, doch gibt es im kleinen Zentrum immer noch genug Sehenswertes. Der Mittelpunkt des Ortes liegt etwas nördlich der Durchgangsstraße 502, die Holubyho ul. führt von ihr ins Zentrum hinein. Nach etwa 500 Metern liegt rechter Hand das **Kulturzentrum**, wo es ausreichend Parkplätze gibt. Auf der gegenüberliegenden Straßenseite befinden sich noch viele schön verzierte Wohnhäuser aus dem 19. Jahrhundert.

Vom Parkplatz führt die Potočná Richtung Südost. Hier steht die **evangelische Kirche** von 1783, ein eher unauffälliger Bau. Ihr gegenüber zeigt die **Galéria Prokop** Werke des bedeutenden Pezinoker Künstlers Štefán Prokop (1941–1987), der sich landesweit mit seinen phantasievollen Plastiken einen Namen gemacht hat. An der Ecke zum Rathausplatz (Radničné nám.) steht links das zweistöckige **Renaissance-Rathaus**, in dessen Innenhof sich eine empfehlenswerte Einkehrmöglichkeit befindet (Ein-

gang von der Ostseite). Auch das **Stadtmuseum** ist hier untergebracht. Richtung Westen, an der Ecke zur Holubyho, steht die sogenannte **Untere Kirche** (Dolný kostol), ein grandioser Renaissancebau, der 1659 fertiggestellt wurde.

An der Ostseite des Rathauses führt die M.R. Štefánika nach Norden zur Burg. Dem Eingang zum Rathaushof gegenüber ist in einem 500 Jahre alten vormaligen Winzerhaus (Nr. 4) das **Kleinkarpatische Museum** mit interessanten Sammlungen besonders zur Geschichte des Wein- und Bergbaus in der Region untergebracht.

Weiter nordwärts trifft man an der Ecke zur Farská auf die **älteste Kirche der Stadt**. Ursprünglich gotisch, erhielt sie eine Reniassance- und Barockausstattung. Bedeutend ist die Marmorkanzel von 1573. Äußerlich bleiben Relikte gotischer Architekturelemente unübersehbar. Leider ist die Kirche außerhalb der Gottesdienste verschlossen, doch findet man im Pfarramt gleich neben dem Turm meist einen freundlichen Menschen, der öffnet.

Hinter der Kirche, doch innerhalb des Kirchengeländes, befindet sich in einem Keller der früheren Küsterei (Farská Pivnica) die **Weinhandlung und -verkostung vps**, die weit über die Stadt hinaus bekannt ist. Ihr Eigentümer ist der Chef der örtlichen Winzergenossenschaft und der größte Weinbauer am Ort. Er gewann mit seinen Weinen – grüner Veltliner, Müller-Thurgau, Blaufränkischer – europaweit Auszeichnungen. Ein Besuch (unbedingt mit Voranmeldung) lohnt sich.

Wo die Štefánika in die Mladoboleslavská mündet, sieht man gegenüber im Schlosspark das **Schloss** von Pezinok, das im 13. Jahrhundert als Wasserburg errichtet wurde, 1609 in den Besitz der

Karte S. 195

Weinpressen im Kleinkarpatischen Museum

Evangelische Kirche (Mitte), Mariensäule und Rathaus (rechts) in Pezinoks Zentrum

Familie Pálffy kam und 1840 umgebaut wurde. Die Weinkeller des Schlosses gehören zu den größten der Slowakei. In ihnen ist der **Nationalsalon der Slowakischen Weine** untergebracht. Das ist eine Einrichtung, die der Kleinkarpatischen Winzergesellschaft gehört und in der Weine aus allen Anbaugebieten der Slowakei angeboten werden. So macht diese Dauerpräsentation mit den Traditionen des slowakischen Weinbaus bekannt.

Viel besucht sind die Degustationen (Weinverköstigungen) Etwa 6000 Besucher kommen jedes Jahr hierher. Die Keller mit ihren 46 Riesenfässern könne auch ohne Verköstigung besucht werden (Eintritt 50 Cent).

Geht man vom Schloss zurück zur Holubyho-Straße, findet man linker Hand noch einige Reste der **Stadtbefestigung**. Auf der Westseite der Holubyho steht die **Kapuzinerkirche** vom Anfang des 18. Jahrhunderts, ein eher unscheinbarer Bau. Hier kann man mit wenigen Schritten zum Parkplatz am Kulturpalast zurückkehren.

Wer in Pezinok einkehren möchte, dem sei vor allem die Weinstube und Weinkellerei mit Restaurant ›Matyšák‹ empfohlen, das erste Haus am Platz.

■ Die Umgebung

Von Pezinok kann man über die 503 auf den Kamm der Kleinen Karpaten zum Baba-Pass (527 Meter) fahren. Hier befindet sich ein großes **Wintersportgebiet** mit fünf Liftanlagen. Von dort führt ein blau markierter Wanderweg, der im Winter als Langlaufloipe dient, auf knapp zehn Kilometer Länge ins Tal zurück. Es ist auch in der schneefreien Zeit äußerst reizvoll, die oberen Lagen des Gebirges zu erwandern. Die grüne Wanderkarte 127 zeigt viele individuelle Möglichkeiten.

Bevor die Straße anzusteigen beginnt, trifft man am Ortsende von Pezinok auf die **Schaubmar-Mühle**. Das ist eine reizvolle, aus der Mitte des 18. Jahrhunderts stammende, wieder in Betrieb gesetzte Wassermühle – übrigens die größte in der Slowakei – aus dem Jahr 1767, in der sich unter anderem eine Kollektion naiver Kunst befindet, die aus der Nationalgalerie Bratislava ausgeliehen ist. Viele der Kunstwerke wurden ursprünglich von Künstlern in der slowakischen Exklave Kovačici in Serbien geschaffen.

Modra

Modra (Modern) ist nicht nur Weinstadt, sondern fast ein slowakisches Heiligtum. Denn Ľudovít Štúr, der bedeutendste Kämpfer um die nationale Selbständigkeit des Landes im 19. Jahrhundert und Begründer der slowakischen Schriftsprache, lebte und starb hier. Sein Denkmal schmückt den zentralen Platz an der Hauptstraße (Štúrová ul.), im Sterbehaus Štúrová 84 ist eine Erinnerungsstube ein-

Die Umgebung von Bratislava

gerichtet. Ein Štúr-Museum ist in der Štúrová 54 untergebracht.

Štúrs Bruder Karol wirkte in den Jahren von 1846 bis 1851 als Schulrektor und Pfarrer in Modra. Nach seinem frühen Tod 1851 kam sein Bruder Ľudovít nach Modra, um das soziale Engagement fortzuführen. Während dieser Zeit verfasste Štúr viele seiner nationalpolitischen Aufsätze. Gerade 40-jährig starb er am 12. Januar 1856 durch eine Sepsis nach einem mysteriösen Jagdunfall drei Wochen davor. Auf bis heute ungeklärte Weise löste sich aus seiner Waffe ein Schuss, der ihn ins Bein traf. Ľudovít Štúr wurde auf dem Modraer Friedhof neben seinem Bruder Karol bestattet; die Grabmäler existieren noch.

Fährt man aus dem Zentrum in südlicher Richtung nach Šenkvice, erreicht man nach etwa anderthalb Kilometern eine Weinfabrik an der linken Straßenseite. Unmittelbar hinter dieser zweigt nordostwärts ein Weg ab. Ein kleines Schild weist auf eine **Štúr-Gedenkstätte** hin. Nach etwa 800 Metern weist ein weiteres Schild nach links zu der Stelle, wo sich im Dezember 1855 Štúrs Unfall ereignete.

Modra mit seinen 8500 Einwohnern wirkt nicht wie das verträumte Winzerstädtchen Svätý Jur und lässt auch nicht Reminiszenzen an seine einstige Größe wie Pezinok anklingen. Vielleicht entwickelte es sein besonderes Flair zwischen Dorfidyll und Urbanität, weil es nie einen Eisenbahnanschluss besaß. Die Stadtverwaltung war um 1860 der Meinung, keine Eisenbahn zu benötigen, und verkaufte der Eisenbahngesellschaft keine Grundstücke. So wurde die Linie weit um die Stadt herumgeführt, und der nächste Bahnhof steht seitdem im fünf Kilometer entfernten Šenkvice.

Neben der Winzerei machte die Keramikproduktion die Stadt weit bekannt. Nachdem bereits 1838 eine Fachschule für Keramik entstanden war, die sich bewusst an die künstlerischen Techniken der Habaner anlehnte, und sich daraus ein besonderer slowakischer Stil formen konnte, wurde die Modraer Keramik durch ihre einzigartige Form und Farbigkeit bekannt. Man kann sie in der – früher staatseigenen – Modraer Majolika-Manufaktur kaufen und den Töpfern auch beim Brennen zusehen.

Modras Zentrum ist schnell erkundet. Von der in der ersten Hälfte des 17. Jahrhunderts errichteten Stadtbefestigung sind eine **Bastei** – darin eine kleine Galerie mit Werken des bedeutenden Keramikkünstlers Ignác Bismayer, der um 1960 hier wirkte – und das **Obere Tor** erhalten geblieben. Es trägt die Inschrift: ›Wo der Herr die Stadt nicht bewacht, wachen die Wächter vergeblich.‹

An der Westseite des Marktplatzes, neben dem **Štúr-Denkmal**, befindet sich die **katholische Kirche** von 1875. An der Dolná ul., Richtung Šenkvice, erhe-

Karte S. 179

▲ *Die beiden evangelischen Kirchen*

ben sich zwei **evangelische Kirchen**. Die eine, in der Štúrs Bruder als Pfarrer tätig war, wurde 1826 für die slowakischen Protestanten errichtet, die andere für die deutschen evangelischen Gläubigen. Beide Kirchen sind im klassizistischen Stil ausgeführt. Ihnen gegenüber in der Straßenmitte steht eine kleine barocke Kapelle. Eine Gedenktafel erinnert an der ehemaligen Pfarrkirche Karol Štúrs an die beiden Brüder.

Fast am Ortsausgang Richtung Smolenice befindet sich das vierflügelige **Herrenhaus** aus dem 17. Jahrhundert. Auch hier gibt es eine kleine Ausstellung zum Thema Wein und auch Verkostungsmöglichkeiten, und hier ist auch die **Stadtinformation** untergebracht.

Am östlichen Ende von Modra kann man durch den Ortsteil Harmonia auf den Kamm der Kleinen Karpaten nach **Piesok** fahren. Das ist zu allen Jahreszeiten ein beliebter Ausflugsort mit vielen Einkehr- und Übernachtungsmöglichkeiten, im Winter ist dort auch ein kleiner Skilift in Betrieb. Von den Wanderwegen hat man prächtige Ausblicke auf den Kamm der Kleinen Karpaten. Ein sehr reizvoller Wanderweg führt von der Zochova chata in Piesok nach Pezinok hinab (etwa zwölf Kilometer).

■ **Budmerice**

Gleich hinter Modra zweigt von der 502 die 504 Richtung Trnava ab. Hier ist ein Abstecher nach Budmerice (Pudmeritz) unbedingt empfehlenswert. Das prächtige **Pálffy-Schloss** von 1889 ist in einem aufwendigen historisierenden Stil errichtet, angesichts dessen man sich eher an die Loire als in die Slowakei versetzt fühlt. Es ist, wie der Historiker Ernst Hochberger formulierte, »historisierender Eklektizismus in höchster Vollendung«. Selbst die Schornsteine sind in

Das Pálffy-Schloss in Budmerice

ihrer Gestaltung in dieses Konzept einbezogen. Der im englischen Stil gehaltene **Schlosspark** ist frei zugänglich, im Schloss selbst befindet sich – ein Relikt aus sozialistischen Zeiten – ein Erholungsheim des slowakischen Schriftstellerverbandes. Eine Pappelallee führt am westlichen Ortsrand von Budmerice von der 504 bis direkt vors Schlosstor.

Burg Červený Kameň

Bei Častá (Schattmannsdorf) befindet sich ein weiterer touristischer Höhepunkt der Kleinen Karpaten, die Burg Červený Kameň, die manchmal Bibersburg genannt wird. Es ist eine der schönsten Burganlagen der gesamten Slowakei. Der Weg zur Burg ist in Častá gut ausgeschildert. Leider ist die großartige Schönheit des Baus aus der Nähe nirgendwo gut zu erfassen, nur auf Luftbildern oder durch Aufnahmen aus der Ferne kann die Burg in ihrer ganzen Schönheit sichtbar werden.

Die Schönheit der Burg Červeny Kameň erschließt sich vor allem aus der Vogelperspektive

Die Burg liegt auf einem breiten Plateau hart am Abbruch der Kleinen Karpaten, etwa 120 Meter über der Ebene. Ihre Ursprünge verbergen sich im Dunkel der Geschichte. Wahrscheinlich wurde eine erste Burganlage an dieser Stelle um 1240 für die Königin Constanzia, einer Tochter des ungarischen Königs Bela III., als Brautgeschenk errichtet, nachdem sie Ehefrau des böhmischen Königs Přemysl Otakar I. geworden ist. Das war übrigens jener Böhmenkönig, der 1255 weit oben im Nordosten, im Pruzzenland, Königsberg gründete. Die Burg war vermutlich Teil eines großangelegten Befestigungsgürtels zwischen der Donau und dem Gebiet von Trenčín, der die ungarisch-böhmische Grenze sichern sollte. Erst für die Epochen seit dem frühen 16. Jahrhundert geben die Quellen verlässlich Auskunft. In dieser Zeit gelangte die Burg in den Besitz der Familie Thurzo. Doch die verschuldeten Thurzos mussten 1535 die Burg an Anton Fugger verpfänden, den Neffen des berühmten Augsburger Kaufmanns Jakob Fugger. Diese Familie unterhielt zu dieser Zeit intensive Handelsbeziehungen mit den Thurzos.

Unter Fugger erhielt die Burg das heutige Aussehen und den Ausbau zu einer starken Festung, wobei man auf Konstruktionspläne des 1528 verstorbenen Albrecht Dürer zugriff. Anton Fugger nutzte seine neue Erwerbung auch als Lagerhaus für Erze, die er in Ungarn fördern ließ. Doch mit Anton Fuggers Tod begann auch der allmähliche Niedergang der großen Kaufmannsfamilie. Die vom Stammhaus weit abgelegene und immer wieder von Türkenangriffen bedrohte Burg wurde 1580 von Graf Nikolaus Pálffy gekauft; nur drei Jahre später heiratete er Maria Fugger, die Enkelin Antons. Bis 1945 blieb die Burg nun in Pálffyschem Besitz und gilt als deren Stammburg. Das markante Wappen der Pálffys zeigt einen Hirsch, dessen Unterkörper mit einem Wagenrad verbunden ist. Es soll davon herrühren, dass ein Pálffy einst mit einem Kutschwagen in der Dunkelheit bei Nebel im Gebirge unterwegs war. Plötzlich sprang ein Hirsch vor das Gefährt, wobei es zum Zusammenstoß kam und die Kutsche stark beschädigt wurde. Doch zeigte sich gleich, dass der Hirsch den Insassen das Leben gerettet hatte. Denn

Karte S. 179

wenn die Kutsche nur wenige Meter weitergefahren wäre, wäre sie in einen Abgrund gestützt, der in dem Nebel unsichtbar geblieben war. Das Symbol schmückt in besonders eindrucksvoller Weise den Burgbrunnen.

Nikolaus Pálffy baute die Burg um, da er eine andere Verwendung als Anton Fugger beabsichtigte, und unter ihm und seinen Nachkommen entstand ein prunkvoller Adelssitz, der aber seinen seltsamen Festungscharakter beibehielt. 1646 und 1785 zerstörten Brände die Anlage, bei dem jüngeren Feuer wurde der Eingangsflügel völlig ruiniert. Erst nach 1945, als die Burg zu einem Museum umgeformt wurde, erfolgte auch hier die Rekonstruktion.

Im **Burgmuseum** gibt es historische Möbel, Gemälde und Waffen zu sehen, daneben kann man Anton Fuggers Lagerräume – die weitläufigsten Kellergewölbe einer Burg in Mitteleuropa – und die Festungsgänge besuchen. Die **Sala terrena** mit ihrer Imitation einer Grotte darf man nicht versäumen. Die **historische Burgapotheke Zlatý orol** (Goldener Adler) kann man aber nur durch eine Fensteröffnung besichtigen. Ganzjährig finden in der Burg und im Burghof verschiedene Veranstaltungen wie Falknerfeste und Ritterspektakel statt; ein kleines Restaurant ist vorhanden. Besuchenswert ist auch der **Adlerhof** auf der Burg (Vorführungen Di–Fr 11.15 und 14 Uhr). Die über die Grenzen der Slowakei hinaus bekannte Winzerei Pretzelmayer führt im Vorhof der Burg eine kleine **Vinothek** mit 26 eigenen Sorten. Man ist stolz darauf, dass auch der Papst hier Kunde ist. Pretzelmayer liefert den Meßwein sowohl für die Feldmessen bei KFOR-Einsätzen als auch fast slowakeiweit für den katholischen Klerus allgemein. Vor der kleinen Vinothek befindet sich das Grab der Burgschließerin, die in den Nachkriegsmonaten ums Leben kam.

Die Umgebung von Bratislava

In der bekannten Vinothek Pretzelmayer

■ Častá

Im Dorf Častá lohnt unbedingt das **Fuggerhaus** (Vinotéka Fuggerov dom) einen Besuch. Es liegt am nordöstlichen Ortsausgang an der Hauptstraße und gilt als der größte Weinkeller der Slowakei, der als Restaurant dient. Schnell ist von Častá über Doľany (Ottenthal), Dolné Orešany und Horné Orešany (Unter- und Obernußdorf) die Gemeinde Smolenice (Smolenitz) erreicht.

Um den Driny

Rund um Smolenice befindet sich ein kleines, aber landschaftlich hinreißendes Karstgebiet. Das durchsickernde Regenwasser löst den kalkigen Untergrund entlang schmaler Kluftrisse immer weiter auf, wobei große unterirdische Hohlräume entstehen. Der im Sickerwasser gelöste Kalk kann dort wieder ausfallen, wo eine Verdunstung dieses Wassers erfolgt, beispielsweise an engen Deckenrissen, wo die Wassertropfen aufgrund ihrer Oberflächenspannung kurzfristig nicht zu Boden fallen und der langsam ausgeschiedene Kalk eine ganz langsam nach unten wachsende Säule (Stalagtit) bildet. Die Wachstumsrate beträgt durchschnittlich nur etwa einen Zentimeter pro 1000 Jahre! Am Boden kann durch die sich ansammelnden Tropfen und die damit verbundene Verdunstung ebenso Kalkausscheidung erfolgen; in diesem Fall wächst die Säule von unten nach oben (Stalagmit). In besonders günstigen Fällen können Stalagtit und Stalamit zum Stalagmat zusammenwachsen. Doch sind in solchen Tropfsteinhöhlen auch viele andere Formen möglich, die der ausgeschiedene Kalk annehmen kann: ›Vorhänge‹ oder ›Wasserfälle‹, wie man oft die mineralischen Draperien nennt.

Die Driny-Höhle (Jaskyňa Driny) westlich von Smolenice befindet sich am Fuß des 483 Meter hohen Driny-Bergs. Sie ist die einzige zugängliche Höhle in der Westslowakei; nicht erschlossene oder für die Öffentlichkeit gesperrte gibt es weitaus mehr, auch in der unmittelbaren Umgebung. Fledermäuse schätzen die Driny-Höhle als Wohngebiet. Sie ist erst seit 1929 bekannt und seit der Nachkriegszeit auf einer Länge von 500 Metern zugänglich. Zur Höhle kommt man von der Staatsstraße 502. In Smolenická Nová Ves (Neustift) biegt man an der großen Kurve im Ort, von Bratislava kommend, scharf nach links Richtung Jahodník ab, um sogleich wieder nach rechts zu fahren. Nach etwa 750 Metern führt ein gelb markierter Wanderweg zur Höhle hinauf, um den Driny-Berg herum und weiter bis zum Schloss Smolenice, von wo man schnell wieder nach Smolenice-Dorf herabgehen kann.

Etwa anderthalb Kilometer nach der Höhle zweigt von dem gelben Wanderweg ein blauer ab, über den man in südöstlicher Richtung zur Lokalität ›Molpír‹ gelangt. Hier finden sich spärliche Reste einer Burganlage aus der Hallstattzeit sowie einige Gräber aus der Zeit des Großmährischen Reiches. Der blau markierte Weg führt ebenso nach Smolenice hinab.

Die Wanderkarten 128 (Malé Karpaty–Záruby) und 151 (Trnavská pahorkatina–Senec) geben hier verschiedene einfache Möglichkeiten an, um außerdem auf den höchsten Gipfel der Kleinen Karpaten zu gelangen. Wenn auch die Sicht von dort durch starke Vegetation sehr eingeschränkt ist, gehört es zu jeder Reise in die Kleinen Karpaten dazu, einmal auf ihrem höchsten Berg gewesen zu sein.

▲ Karte S. 179

Smolenice und Umgebung

In Smolenice kam 1870 Štefan Banič zur Welt. Er wanderte Anfang des 20. Jahrhunderts in die USA aus und arbeitete dort in Steinbrüchen und als Bergmann. Auf einer Abendschule schloss er ein Studium der Technik ab. Er entwickelte zahlreiche technische Innovationen und ist der eigentliche Erfinder des Fallschirms. Am 3. Juni 1914 sprang er mit einem selbstentwickelten Fallschirm vom Dach eines 41-stöckigen Hochhauses, einige Zeit später auch aus einem Militärflugzeug. Am 25. August 1914 wurde seine Erfindung patentiert. Er trug dennoch keinen Ruhm davon. Die Militärstrategie profitierte von seiner Erfindung, doch darüber wurde ihr Erfinder vergessen. 1921 kehrte er nach Smolenice zurück, wo er 1940 starb.

Am bequemsten steigt man in Smolenice vom Kirchplatz auf, wo es auch Parkmöglichkeiten gibt. Ein blaugrün markierter Wanderweg führt zunächst zum imposanten **Schloss** empor, seit der zweiten Hälfte des 18. Jahrhunderts ebenfalls ein Pálffy-Besitz. Ursprünglich gehörte es wie Červený Kameň zu dem erwähnten mittelalterlichen Befestigungsgürtel und bewachte dazu die ›Via bohemica‹, die hier über die Kleinen Karpaten nach Böhmen führt. Diese alte Handels- und Heerstraße besteht auch heute noch in der Form der Staatsstraße 51 von Trnava nach Holíč und Hodonín. An dieser Stelle sind die Kleinen Karpaten am schmalsten und somit am leichtesten zu überqueren.

Anfang des 20. Jahrhunderts versuchte Graf Josef Pálffy, der letzte Besitzer der Burg, sich einen Traum zu verwirklichen und die Burg in ein romantisches Märchenschloss umzuwandeln. Finanzielle Schwierigkeiten verhinderten die Fertigstellung, so dass erst um 1975 die Burg genau nach Pálffys Plänen ihre jetzige Form bekam. Danach ist sie von der Slowakischen Akademie der Wissenschaften zum Kongresszentrum umgewidmet worden. Das Schloss war bisher der Allgemeinheit nicht zugänglich. Doch schon allein sein Äußeres entzückt. Seit 2007 finden im Juli und August täglich Führungen statt.

Vom Schloss gelangt man in anderthalb Stunden zum **Záruby**. Von dort kann, wer des Wanderns noch nicht überdrüssig ist, in einer halben Stunde westwärts über die ›Štefaníkova magistrala‹, den slowakischen Hauptwanderweg, zur **Ru-**

Smolenice scheint verwunschen

ine Ostry Kameň gelangen, einer weiteren Grenzburg an der ›Via bohemica‹. Diese Strecke ist vielleicht eine der der schönsten Wanderungen in den Kleinen Karpaten. Idyllische Wiesen wechseln mit lichtdurchfluteten Waldstücken, und die Aussicht von der Burgruine ist schlichtweg grandios.

i Die Kleinkarpatische Weinstraße

Malokarpatská vínna cesta (Kleinkarpatische Weinstraße), Horná 20, 90001 Modra, Tel./Fax 033/6433489 und 6433705, www.mvc.sk. Diese Adresse und die Telefonnummern gelten auch für das Kleinkarpatische Kulturzentrum in Modra.

Malokarpatská turistická informačná kancelária, Štúrová 117 (vormals 40), 90001 Modra, Tel. 033/6474302, bzw 0903/ 478816, www.tik.sk, tik@post.sk. Die Seiten sind auch auf deutsch gestaltet und informieren über sämtliche Veranstaltungen im Jahr.

Malokarpatská Tourist Information Center TIK, Štúrová 117, 90001 Modra.

Touristisches Informationszentrum, Prostredná 64, 90021 Svätý Jur, Tel. 02/449700-49/53, www.ainova.sk, itc@ainova.sk. Unter www.svatyjur.sk gibt es auch in deutscher Sprache ausführliche historische Informationen.

Touristeninformation, Rathausplatz 9, 90201 Pezinok, Tel. 033/6901107, Tel./Fax 6412550, informacne. centrum@msupezinok.sk. Unter www. pezinok.sk finden sich (auch dt.) wichtige Informationen zur Stadt sowie zur Gastronomie und Hotellerie.

Stadtinformation, Šturová 59, 90001 Modra, Tel. 033/6472312, www. modranet.sk,. Offizielle Seite der Stadt: www.modra.sk, info@modra.sk.

🛏

▸ Svätý Jur (PLZ 90021):
Hotel Maxim, Bratislavska ul. 52–11, Tel. 02/44970742, Fax 44970743, www.hotelmaxim.sk, recepcia@hotelmaxim.sk; DZ 50 Euro.

Horský Hotel Eva, Tel. 02/4497050, www.horskyhotel-eva.sk. Am nordwestlichen Ortsrand unweit Burg Weißenstein, Jozefkovo údolie, DZ ab 70 Euro.

Agropenzión Bouquet, Prostredná 49, Tel. 02/44971254, www.travelguide. sk. Preiswerte Unterkunft: DZ 38 €.

▸ Pezinok:
Hotel Vinársky dom, Holubyho ul. 27, 90201 Pezinok, Tel. 033/6400933, Fax 6400930, www.vinarskydom.sk, hotel@vinarskydom.sk und reservation@vinarskydom.sk; DZ 60 Euro.

Hotel Tilia, Kollárova ul. 20, Tel. 033/6412402, www.hoteltilia.sk; DZ 60 Euro. Komfortabel und angenehm, direkt im Zentrum von Pezinok.

🍴

▸ Slovenský Grob:
Grobský Dvor, Vajnorská 3, 90026 Slovenský Grob, Tel. 033/6478889, Fax 6409950. Hier gibt es den vielleicht besten Gänsebraten an der Weinstraße. Am westlichen Ortstrand, an der Straße nach Vajnory.

▸ Vajnory:
Modrý dom, Roľnícka 56, Tel. 02/43711041.

▸ Pezinok:
Weinstube und Weinkellerei mit Restaurant **Matyšák** (Víno Matyšák), Holubyho 85, 90201 Pezinok, Tel. 033/6409023, Fax 6413667, www. vinomatysak.sk. Das erste Haus am Platz, unweit der Kapuzinerkirche.

Karte S. 179

Nationaler Slowakischer Weinsalon, Schloss Pezinok, Tel. 033/6405174, www.nsvsr.sk; Di–So 11–18 Uhr. Große Degustation 17 € (90 Min., soviel man will), kleine Degustationen 10 € und 7 €.
Weinstube U Magistra, Štefánika ul. 17, Tel. 033/6413055.

🏛 ▏

▸ Vajnory: **Volkshaus** (Nr. 185). Typische Weinbauernwohnung. Hier kann man verschiedenen Handwerkern und Malern bei traditionellen Tätigkeiten zusehen.
▸ Červený Kameň: **Burg,** Tel./Fax 033/6495236, www.snm.sk, muze umca@stonline.sk. Mai bis Aug. Mo–Fr 9–17, Sa/So 9–18 Uhr; Sept./Okt. u. März/April Mo–Fr 9–16, Sa/So 9–17 Uhr.
▸ Pezinok: **Schaubmar-Mühle** (Schaubmarov Mlyn), Ul. Cajlanská 255, Tel. 03/6404035.
▸ Častá: **Vinotéka Fuggerov dom** (Fuggerhaus), Tel. 033/6499101/02.
▸ **Schloss Smolenice**, Tel. 033/ 5586191, Fax 5586193, www. kcsmolenice.sav.sk, kc-smolenice@ savba.sk.
▸ Pezinok: **Malokarpatské Múzeum** (Kleinkarpatisches Museum), M.R. Stefaníka 4, Tel. 033/6413347, www. muzeumpezinok.sk; Di–Fr 9–12 u. 13–17 Uhr.
▸ Modra: **Ľudovít-Štúr-Museum**, Štúrová 54, Tel. 033/6472765, Fax 6472944, www.snm.sk; Nov.–März Di–Fr 8.30–16 Uhr.

🎵 ▏

Schlacht- und Weinverkostungsfest in Modra (Mitte Feb., www.vincur.sk); **Weine, Frauen und Düfte** im Hotel ›Matyšák‹ in Pezinok (März; www.

vincur.sk): Schöne Slowakinnen führen durch die Welt der Weine. Am zweiten Oktoberwochenende findet in Pezinok und Modra (wie auch in anderen Orten der Region Bratislava) der **Apfelschmaus** statt. Auf diesem beliebten, erst seit wenigen Jahren existierenden Fest werden verschiedenste Apfelspezialitäten (süß, salzig, fest, flüssig) angeboten, traditionelle Musikveranstaltungen und regionale Handwerkskunst werden ebenfalls geboten.

⛳ ▏

Golfplatz, Kaštieľska č. 4, 90027 Bernolákovo, Tel/Fax 02/45994221, gccbb@stonline.sk. Das Büro befindet sich in Bratislava: Klobučnická 7, 81101 Bratislava, Tel. 02/54432127. Weitere Infos (Anlage, Kurse usw.) unter www.golf.sk, auch auf englisch.

🖥 🏆 ▏

Modraer Majolika-Manufaktur (Slovenská ľudova majolika), Dolná 138, 90001 Modra, Tel. 033/6472941 und 6472020, www.majolika.sk.
Weinhandlung und -verkostung vps, Cajlanská 126, 90201 Pezinok, Tel./ Fax 033/6451064, www.pavelka vino.sk.
Vínne pivnice, Horné predmestie 16, 90021 Svätý Jur, Tel. 02/44971442, Fax 65314227, mobil 00421/ 907984433 (Peter Chowaniec) und 00421/903427215 (Juraj Krajčírovič). Zusammenschluss mehrerer Winzer des Ortes.
Winzerei Pretzelmayer, Podhorska 219, 900 90 Dubova pri Modre, Tel. 00421/33/642 9422 bzw. 00421/ 905/612 879, www.pretzelmayer.sk. Degustationen und Weinverkauf (Filiale auf der Burg Červeny Kameň). Hervorragende Weine der Region.

Die Umgebung von Bratislava

Trnava

Einen inspirierenden Ausflug kann man von Bratislava in das 50 Kilometer entfernte Trnava (Tyrnau, ungar. Nagyszombat) unternehmen, eine der interessantesten und geschichtsträchtigsten Städte der Slowakei. Einst angeblich auch ›slowakisches Rom‹ genannt – wenn auch der Vergleich mit der Ewigen Stadt nicht ganz zutreffend sein mag –, verleiht doch die Fülle der Baudenkmäler, die Pracht der Kirchen und allein die breit hingestreckte Lage im nördlichen Donautiefland, nicht weit vom Fuß der Kleinen Karpaten, der Stadt ein einzigartiges Gepräge. Ihre vieltürmige Silhouette, von weitem aus allen Richtungen sichtbar, liegt wie eine Krone in der Ebene.

Geschichte

Dass diese Stadt bei ihrer nur mittleren Größe (66 000 Einwohner) so reich an sakralen Baudenkmälern ist – allein elf Kirchen finden sich hier –, liegt in ihrer Geschichte begründet. Denn der Sitz des ungarischen Erzbischofs musste 1543 von Esztergom (Gran) an der Donau, das 120 Kilometer südöstlich liegt, nach Trnava verlegt werden. Die Türken stürmten wiederholt gegen Esztergom vor, und es bestand die Gefahr, dass die Stadt auf Dauer in türkischer Hand bleiben würde. So baute man Trnava in den folgenden Jahrzehnten zu einem prächtigen Bischofssitz aus, gestaltete die gotischen Kirchen im neuen Stil um und vergaß dabei nicht, die Stadt mit einer gewaltigen, 1556 vollendeten Mauer zu sichern. So erhielt Trnava die vielleicht mächtigste aller Stadtbefestigungen der heutigen Slowakei, die schon in der Zeit ihrer Erbauung als eine der größten Europas angesehen wurde: 9 Meter hoch, 35 Türme und Tore.

Nach 1650 ließ das erneute Erstarken des Katholizismus in der Gegenreformation weitere Kirchenbauten entstehen, oft verbunden mit Klostergründungen. Das bewirkte einen Reichtum an Barockarchitektur, mit dem keine andere Stadt Mitteleuropas dieser Größe konkurrieren kann.

Trnava blieb bis 1820 Sitz des Erzbischofs, obwohl sich die Türken schon nach 1683 aus Ungarn zurückgezogen hatten. Die Gründung der ersten ungarischen Universität 1635 durch Erzbischof Peter Pázmány brachte der Stadt weiteres Ansehen. Zunächst gab es nur eine theologische und eine philosophische Fakultät, später kamen die juristische und 1769 die medizinische Fakultät dazu. Leider ist nicht genau bekannt, wo sie zu Beginn ihrer Gründung untergebracht war. Die Universitätseinrichtungen wurden aber 1777 nach Buda verlegt, der eigentlichen Hauptstadt. Eine Nachfolgerin dieser Hochschule ist die in Trnava 1992 gegründete ›Universitas Tyrnaviensis‹.

Mit dem Weggang der geistlichen Behörden wie der Universität verlor die Stadt ihre Bedeutung. Eine Pferdeeisenbahn, die sie seit 1846 mit Bratislava verband, sollte alle damit verbundenen Härten mildern. Trnava blieb aber Zentrum besonderer politischer Aktivität. So entstand gegen 1795 eine ›Slowakische Gelehrten-Gesellschaft‹, auch die nationalen Autonomiebewegungen in der Mitte des 19. Jahrhunderts fielen hier auf fruchtbaren Boden. Anton Bernolák, vor Ľudovít Štúr der größte slowakische Linguist, wirkte hier zu Beginn des 19. Jahrhunderts.

Aus Trnava stammt Alfred Wetzler (1918–1988). Ihm gelang 1944 als ei-

Karte S. 208 ▲

Blick von der Schneidra-Trnavského auf den Nikolausdom

nem der ganz wenigen die Flucht aus dem Konzentrationslager Auschwitz, wohin er 1942 eingeliefert worden war. Im Vrba-Wetzler-Bericht schilderte er den Alliierten die dortigen Zustände.

Zu erwähnen sei noch, dass in Trnava Taťána Kuchařová (geb. 1987) zur Welt kam. Bekanntheit erlangte sie dadurch, dass sie 2006 als erste Slowakin zur Miss World gewählt wurde.

Ein Stadtrundgang

Die Zufahrt in die 60 Hektar große Altstadt ist mit dem Auto nur an wenigen Stellen möglich und ein verzwicktes System von Einbahnstraßen macht die Durchfahrt unmöglich. Besser ist es, das Fahrzeug außerhalb der Altstadt abzustellen.

Diese weist in etwa die Form eines fast gleichseitigen Vierecks auf, das zumindest an der West- und Ostseite noch den alten Stadtgraben deutlich erkennen lässt. Der teilweise zugeschüttete Graben ist an der Westseite zu einem langgestreckten Park (Bernolákova Sad) geworden. An der West- und Ostseite

sind die **Befestigungsanlagen** geschlossen erhalten, im Süden gibt es einige wenige Reste, an der Nordflanke sind sie völlig verschwunden. So macht die Altstadt von der Westseite mit dem Stadtgraben und der hier besonders gut erhaltenen, dicken und massiven Stadtmauer einen überwältigenden Eindruck, insbesondere wenn man von der Hospodárska, der Westtangente der Altstadt, durch das Bernolák-Tor (Bernolákova brana) in das Zentrum hineingeht. Hinter dem Bernolák-Tor steht linker Hand die **Jakobskirche** (Kostol sv. Jakuba) mit dem angrenzenden Franziskanerkloster. Die urspünglich gotische Kirche von 1383 wurde zwischen 1694 und 1712 barock umgebaut.

Über die Radlinského erreicht man den Hauptplatz Trnavas, den **Trojicné nám.** (Dreifaltigkeitsplatz). Gleich rechts an der Ecke liegt das 1831 erbaute **Theater**, das mit einem deutschsprachigen Stück eingeweiht wurde; die erste Aufführung in slowakischer Sprache fand erst 1869 statt. Mit 548 Plätzen war es für die damalige Zeit sehr großzügig angelegt. Links neben dem Theater steht das **Rathaus** (1793). In seinem Innenhof befindet sich eine klassizistische Kapelle.

Markantester Punkt am Dreifaltigkeitsplatz ist der **Stadtturm** aus dem Jahr 1574. Er ist 57 Meter hoch und bietet von einem Umgang auf 30 Meter Höhe einen guten Blick über die Stadt. Auf der Turmspitze steht eine vergoldete Statue der heiligen Jungfrau, ungewöhnlich mit zwei Gesichtern gestaltet, die nach vorn und hinten blicken. Es ist eine symbolische Bitte, dass Maria auch in Notzeiten der Stadt nie den Rücken zukehren möge. An der Südfassade des Turms befindet sich die einzige original-historische **Sonnenuhr** der Stadt. Im Turminnern

Športový areál

Špačináká cesta

Hlohovec →

Bučianska

Hlboká

Šrobárova

Rybníkova

Horné bašty

P

← *Hotel Koliba*

↑ *Trstín, Smolenice*

Hospodárska

Michalská

Jeruzalemská

Jerichova

Horné bašty

Horné bašty

Johannes-kirche

Apollo

Pekárska

Invlidská

Holého

Buchkunst-museum

Nikolausdom

Trnitá

Univer-sität

Holiday Inn

Hornopotočná

Barbakan

Stefánikova

Trnitá

Františkánska

Dreifaltigkeits-kirche

U hladného býka

Spaghetti Leviathan

M. Schneidra-Trnavského

Nám. sv. Mikuláša

P

Palast des Erzbischofs

Trinitarier-kloster

Stadtturm

Hviezdoslavova

Annen-kirche

London

Bernolákov Sad

Franziskaner-kloster

Trojicé nám.

Dolnopotočná

Halenárska

J. Havlíka

Kapitulská

Bernolákova brána

Jakobs-kirche

Theater

Penguin

Pivnica u Mešťana

Josefskirche

Veselá

Múzejné nám

Študentská

Rathaus

Zámočnícka

Hlavná

Trhová

Paulínska

Ol'ašská

Klarissen-kloster

Halenárska

Hlboká

A. Hlinku

M. Hodžu

Vajanského

Pivnica pod Baštami

Helenen-kirche

Dolné bašty

Štadión Spartaka

P

A. Sládkoviča

Hospodárska

Tŕnava

Evangelische Kirche

Rázusova

Strelecká

Športová

Halenárska

F. Urbánska

A. Hlinku

Kollárova

A. Žarnova

Kollárova

B.S. Timravy

Sered ↓

Nám. SNP

Impiq

A. Žarnova

Staničná

Dohnányho

Bratislava ↓

0   50   100 m

gibt es eine kleine **Ausstellung** zur Stadtgeschichte, im Erdgeschoss befindet sich die **Touristeninformation**.

Vom Hauptplatz geht nach Norden die Štefánikova ab, wo es in den gut erhaltenen zwei- bis dreistöckigen Bürgerhäusern viele kleine Geschäfte und Lokale gibt, nach Süden erstreckt sich mit der Hlavná (Hauptstraße) eine Fußgängerzone. In der Štefánikova steht nicht weit vom Hauptplatz, mit breiter Turmfront zur Straße hin, die **Dreifaltigkeitskirche** (Kostol Najsvätejšej Trojice), ein 1729 fertiggestellter Bau. Im Innern beeindruckt das berühmte Altarbild ›Die heiligen Johannes von Matha und Felix von Valois‹ des bedeutenden österreichischen Barockmalers Franz Anton Maulbertsch (1724–1796).

Am südlichen Ende der Hlavná steht links die kleine, ursprünglich gotische **Helenenkirche** (Kostol sv. Heleny), deren Renaissancegewölbe sehenswert sind. Ihr gegenüber kann man Richtung Kreisverwaltung einen kleinen Weg einschlagen, wo sich die 1924 errichtete **Evangelische Kirche** findet, eines der seltenen Beispiele für den sogenannten Puritanischen Stil in der Slowakei. Ungewöhnlich ist die amphitheatralische Gestaltung des Innenraums.

An der östlichen Seite des Dreifaltigkeitsplatzes beginnt die Stadt ihr Gesicht zu verändern. Hier wie in den sich südöstlich davon erstreckenden Straßen ist viel vom alten barocken Trnava und von den Bauten des 19. Jahrhunderts verloren gegangen. Stillose Betonbauten des sozialistischen Realismus aus den 1980er Jahren füllen einige Lücken zwischen den verbliebenen verspielten Rokoko- und Klassizismusbauten, dazwischen verschandeln Brachen das Stadtbild. Um die Hornopotočná und die Hollého sind sogar ganze Straßenzüge abgerissen, riesige Lücken klaffen auf. Diese Verluste sind Plänen zur Stadtumgestaltung geschuldet, die nach 1985 Wirklichkeit werden sollten und nach denen heute wahrscheinlich kaum ein Altbau in der Innenstadt noch stünde, wenn nicht die Wende 1989 dazwischengekommen wäre. Allerdings werden die Lücken nur nach und nach geschlossen.

Vom Dreifaltigkeitsplatz führt die Hviezdoslavova nach Osten. Auf ihr passiert man rechter Hand die **Annenkirche** (Ko-

Die Umgebung von Bratislava

Entspannt flaniert es sich in der Fußgängerzone

stol sv. Anny), eine kleine spätbarocke Kirche von 1776 mit einem in der Slowakei sehr selten zu findenden elliptischem Grundriss.

Ihr schräg gegenüber zweigt nach Norden die Pekárska ab. Sie führt an einem großen Parkplatz vorbei. Rechts an ihm vorbei gelangt man zum neuen **Universitätsgebäude**. Auch hier weist das Stadtbild schwere Wunden auf. Trnava war vor 1990 bedeutende Garnisonsstadt, und viele militärische Einrichtungen wie auch Offiziersunterkünfte waren in den barocken Räumlichkeiten verschiedener ehemaliger Kollegiatsgebäude untergebracht. Zu Beginn der 1980er Jahre waren diese jedoch so heruntergekommen, dass man sie abriss und in den folgenden Jahren durch Neubauten ersetzen wollte, wozu es aus bekannten Gründen nicht mehr kam.

Der Universität gegenüber steht die frühbarocke **Kathedrale des heiligen Johannes des Täufers** (Katedrála svätého Jána Krstiteľa), oft auch Universitätskirche genannt, da sie dem nicht mehr existierenden Gebäudekomplex der alten Tyrnauer Universität eingegliedert war. Sie ist seit 1978 Bischofskirche des 1977 entstandenen Erzbistums Trnava. Die Brüder Antonio und Pietro Spazzo errichteten von 1629 bis 1641 den Bau und vollendeten ihn 1641. Sein Vorbild ist die römische Kirche Il Gesú.

Großartigstes Kunstwerk der Kirche ist der 21 Meter hohe und 14 Meter breite Hochaltar (1629–1640). Ihn zieren drei Kolossalgemälde und insbesondere 27 überlebensgroße Statuen, die alttestamentarische Propheten, den Gründer des Jesuitenordens Ignatius von Loyola, Evangelisten und heiliggesprochene Angehörige ungarischer Herrscherdynastien darstellen. Das oberste Bild zeigt eine Begegnung der heiligen Jungfrau

mit der heiligen Elisabeth, darunter ist die Geburt Johannes des Täufers dargestellt, das Hauptbild stellt die Taufe Christi dar.

Von der Johanneskirche geht die Hollého nach Süden zur Hviezdoslavova. In ihr, wie an der Kreuzung zur Hviezdoslavova, stehen noch einige repräsentative Konvikt- und Seminargebäude der alten Universität, die zwischen 1642 und 1710 erbaut wurden. Von der erwähnten Kreuzung hat man ostwärts einen phantastischen Blick zum Nikolausdom durch die Ul. Schneidra-Trnavského. Mikulaš Schneider-Trnavský (1881–1959) ist ein landesweit geschätzter Komponist, der in Trnava zur Welt kam und hier als Chorleiter und Organist wirkte. Er galt als Gegner des kommunistischen Regimes, was zur Folge hatte, dass am Tage seiner Beisetzung die Behörden zur gleichen Zeit eine Zivilschutzübung abhielten, an der allgemeine Teilnahme Pflicht war, so dass ihm nur ganz wenige Bürger das letzte Geleit geben konnten.

Der Prunkbau an der linken Ecke der Schneidra-Trnavského ist das ehemalige

Das schmucke Rathaus

Adelskonvikt von 1754. Heute ist es
Erzbischöfliches Amt. Ihm gegenüber
steht das alte **Stephaneum**, das 1724
als theologisches Seminar erbaut wurde.
Zur Zeit befindet es sich in Rekonstruktion. Durch die Schneidra-Trnavského
erreicht man den **Domplatz**, sein offizieller Name ist Nikolausplatz (Námestie
sv. Mikuláša). Hier hat sich das Stadtbild
wieder verändert: Es ist ein stiller, fast
abgeschiedener Ort.
Die gewaltige Dominante des Platzes ist
der **Nikolausdom** (Dóm sv. Mikuláša),
der mit seinen zwiebelähnlichen Renais-
sance-Turmhelmen von 1590 an süd-
deutsche Kirchen erinnert. Die Kirche,
von 1541 bis 1820 und von 1918 bis
1977 Sitz des Bischofs von Esztergom,
wurde zwischen 1380 und 1420 erbaut.
Sie verlor ihr gotisches Aussehen mit
dem Bau von Seitenkapellen in frühba-
rocker Manier während der Jahre 1620
bis 1630 und besonders mit der Errichtung der prunkvollen achteckigen Kapelle von 1741 an der Nordwand. In ihr
wird das berühmte Gnadenbild der heiligen Jungfrau von Trnava aufbewahrt.
1663 soll das Bild Bluttränen geweint
haben und die Türken, die gerade die
Stadt einnehmen wollten, zum Abbruch
ihrer Belagerung veranlasst haben. Im
Pestjahr 1710 ging die Pest am 21.
November, nachdem das Bild erneut
Tränen geweint hatte, zu Ende. Das Bild
soll die Stadt 1944 auch von Zerstörung
verschont haben und genießt bis heute
größte Verehrung. Wegen verschiedener
Brände, die die Kirche heimsuchten, hat
sie übrigens keinen Hochaltar mehr. Das
ehemalige Hochaltarbild ›Himmelfahrt
des heiligen Nikolaus‹ steht jetzt links
vom Eingang innen.
In den Grabkapellen sind Gräber kirchli-
cher Persönlichkeiten zu finden. Besonders sehenswert sind zwei gotische

Theater (links) und Stadtturm in Trnava

Epitaphe aus dem letzten Viertel des 14.
Jahrhunderts an der Westwand des
nördlichen Seitenschiffs. In unmittelbarer Nähe der Kirche wurde 2010 eine
archäologische Besonderheit zugänglich
gemacht: ein frühromanisches **Beinhaus**
aus dem 11. Jahrhundert. Direkt hinter
der Kirche liegt die Stadtmauer.
Vom Dom führt die stille Jeruzalemská
nach Norden. Diese Straße macht nochmals bewusst, wie viel städtische Schönheit den sozialistischen Abrissbirnen im
Zentrum zum Opfer gefallen ist.
Das **Erzbischöfliche Palais** südlich der
Kirche wurde 1562 errichtet, doch
mehrmals umgebaut. Bis 1820 residier-
ten hier die ungarischen Erzbischöfe.
Die von hier nach Süden führende Kapitulská ist eigentlich ein spindelförmiger,
langgezogener Platz.
Gegenüber dem Erzbischofspalast geht
die Ul. Havlíkova allmählich abwärts
nach Westen. Von der Kapitulská kommend, erblickt man links den wieder
hergerichteten **Betsaal** aus dem Jahr
1897, auch Kleine Synagoge (›Malá
Synagogá‹) genannt. Gegenüber, auf
der anderen Straßenseite, befindet sich

Die Umgebung von Bratislava

die (Große) Synagoge, heute auch Status Quo Synagoge genannt. Der Betsaal beherbergt seit dieser Zeit eine Kunstgalerie (www.maxgallery.sk) mit Ausstellungen zeitgenössischer Plastik, Fotografie und Gemälden. Sehenswert sind die rekonstruierten Decken- und Wandmalereien der vormaligen, jetzt entweihten Synagoge. Die **Große Synagoge** stammt aus dem Jahr 1831 und ist jetzt ebenfalls Galerie (Galerist Ján Koniarek, Tel. 5511659).

Über die Halenárska geht es nach Süden bis zu Resten der Stadtmauer. Links am Museumsplatz (Múzejne nám.) liegt das **Westslowakische Museum**, das im Gebäude des früheren Klarissinnenklosters untergebracht ist. Es zeigt unter anderem Ausstellungen zur Regionalgeschichte und zur Buchkultur des Gebiets. Hinter der Stadtmauer erhebt sich in brutaler Maßlosigkeit die Tribüne des **Spartak-Stadions** aus den 1970er Jahren.

Entlang der Stadtmauerreste geht es über die Dolné bašty westwärts zum Ausgangspunkt zurück. Wer will, kann durch die Paulínska nordwärts, vorbei an einigen abscheulichen Betonkomplexen, zur Josefskirche mit ihrer dreistöckigen Giebelfassade laufen. Oder man bleibt auf der Dolné bašty und erreicht bei der Helenenkirche wieder die Fußgängerzone.

Die Umgebung von Trnava

Trnavas Umland bietet zwei Sehenswürdigkeiten, die unterschiedlicher nicht sein könnten: Dolná Krupá und das Kernkraftwerk Bohunice.

■ Dolná Krupá

Zwölf Kilometer nördlich von Trnava liegt Dolná Krupá (Unterkrupa). Vom Zentrum in Trnava fährt man mit dem eigenen Wagen über die 560 Richtung Dechtice nach Norden, doch gleich an der Stadtgrenze im Vorort Kopánka muss man Richtung Trstín abbiegen.

Im von 1793 bis 1795 im klassizistischen Stil erbauten, schlichten **Schloss** der Familie Brunswick war Ludwig van Beethoven mehrmals zu Gast. Im Gartenpavillon, unmittelbar neben dem Schloss, hatte er eine kleine Wohnung. Heute ist dort ein Gedenkzimmer untergebracht. 1800, 1801 sowie 1806 hielt sich Beethoven in Dolná Krupá auf; der Legende nach soll die berühmte Mondscheinsonate (cis-moll, op. 27 Nr. 2) 1801 in Dolná Krupá entstanden sein. Beethoven war der Musiklehrer der Therese von Brunswick (1775–1861), der Nichte des Schlossherrn Josef von Brunswick (1750–1827). Später widmete er ihr seine 1809 komponierte Fis-Dur-Klaviersonate (op. 78). Therese war eine der ersten ›Sozialarbeiterinnen‹ und begründete das Kindergartenwesen der österreichisch-ungarischen Monarchie.

Das Schloss mit seinem **englischen Park**, einem Rosengarten und dem Gedenkzimmer im Pavillon ist der Öffentlichkeit zugänglich. Allerdings gibt es bis auf Teile der Decken- und Wandbemalungen der beiden großen Salons im Erdgeschoss kein originales Interieur. Denn in den Nachkriegsjahren diente das Schloss als Kinderheim und verlor dabei all seine historische Ausstattung. Die Gemeinde ehrte Beethoven, indem sie den Hauptplatz nach ihm benannte: Nám. L. van Beethovena.

■ Kernkraftwerk Bohunice

Bleibt man auf der 560 und biegt am Ortsende von Špačince nach Nordosten ab, gelangt man nach Jaslovské Bohunice. In der Nähe befindet sich eines der zwei slowakischen Kernkraftwerke. Ursprünglich sollte es bis 2015 vollständig

Karte S. 179

abgeschaltet werden. Im Winter 2006/07 waren, nicht zuletzt durch Druck Österreichs und ausländischer Energieunternehmen, nur noch zwei von den vormals fünf Reaktoren der Anlage in Bohunice in Betrieb. Block 2 aus der Teilanlage Bohunice V1 wurde zum 31. Dezember 2008 abgeschaltet. Es gelang jedoch, die erforderlichen Energien aus anderen Anlagen beziehen, etwa aus Wasserkraftwerken im Tal der Waag (Váh), und es wurde weiterhin die Produktion des Donauwasserkraftwerks Gabčíkovo etwas erhöht. Die Europäische Union gleicht die Stilllegung mit rund 150 Millionen Euro aus. Die beiden Atomkraftewerke der Slowakei – das andere, Mochovce, liegt am Fluss Hron in der Donautiefebene, 100 Kilometer weiter östlich – liefern über die Hälfte des Energiebedarfs des Landes. Weil wegen eines Streits zwischen Russland und dem Gas-Transitland Ukraine die Gaslieferung im Januar 2009 unterbrochen wurde, stand die Slowakei nach dem Aufbrauchen ihrer letzten verfügbaren Gasreserven vor einem energetischen Zusammenbruch. So beschloss die Regierung, als Notmaßnahme den 2006 abgeschalteten Block 1 aus der Teilanlage Bohunice V1 für begrenzte Zeit wieder in Betrieb zu nehmen. Die dadurch bedingte Verletzung des EU-Beitrittsvertrages und die Proteste Österreichs wie der Tschechischen Republik nahm man in Kauf. Doch schnelle Hilfslieferungen von Gas aus Tschechien ließen das Wiederanfahren nicht notwendig werden. Die Teilanlage V2 jedoch wurde 2009 vollständig erneuert und den verstärkten Sicherheitsbedingungen angepasst. Ihr Betrieb soll bis 2025 weiterlaufen. Die Anlage V3 – gerade im Bau – soll ab 2025 die dann abgeschaltete Teilanlage V2 ersetzen.

Etwas abseits gelegen, aber sehr sehenswert: die Kirche in Diakovce

■ **Galanta**

Die südliche Umgebung von Trnava birgt keine erwähnenswerten Schätze. Das knapp 30 Kilometer südlich gelegene Galanta – ohne jedwede Sehenswürdigkeit, abgesehen von einem Esterházy-Schlösschen in recht plumper Neogotik – ist Musikfreunden durch die ›Tänze aus Galanta‹ von Zoltán Kodályi (1882–1967) bekannt. Kodályi gilt neben Belá Bartók als der bedeutendste ungarische Komponist des 20. Jahrhunderts. Die ›Tänze‹ stellen eine höchst virtuose, mitreißende Orchesterfassung ungarischer Tanzmelodien des Galanter Gebiets dar, die Kodályi 1933 anlässlich des 80-jährigen Bestehens der Budapester Philharmonischen Gesellschaft zusammenstellte.

Weiter südöstlich, in **Diakovce**, sollte man sich einmal die monumentale romanische und später etwas veränderte **Benediktinerklosterkirche** ansehen. Die Stephanskapelle an deren Südseite gilt als Vorgängerbau der Kirche vom Anfang des 12. Jahrhunderts.

Die Umgebung von Bratislava

Trnava

Vorwahl: 033.

TINS Trnavský informačný servis, Trojičné nám. 1, 91701 Trnava, Tel. 3236440, tins@stonline.sk. Weitere Infrmationen unter www.trnava.sk.

Einige Empfehlungen aus dem großen Angebot an Hotels und Pensionen:

Hotel Barbakan, Štefáníkova 11, 91700 Trnava, Tel./Fax 5514022, www.barbakan-trnava.sk. Vier-Sterne-Hotel mit gutem Preis-Leistungs-Verhältnis, schönen großen Zimmern sowie einem beachtlichen Frühstücksbuffet. Zufahrt nur über die Štefáníkova von Norden her; DZ 75 Euro.

Penzión Holiday, Jeruzalemská 13, 91701 Trnava, Tel. 033/5512507 bzw. 0903/812757, www.penzion holiday.sk; DZ 40 €. Nur 150 Meter nördlich des Nikolausdoms in einer stillen Straße der Altstadt gelegen. Neue Pension mit Restaurant..

Hotel Impiq, B.S. Timravy 2, 91700 Trnava, Tel. 5555555, www.impiq hotel.sk; DZ 100 €, Fr–So 70 €. Sachlich gestaltet, attraktivstes Hotel der Stadt. Mit Gourmet-Restaurant.

Holiday Inn, Hornopotočna 5, 91701 Trnava, Tel. 333250520, www.holi dayinn-trnava.sk; DZ 85–100 €. Das Hotelrestaurant bietet u.a. natürlich auch slowakische Spezialitäten und Weine aus den Kleinen Karpaten an.

ATC Vincov les, 92521 Sládkovičovo, Tel. 031/7842830 und 905/605329; Mai bis Sept. (25 km südlich von Trnava) An einem durch Thermalquellen gespeisten See.

Im Zentrum gibt es zahlreiche Cafés und Restaurants. Einige Hinweise:

U hladného býka, Štefánikova 3, 91701 Trnava, Tel. 5514452. Vortreffliches und preiswertes Lokal; Speisen aller Art, auch sehr gute Steaks.

Restauracia Penguin, Trojičné nám. 11, 91701 Trnava, Tel. 5513685. Am Hauptplatz, ausgezeichnete slowakischen Küche, großes Bierangebot.

Spaghetti Leviathan, Hviezdoslavova 3, Tel. (mobil) 0940/398007, www. leviathan.sk. Gehobene Fastfood-Kulinarik.

Westslowakisches Museum (Západoslovenské múzeum), Múzejne nám. 3, Tel. 5512913; Di–Fr 8–17, Sa/So 11–17 Uhr.

Schloss Brunswick, Dolná Krupá, Tel. 033/2453131, www.snm.sk.; Mai bis Sept. Di–Fr 8–15.30, Sa/So 13–17 Uhr; Okt. bis Apr. Di–Fr 8–15.30 Uhr.

Max Gallery, Haulíkova 3, 91700 Trnava, Tel. 0905/663320 (mobil), www.maxgallery.sk, Di–So 15–18 Uhr.

Apimed, Hlavna 119, 91965 Dolna Krupa, Tel. 5577546, www.apimed. sk. Honigprodukte, Honigweine und Honigweinverkostungen.

Weingut Mrva & Stanko, Orešianska 7/A, 91701 Trnava, Tel. 5914711, www.mrvastanko.sk. Degustationen, Weinverkauf etc.

Weingut Terra Parna, Ružova Dolina 528, Suchá nad Parnou, Tel. 5533342, www.terraparna.sk. Weinverkostung in streng sachlichem Ambiente, aber mitten im Weinberg.

Das Donautiefland

Den meisten Touristen erscheint die weite Donauniederung südöstlich von Bratislava landschaftlich zu monoton und zu arm an herausragenden Sehenswürdigkeiten, als dass sie Aufmerksamkeit verdient hätte. Das stimmt jedoch nur auf den ersten Blick. Es gibt hier einige Orte, die von Bratislava aus einen Abstecher lohnen.

Das slowakische Donautiefland beginnt geographisch bei Devín, bei der Thebener Pforte, wo die Donau das slowakische Territorium erreicht, und endet knapp 100 Kilometer weiter flussabwärts bei Štúrovo, wo sie auf ungarisches Territorium übertritt. Die Donau entspringt am Ostrand des Schwarzwalds und legt bis zu ihrer Mündung ins Schwarze Meer in Rumänien 2860 Kilometer zurück. Damit ist sie nach der Wolga Europas zweitlängster Fluss. Noch 1880 Kilometer hat sie bei Devín vor sich, 172 Kilometer fließt sie auf slowakischem Gebiet, davon bilden 142 Kilometer die gemeinsame Grenze mit Ungarn. Auf den ersten 7,5 Kilometern nach Devín bildet der Fluss die Grenze zu Österreich, die kurz vor der Lafranconi-Brücke nach Süden vom Fluss wegführt. Hinter der Thebener Pforte nimmt das Flussgefälle deutlich ab, und die Donau verbreitert sich. Die Geschwindigkeit des Stromes sinkt, mitgeführtes Material wird nicht mehr weiter transportiert, sondern abgelagert. Im flachen Strom – an manchen Stellen lediglich 170 Zentimeter tief – bilden sich Furten, wie eine seit altersher bei Bratislava besteht. Die Sedimentation nahm im Bereich Bratislavas solchen Umfang an, dass sich die Donau in mehrere Arme aufspaltete, was in Verbindung mit der niedrigen Fließgeschwindigkeit zur Bildung der größten Auenlandschaft Mitteleuropas geführt hat.

Senec

Im nördlichsten Streifen des Donautieflands, fast schon am Fuß der Kleinen Karpaten, liegt die Kreisstadt Senec. Die Stadt und ihr Umland sind als Naherholungsgebiet wegen der künstlichen Badeseen, wo alle Wassersportarten auch ausgeübt werden können, bei den Bratislavern sehr beliebt.

Mit ihren 17 800 Bewohnern ist die Stadt Senec (deutsch Wartberg) einer der größeren Orte in der unmittelbaren Nachbarschaft der Hauptstadt. Hier bestand schon im 8. Jahrhundert ein Siedlungsplatz, wie archäologische Funde slawischer und awarischer Gräberfelder zeigten. Durch die Jahrhunderte hatte Senec stets als Handelszentrum große Bedeutung, Maria Theresia eröffnete hier 1763 das ›collegium oeconomicum‹, eine Art Wirtschaftsuniversität, die allerdings wegen eines Stadtbrandes bereits 1776 aufgegeben wurde. Obwohl Senec wegen der Abrisswut von Altbauten in der Nachkriegszeit kein geschlossenes Stadtbild aufweist, ja man sogar im Zentrum unsicher ist, wo denn nun die Stadtmitte eigentlich ist, lohnt ein Besuch: erstens wegen der gefluteten Kiesgruben, genannt die **Sonnenseen** (Slnečné jazerá), die in der warmen Jahreszeit mit ihren breiten Stränden unzählige Badende anlocken, zweitens wegen des landesweit vielbesuchten **Aquaparks** und drittens nicht zuletzt wegen einiger erhalten gebliebener Baudenkmäler im Zentrum. Dazu zählen das sogenante **Türkenhaus**, ein **Renaissancepalais** aus der Zeit um 1560 und die **Synagoge** aus dem Jahr

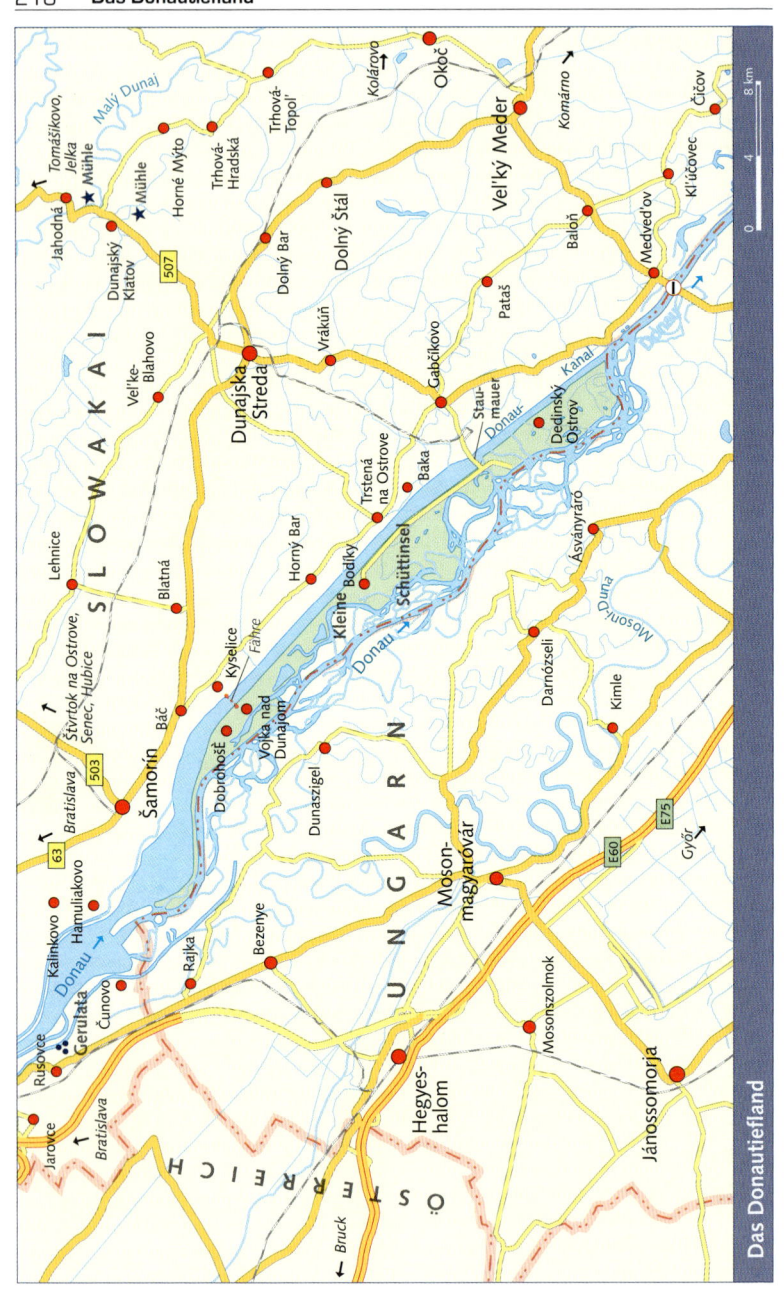

1825, die allerdings vom Verfall gezeichnet ist. Besuchenswert ist auch die barockisierte **Stadtkirche** mit ihrer reichen Innenausstattung. Der Bau datiert aus dem 16. Jahrhundert.

■ **Kráľova pri Senci**
Der unweit südöstlich von Senec gelegene Ort besaß bis 1945 einen französischen Landschaftspark der Familie Pálffy, die aber zu Kriegsende völlig zerstört wurde. Eine malerische (neo)barocke, angeblich erst 1904 errichtete – in der Literatur nicht eindeutig beschrieben, ob sie nicht doch aus dem 18. Jahrhundert stammt – und 42 Meter lange **Brücke** über den Bach Čierna voda blieb aber erhalten. Sie ist ein beliebtes Fotomotiv und steht allerdings ziemlich verlassen auf einer ackerähnlichen Wiese, führend aus dem Nichts ins Nichts. Immerhin quert sie ein Radwanderweg. Die Brücke ist leicht zu finden. Wo die Durchgangsstraße in der Ortsmitte den erwähnten Bach quert, geht man diesen etwa 200 Meter entlang nach Norden.
Ein ganz eigentümliches Museum ist das **Imkerei-Freilichtmuseum**, wo historische Bienenstöcke und Imkerarbeitsgerät gezeigt werden. Große Kleinode sind dabei die figuralen Bienenstöcke.

■ **Veľky Biel**
Nur etwa zwei Kilometer westlich von Senec gelegen, wartet Veľký Biel (Ungarischbiel) mit einer großen **Schlossanlage** auf, die für den Erzbischof von Gran zwischen 1722 und 1725 errichtet wurde. Das 1945 schwer beschädigte Schloss verwandelte sich nach Kriegsende in ein Altersheim. Das repräsentative Bauwerk mit seinen vier Flügeln und den vier wuchtigen Ecktürmen wie auch der Park ist aber auch nur äußerlich sehr sehenswert.

Die Insel Schütt

Gleich hinter dem Prístavný most (Hafenbrücke), über die im Stadtgebiet von Bratislava die Autobahn D1 verläuft, zweigt ostwärts die Kleine Donau (Malý Dunaj) ab. Sie fließt direkt nördlich am Slovnaft-Gelände vorbei, ist hier kanalisiert und strömt mit auffällig starker Mäandrierung ostwärts. Begleitet ist sie auf ihrem ganzen Verlauf von typischen Flussauen-Landschaften. Die Kleine Donau ist die eigentliche Ur-Donau. Zusammen mit der ›großen‹ Donau bildet sie die Insel Schütt. Dieser Teil der Donauebene ist das wärmste und trockenste Gebiet der Slowakei. Die Kleine Donau fließt bei Kolárovo, etwa 20 Kilometer nördlich von Komárno, in den Váh (Waag), der sich seinerseits bei Komárno mit dem Hauptstrom der Donau vereinigt. Zwischen Bratislava und Komárno besteht somit auf 1600 Quadratkilometern Fläche – etwa 80 Kilometer lang und 25 breit – die größte Flussinsel Europas. Die Schüttinsel kann man mit ihrem riesigen gespeicherten Grundwasservolumen als Europas größtes Trinkwasserreservoir ansehen, denn die Mächtigkeiten (Dicken) der nacheis-

Diese Brücke ist die Hauptattraktion in Kráľova pri Senci

Die Umgebung von Bratislava

zeitlichen Flussablagerungen nehmen von Bratislava, wo sie etwa 10 bis 50 Meter betragen, im Bereich um den Stausee Gabčíkovo, etwa 20 Kilometer südöstlich, auf bis auf 500 Meter zu.

Podunajská nižina (Donauebene) heißt die weite Ebene zwischen den Kleinen Karpaten, dem Fluss Váh und dem Nordufer der Donau auf slowakisch. Dabei trägt auf den Karten der südliche, direkt an der Donau gelegene Teil einen eigenen Namen: Podunajská rovina (Donauflachland). Das entspricht etwa der Insel Schütt, die aber auch einen eigenständigen slowakischen Namen hat: Veľký Žitný ostrov. Hier im Donautiefland ist der größte Teil der ungarischen Minderheit der Slowakei wohnhaft; bis zu 80 Prozent beträgt ihr Bevölkerungsanteil in manchen Orten.

Die Auenlandschaften, Teichgebiete, Schilfgürtel und großen Sumpfgebiete dieser Niederungslandschaft stehen unter Naturschutz – es gibt zahlreiche unterschiedlich große Naturschutzgebiete – und zählen zu den größten zusammenhängenden Landschaften ihrer Art in Europa. 47 Fischarten leben in den Gewässern der Niederung, Störche, Möwen, Reiher, Kormorane und besonders die Seeadler überwintern hier. Auch Europas größter Steppenvogel, die Trappe, ist hier heimisch. Dieses von zahllosen kleinen Flussarmen zerteilte, sumpfige, unzugängliche Gebiet bildete eine verborgene, eigenartige Welt. So war es kein Wunder, dass die Menschen diese Sümpfe fürchteten und in ihnen die Wohnstätten von Feen, Wasserkobolden und Dämonen sahen. Eine der großartigsten phantastischen Erzählungen des 20. Jahrhundert spielt in den Donausümpfen südlich von Bratislava. Sie trägt den Namen ›Die Weiden‹, stammt von Algernon Blackwood (1869–1951) und galt für den amerikanischen Schriftsteller H.P. Lovecraft (1890–1937), der ebenfalls einer der großen phantastischen Autoren war, als »die bedeutendste unheimliche Geschichte, die jemals geschrieben wurde«. Blackwood ist einer der bedeutendsten britischen Phantasten, bei uns jedoch wenig bekannt.

Zwei junge Männer machen in ›Die Weiden‹ eine Kanureise von Wien donauabwärts. Hochwasser und Sturm zwingen sie, auf einer winzigen Insel innerhalb eines Sumpfes in der Donauniederung südöstlich von Preßburg ihre Reise zu unterbrechen. Doch die gespenstische Sumpflandschaft ist den unfreiwilligen Eindringlingen feindlich gesonnen. Die unheimlich aufragenden Weiden auf diesem flachen Eiland scheinen voller dämonischer Kräfte zu sein, die in die Gedanken der beiden jungen Abenteurer eindringen und sie dem Wahnsinn und Selbstmord zutreiben.

Die Auenlandschaften der Donauniederung beginnen unmittelbar südlich von Bratislava. Sowohl auf der Westseite des Flusses, bei Rusovce, wie auch auf am gegenüberliegenden Ufer finden sich ausgedehnte geschützte Auenwälder, die man über den Donauradweg von Bratislava schnell erreichen kann.

Das sogenannte Türkenhaus in Senec

Karte S. 216

Die Weiden

Stromabwärts von Wien, aber noch lang vor Budapest, durchzieht die Donau ein weites Gebiet aus nichts als Verlassenheit und Ödnis, darin das Hauptbett des Stromes sich verliert in unzählige, nach allen Richtungen sich teilende Nebenarme, und das angrenzende Land auf viele Kilometer hinaus ein einziger Morast ist, überwuchert von einem unübersehbaren Meer krüppeliger Weidenbüsche...

Zu Zeiten des Hochwassers ist diese riesige Fläche aus Schwemmsand, abgelagertem Schotter und weidenbestandenen Inseln fast zur Gänze überflutet. Ist aber das Wasser auf seinen normalen Stand gesunken, so biegen und wiegen die Büsche sich raschelnd im grenzenlosen Wind der Ebene, und das silbrige Schimmern ihrer im Sonnenlicht windwärts hingestrichenen Zweige wandelt die in immerwährendem Wogen befindliche, weite Fläche zu einem Meer von bestürzender Schönheit. Niemals aber erlangen jene Weiden die Würde von Bäumen: sie haben keinen festen Stamm und bleiben bescheidenes Buschwerk mit gerundeten Häuptern und sanften Konturen. Ihre schlanken, biegsamen Zweige gehorchen dem zartesten Druck und beginnen schon im leisesten Lufthauch zu schwanken, nicht minder sanft und unermüdlich als das Gras, so dass dies hinwogende Geschwanke uns mit einem Mal glauben macht, die gesamte Ebene sei in Bewegung, nein, lebe. Denn unablässig durchwellt ja der Wind die weithin sich breitende Fläche, als wären's nicht Wellen aus Weidengezweig, sondern Wogen aus Wasser, herantreibend in tief-grünem Schwall wie das Meer, und vorüber in weißlichem Schäumen, sobald erst die niedergebogenen Zweige ihre silbrige Seite sonnenwärts kehren.

Die Fluten der Donau aber, als wären sie erleichtert, endlich dem Zwang der unverrückbaren Ufer entronnen zu sein, nehmen hier ihren eigenen Lauf, verlieren sich im Labyrinth der Kanäle, das mit seinem verzweigten Geäder die aufgeschütteten Inseln allerorten durchschneidet in breiten Straßen, darin die Wasser mit Getöse dahinschießen: Wirbel bildend und Strudel, ja schäumende Stromschnellen, den sandigen Strand unterwaschend, Stücke Ufers mit ganzen Weidengruppen mit sich reißend und unzählige neue Inseln aufschüttend, Inseln, die mit jedem Tag Gestalt und Größe ändern und so im wahrsten Sinn ein wechselvolles Dasein führen bis zu dem Zeitpunkt, da sie unter den abermals steigenden Fluten spurlos verschwinden.

Genaugenommen beginnt dieser so bestrickend verwirrende Abschnitt im Leben des Stromes nicht lange, nachdem er Preßburg hinter sich gelassen, und wir, in unserem Kanadier-Zweier, ausgerüstet mit Bratpfanne und Zweimannzelt, erreichten jenes Gebiet bei höchstem Wasserstand um die Mitte des Juli ...

Unser zügiges Tempo – wir machten immerhin zwölf Kilometer pro Stunde – trug uns rasch nach Ungarn hinein. Die schlammigen Fluten – dies untrügliche Anzeichen von Hochwasser – ließen uns auf so manche Schotterbank auflaufen und wirbelten unser Boot in den überraschend auftretenden Strudeln wie einen Korken herum, noch ehe die Türme von Preßburg (dem ungarischen Poszóny) sich stromabwärts vorm Himmel zeigten. Bald aber schoß unser Kanu, sich bäumend wie ein feuriges Pferd, mit Höchstgeschwindigkeit an den grauen Ufermauern vorbei, kam sicher über die quer durch den Strom hängende Kette der Brückenfähre hinweg, beschrieb dann eine scharfe Linkswendung und stieß mit gelblich aufschäumender Bugwelle mitten hinein in die Wildnis aus Inseln, Sandbänken und den dahinter sich erstreckenden Sümpfen – hinein in das einsame, unermeßliche Reich der Weiden.

Der Wechsel vollzog sich so plötzlich, als hätten die Reihenbilder eines Bioskops vom Leben und Treiben in den Straßen einer Stadt ohne jeden Übergang gewechselt zu einer Szenerie aus Wäldern und Seen. Wie auf Flügeln wurden wir hinübergetragen in das Land der Verlassenheit, und keine halbe Stunde später war da nicht Boot noch Fischerhütte mehr zu sehen, kein fernes Dach, ja nicht einmal das kleinste Anzeichen von menschlicher Wohnstatt oder Arbeit ...

Obgleich es noch früh am Nachmittag war, hatten uns die pausenlosen Stöße eines recht stürmischen Windes müde gemacht, so dass wir schon jetzt begannen, nach einem passenden Nachtlagerplatz Ausschau zu halten. Aber die trügerische Beschaffenheit der Inseln machte das Landen schwierig. Zwar trugen die wirbelnden Fluten uns uferwärts, doch schwemmten sie uns im letzten Moment wieder ins offene Wasser zurück. Die Weidenzweige aber, sobald wir sie ergriffen, um das Boot zum Stillstand zu bringen, rissen uns die Hände wund, und wir zerrten so manchen Meter sandigen Ufers mit uns ins Wasser, bevor wir schließlich doch noch mit Hilfe eines mächtigen Seitenwinds aus dem Bereich der Strömung gerieten und es zuwege brachten, das Boot inmitten einer schäumenden Gischtwolke an Land zu ziehen. Dann, nach all der Anstrengung, lagen wir keuchend und lachend auf dem heißen, gelben Sandboden, endlich im Windschatten, jedoch in der prallen Hitze einer sengenden Sonne, zu Häupten einen wolkenlosen Himmel und rings im Umkreis ein unüberschaubares Heer von im Winde tanzenden, rauschenden Weidenbüschen, die von allen Seiten heranzurücken und in weißlichem Aufschäumen wie mit abertausend kleinen Händen dem schließlichen Erfolg unserer Anstrengung Beifall zu klatschen schienen.

»Was für ein Strom! « sagte ich zu meinem Gefährten, während ich an die riesige Wegstrecke dachte, die wir von den Quellen im Schwarzwald bis hierher zurückgelegt hatten, und daran, wie oft wir in den ersten Junitagen gezwungen gewesen, das Boot in den seichten Gewässern des Oberlaufs watend vor uns herzuschieben.

»Jetzt, bei Hochwasser, versteht der keinen Spaß«, gab er zurück, zog das Boot ein wenig weiter auf den festen Grund und rollte sich dann zusammen, um ein Schläfchen zu tun. Ich lag neben ihm, in sorgloser Zufriedenheit das Bad der Elemente auskostend – dies Elixier aus Wasser und Wind, aus Sand und flirrender Sonnenhitze -, und überdachte noch einmal die lange Reise, welche nun hinter uns lag, gedachte auch der großen Wegstrecke, die uns noch immer vom Schwarzen Meer trennte, und war im übrigen glücklich, in meinem schwedischen Freund einen so angenehmen und verläßlichen Begleiter gefunden zu haben.

Wir hatten schon viele ähnliche Flußfahrten hinter uns, doch mehr als alle mir bekannten Ströme hatte die Donau von Anfang an uns durch eine stets wechselnde Lebendigkeit beeindruckt. Von ihrem winzigen, rieselnden Zutagetreten inmitten der fichtenumstandenen Einfassung von Donaueschingen bis zum gegenwärtigen Augenblick, da der ziehende Strom in aller Verspieltheit eines mächtigen Gewässers sich in der Einsamkeit dieser Sümpfe zu verlieren begann, ungehemmt und von niemandem beobachtet, hatte es uns geschienen, als folgten wir dem Heranwachsen eines lebenden Geschöpfes.

Aus: Algernon Blackwood, Die Weiden, 1907

Der Donauradweg kommt von Hainburg und Wolfsthal, verläuft parallel zur E58, der österreichischen 9, und führt nach Petržalka hinein. Entlang der Einsteinova, weiter über die Autobahnbrücke auf das linke Donauufer und nach der Überquerung der Kleinen Donau erreicht man den Westrand der Slovnaft-Raffinerie. Hier beginnt schon das erste der Auenwald-Naturschutzgebiete.

Der Donauradweg verläuft weiter südlich auf einem schmalen Damm, der einen nicht viel breiteren Kanal von der sich plötzlich und stark verbreiternden Donau trennt. Hier beginnt die nördliche Stauanlage des Wasserkraftwerkes Gabčíkovo, einer technischen Sehenswürdigkeit ersten Ranges.

Von Hamuliakovo nach Gabčíkovo

An der Nordseite des Donau-Teilstaubecken von Hrušov liegt der kleine Ort **Hamuliakovo**; er hat nur etwa 750 Einwohner und ist knapp zehn Kilometer von Bratislava entfernt. Durch diesen Ort führt ebenfalls der Donauradweg. Ein architektonisches Kleinod besonderen Ranges im Dorf ist die romanische **Heiligkreuz-Kirche** mit ihren gotischen Fresken.

Die Kirche in Hamuliakovo

Hamuliakovo gegenüber liegen der Wildwasserpark von Čunovo und das Danubiana-Museum. Um dorthin zu gelangen, muss man allerdings bis Gabčíkovo weiterfahren, wo eine Donauüberquerung möglich ist.

■ Šamorin

Im drei Kilometer entfernten Šamorin (12 000 Einwohner), das von Bratislava auch über die Staatsstraße 63 nach Komárno einfach zu erreichen ist, lohnt ein Blick auf und in eine spätromanische **Kirche**, die seit 1789 den Kalvinisten gehört. Auch in ihr gibt es bedeutende Wandmalereien des 14. Jahrhunderts. Šamorin (Sommerein), 1238 gegründet, war im Spätmittelalter direkt an der Donau gelegen und in dieser Zeit ein bedeutender Hafen und Handelszentrum. Den Verlauf des heute fast völlig verschütteten Flussarmes kann man mit der Wanderkarte am südlichen und südwestlichen Ortsrand noch nachvollziehen.

Der Donauradweg führt südlich der Stadt direkt am Fluss entlang. Hier lädt das Hotel ›Kormorán‹ in Čilistov zu Einkehr und Übernachtung ein.

■ Štvrtok na Ostrove, Hubice und Báč

Über die 503 und die 572 erreicht man in nordöstlicher Richtung nach einigen wenigen Kilometern Štvrtok na Ostrove (Loipersdorf bzw. Donnersmarkt) – na ostrove bedeutet übrigens ›auf der (Schütt-) Insel‹. Die dortige zweischiffige romanische **Jakobskirche** ist vielleicht die künstlerisch bedeutendste Kirche der Schüttinsel. Sehenswert sind im Inneren Fragmente gotischer Fresken und ein Renaissance-Epitaph. Die beiden ungewöhnlichen Doppeltürme haben nicht ihresgleichen.

Die Umgebung von Bratislava

Malerische Ruine: Herrrenhaus in Hubice

Im nahen **Hubice** besteht eine romanische **Pfarrkirche**, die barockisiert ist. Leider ist sie, wie fast alle der ländlichen Kirchen im Donautiefland, meistens geschlossen und nur während der sonntäglichen Messen zugänglich. Das unweit gelegene klassizistische **Herrenhaus** ist trotz seines fortgeschrittenen Verfalls sehr beeindruckend.

In **Báč**, wieder an der 63 (E 575), gibt es ein kleines **Schlösschen** aus dem 19. Jahrhundert und einen hübschen **Park**. Gleich am östlichen Ortsrand gabelt sich die Straße, wir halten uns rechts auf der 506, Richtung Gabčíkovo. Nach etwa zwei Kilometern fährt man rechts nach Kyselice. Ein Zweig des Donauradwegs führt hierher. Es gibt eine **Fähre**, die stündlich zur sogenannten Kleinen Schüttinsel (Malý žitný ostrov) verkehrt, die letzlich ein Produkt des Kraftwerkbaues ist.

■ Die Kleine Schüttinsel

Durch den großen Kanal des Staubeckens wurde ein verhältnismäßig großer Teil eines Auenwalds zu einer langgestreckten Insel, die unter Naturschutz steht. Wer die Reste einer noch ursprünglichen Auenlandschaft mit seltener Vegetation sehen will, sollte hier

mit der Fähre auf die Kleine Schüttinsel übersetzen. Doch Vorsicht: Hier tummeln sich besonders viele Mücken.

Eine Radfahrt durch die Auen der Kleinen Schüttinsel und entlang des 17 Kilometer langen Umleitungskanals bis zur Staumauer bei Gabčíkovo zählt zu den grandiosesten Eindrücken, die Bratislavas Umgebung bieten kann. Unbedingt muss man die Südspitze der Kleinen Schüttinsel bei Dedinský ostrov besuchen, wo dieser Zweig des Radwegs schier im Nichts endet. Über die Staumauer kann man wieder zum ›Festland‹ kommen, ohne erst bis Kyselice zurückfahren zu müssen. Von der Nordspitze der Kleinen Schüttinsel gibt es eine Möglichkeit, über Dobrohošť direkt nach Čunovo und zum Wildwasserareal zurückzufahren.

An der Staumauer des Kraftwerks, oder besser an der Schleuse, hat man einen guten Blick auf die kolossale Anlage; ein **Informationszentrum** befindet sich hier ebenfalls. Im Zentrum des Ortes trifft man wieder auf den Hauptstrang des Donauradwegs. Die Kleine Schüttinsel kann mit Einschränkungen auch mit dem Auto befahren werden.

■ Gabčíkovo

Dieser Ort (deutsch Bösch, ungar. Bös) hat seinen Namen nach Jozef Gabčík, einem der Männer, die am 27. Mai 1942 in Prag neben dem Wagen des ›stellvertretenden Reichsprotektors‹ Reinhard Heydrich eine Bombe hochgehen ließen. An den erlittenen Verletzungen starb Heydrich fünf Tage später.

In Gabčíkovo gibt es, nebenbei bemerkt, ein hübsches **Thermalbad**, das aber nur in den Sommermonaten in Betrieb ist. Es liegt am Ostrand des Ortes, an der Straße nach Pataš. Sie geht von der 507 Richtung Dunajská Streda ab.

Karte S. 216 ▲

Das Wasserkraftwerk Gabčíkovo

Schon in der unmittelbaren Nachkriegszeit bestanden Überlegungen der damaligen ungarischen und tschechoslowakischen Regierung, eine große, für beide Seiten zu nutzende Wasserkraftanlage zu errichten. Mit diesem Bau sollte gleichzeitig ein wichtiges Problem der Donauschifffahrt gelöst werden. Denn wegen der geringen Flusstiefe durch die ständige Sedimentation war der Schiffsverkehr für größere Schiffe zwischen Bratislava und Budapest oft unterbrochen. Des weiteren sollten die verheerenden Hochwasser, die die Landwirtschaft der Insel Schütt empfindlich beeinträchtigten, endlich eingedämmt werden. Große Hochwasser waren in Bratislava und seiner Umgebung geradezu an der Tagesordnung und fügten Menschen und Bauwerken großen Schaden zu. Man spricht noch heute beispielsweise vom ›Jahrtausendhochwasser 1965‹. In diesem Jahr brachen bei Čičov südlich von Veľký Meder und Patince östlich von Komárno die Donaudämme, viele Dörfer wurden vollständig vernichtet. In nur zwei Nächten zerstörten die Donauwasser 10 000 Häuser und machten die Arbeit von Jahrzehnten zunichte.

Endgültig zum Bau einer Anlage konnte man sich jedoch erst 1977 entschließen. Ein Teil sollte beim slowakischen Gabčíkovo entstehen, der andere Teil dieses gigantischen Projekts im ungarischen Nagymaros im sogenannten Donauknie, gut 200 Kilometer weiter donauabwärts. Es war klar, dass eine solche Anlage nur mit erheblichen Eingriffen in die Natur, besonders in die sensiblen Auen und Sumpfgebiete, zu realisieren war. Nicht vorauszusehen war unter anderem, inwieweit die Funktion der Auenlandschaft als Wasserspeicher besonders für Budapest beeinträchtigt werden würde und welche Auswirkungen donauaufwärts, nach Österreich hin, eintreten würden.

Im Jahr 1978 liefen die Vorarbeiten an, 1981 begann man mit am Bau des Abschnitts Gabčíkovo zusammen mit dessen nördlichem Teil, dem Speicher von Hrušov. Erst 1988 wurden die Arbeiten bei Nagymaros in Angriff genommen. Wegen technischer Probleme war eine siebenjährige Verzögerung entstanden, die erst durch die Mitwirkung öster-

Die Doppelkammerschleusenanlage in Gabčíkovo

reichischer Baufirmen beendet werden konnte: Österreich hatte bei allem vordergründig betonten Umweltschutz auch großes Interesse, billig an Strom zu gelangen. Im Westen wie im Osten waren Umweltschützer alarmiert. In Ungarn entstand eine erste Umweltschutzbewegung, die mit den Unterschriften von 140 000 Ungarn gegen den Bau protestierte und seine Einstellung forderte. Immer wieder kam es zu Kundgebungen, die 1988 in einer Demonstration von 40 000 Menschen vor dem Parlament in Budapest gipfelten. Der Druck der Bevölkerung veranlasste die ungarische Regierung 1989, noch vor der Wende, zur Einstellung der Baumaßnahmen.

Die tschechoslowakische Regierung ließ dagegen weiterbauen, da man mehr Geld als die ungarische Seite investiert hatte, und ließ zwei Jahre später einen Kanal errichten, der einen Teil des Wassers aus der Mosoni Duna, die von Ungarn her in die Donau mündet, auf slowakisches Territorium umleitete. Am 24. Oktober 1992 wurde unter heftigem Protest Ungarns, das den Vorgang als Grenzverletzung ansah, der neue Kanal geflutet. Die Budapester Regierung forderte die Wiederherstellung des ursprünglichen Zustandes der Donau, demgegenüber bestand die slowakische Ansicht, daß die Ungarn zunächst ihre Verträge von 1977 hätten einhalten sollen, so daß man sich seitens der Slowaken an keine Abmachungen gebunden fühlte.

So ging 1992 das Wasserkraftwerk Gabčíkovo ans Netz, wenn auch in kleineren Ausmaßen als ursprünglich vorgesehen. Die rasche Fertigstellung war für die tschechoslowakische Seite von großer wirtschaftlicher Bedeutung, da man sich mittelfristig von der in ökologischer Hinsicht desaströsen Energiegewinnung aus der nordböhmischen Braunkohle verabschieden wollte.

Der Vertragsbruch Ungarns ist bis heute die Ursache für zahllose Zänkereien zwischen Bratislava und Budapest, wenn sich die Länder offiziell auch zumeist wegen der ungarischen Minderheit in der Slowakei in die Haare kriegen; sogar die EU hat sich bereits mit diesen Streitereien befasst. Die Slowakei klagte 1993 und 1997 vor dem Internationalen Gerichtshof in Den Haag gegen den Vertragsbruch Ungarns und bekam recht. Dagegen erhielt Ungarn recht, als es gegen die neue von den Slowaken initiierte Grenzziehung an der Donau klagte, womit diese nun als als Verlierer dastanden. Zwar konnten die Hauptursachen des Streits gerichtlich beigelegt werden, ein Ende der Auseinandersetzungen ist dennoch nicht abzusehen.

Der Bau hat tatsächlich erhebliche Folgewirkungen ausgelöst. So ist die Auenlandschaft auf gut 30 Kilometer Länge größtenteils verloren. Gleichzeitig aber erscheint die Natur beispielsweise auf der Kleinen Schüttinsel unberührter als je zuvor. Erste Trockenschäden waren schon Ende der 1990er Jahre deutlich geworden. Denn nur noch ein Fünftel der Wassermenge der Donau floss und fließt durch das eigentliche Flussbett, vier Fünftel dagegen durch die Kanäle des Kraftwerks. So sank der Grundwasserspiegel, der sich jedoch in den letzten Jahren wieder in die Nähe des früheren Wertes einpendeln konnte. Ein Gutes mit Sicherheit ist zu vermelden: Die früher so zahlreichen Überschwemmungen sind seitdem ausgeblieben.

Seit 1995 sind acht Turbinensätze mit insgesamt 720 Megawatt Leistung in Betrieb, die über zehn Prozent des gesamten slowakischen Strombedarfs produzieren. Die Staustufe Gabčíkovo hat zwei 275 Meter lange und 34 Meter breite Schleusenkammern, durch die die Schiffe einen Höhenunterschied von 24 Metern überwinden. Zusätzlich entstand nahe Bratislava die Stauanlage Hrušov, die 25 Kilometer lang ist.

Dunajská Streda und die Wassermühlen an der Kleinen Donau

Dunajská Streda (Niedermarkt) ist das administrative, kulturelle und wirtschaftliche Zentrum der Großen Schüttinsel. Der Ort hat 24 000 Einwohner, davon über 20 000 Ungarn, und ist überschaubar. Viel zu sehen gibt es nicht: eine neogotische **Kirche** von 1883 und das sogenannte **Gelbe Schloss**, ein Barockbau, der im 19. Jahrhundert umgestaltet wurde. Darin ist heute das **Schüttinsel-Museum** (Žitnoostrovné muzeum) mit Sammlungen zu Archäologie und Ethnologie untergebracht. Die **Georgskirche** (Kostol sv. Juraja) entstammt der Gotik und ist durch ihre Fresken an der südlichen Außenwand interessant.

Auffällig ist das uneinheitliche Stadtbild, gerade auch im Zentrum. Die Verluste der historischen Substanz sind jedoch nicht kriegsbedingt, vieles ist erst nach 1950 abgerissen worden. Um der Innenstadt ein einigermaßen historisches Aussehen zu geben, hat man im Zentrum deshalb vielen Häusern aus der Nachkriegszeit eine pseudohistorische Fassade vorgesetzt.

In Dunajská Streda gibt es ein sehr schönes **Freiluft-Thermalbad**, das auch Übernachtungsmöglichkeiten bietet. Es liegt im Süden der Stadt unweit der Straße nach Gabčíkovo. Aus fast zwei Kilometern Tiefe sprudelt hier 56 Grad warmes Wasser empor. Gleich daneben befindet sich ein Campingplatz.

■ Die Wassermühlen

Nördlich von Dunajská Streda nähert man sich über die 507 dem Einzugsgebiet der Kleinen Donau. Bei Dunajský Klátov überquert man den Flussarm Klátovské rameno. Entlang dieses Armes sind Auwälder mit Weiden und Pappeln in ihren typischen Formen zu finden.

Überall im Bereich der Schüttinsel wurden Uferwassermühlen errichtet, die so zahlreich wurden, dass sie ganze Mühlenhäfen bildeten. Bereits seit dem 13. Jahrhundert waren solche Mühlen

Die Umgebung von Bratislava

Dunajská Streda ist nicht zuletzt das Einkaufszentrum des Donautieflands

Die Wassermühle in Jelka

bekannt, ihre Blütezeit hatten sie in der Mitte des 19. Jahrhunderts, als allein an der Kleinen Donau 37 derartige Anlagen existierten. Mit dem ansteigenden Schiffsverkehr wurden die am Flussufer verankerten Mühlen zu einem Hindernis. Viele wurden abgebrochen, doch findet man an den Ufern der Kleinen Donau noch einige sehr schön erhaltene.

Fährt man von der kleinen Kreuzung in der Ortsmitte von **Dunajský Klátov** nach Südosten, kommt man nach etwa 800 Metern zu einer gemauerten Mühle, bei der auch das Mühlrad noch original erhalten ist. In **Jahodná**, zwei Kilometer weiter, existiert eine weitere der fünf erhaltenen Wassermühlen der Schüttinsel. Man findet sie, indem man bei der Kirche von der Hauptstraße nach Süden abbiegt.

Fünf Kilometer weiter nördlich liegt **Tomášikovo**, wo die besterhaltene dieser Mühlen steht. Man findet sie etwa einen Kilometer westlich des Ortes direkt an der Kleinen Donau. Noch innerhalb des Ortes, aber nach der Dorfmitte, weist an

einem Strommast ein verwittertes Schild zur ›vodný mlyn‹. Sie ist über hundert Jahre alt und war mit ihrem riesigen Mühlrad von sieben Meter Durchmesser bis 1960 in Betrieb. Heute stellt sie ein technisches Denkmal dar, dem ein kleines Museum angeschlossen ist (geöffnet Di–So 13–17 Uhr).

Die vierte Mühle steht in **Jelka** (zu erreichen über die 503 von Šamorin), etwa zwölf Kilometer nordwestlich von Tomášikovo. Man gelangt zu ihr von der Brücke über die Kleine Donau unmittelbar am südlichen Ortseingang, flussabwärts fahrend. Auch sie ist inzwischen ein Museum (April bis Oktober tgl. 9–20 Uhr, Info 031/7805535) mit angeschlossenem, herrlich touristenfreiem, rustikalem und zudem preisgünstigem Lokal.

Die fünfte der Mühlen kann schwimmen und ist im etwas entfernten **Kolárovo** zu finden, etwa 20 Kilometer nordwestlich von Komárno. Sie ist in ein Freilichtmuseum (slow. mlyn skanzen) integriert, das wiederum Bestandteil einer Sport- und Campinganlage ist. Man erreicht

Karte S. 216

die Mühle, indem man von der Kirche zur Kleinen Donau fährt. Über eine 80 Meter lange überdachte Holzbrücke kommt man auf eine kleine Insel (Mrchovisko) im Mündungsgebiet zwischen Kleiner Donau und Váh, wo sich die ganze Anlage befindet.

■ Die Naturschutzgebiete Čičov und Zlatná na Ostrove

Auf eine besondere Sehenswürdigkeit sei abschließend verwiesen, wenn sie auch von Bratislava schon ein gehöriges Stück entfernt liegt. Bei Čičov, etwa zehn Kilometer südlich von Veľký Meder, sind prächtige Flussauen als Naturschutzgebiet ausgewiesen. In ihnen befindet sich der hufeisenförmige Rest eines abgeschnittenen Donauarms (Čičovské mrtve rameno). Von Medveďov wie von Čičov selbst kann man über den Donauradweg direkt zu ihm

gelangen. Hier findet man eine sehr interessante Flora und Fauna. Unter anderem sind hier Purpurreiher und Große Tauchente heimisch.

Im etwas flussabwärts gelegenen Naturschutzgebiet von Zlatná na Ostrove (etwa acht Kilometer westlich von Komárno) ›Dunajske Luhy‹ lebt eine Population von Großtrappen. Das Ufer des erwähnten toten Armes ist völlig unberührt, durch die Trennung von der Donau ist er zu einem sauberen Süßwassersee geworden. Donauwasser strömt unterirdisch in den etwa einen Kilometer von der Donau entfernten Arm hinein, der maximal 7,5 Meter tief ist. Dieser Abschnitt des Donauradwegs zwischen Medveďov und Veľké Kosihy zählt neben jenem Bereich auf der Kleinen Schüttinsel zum landschaftlich Schönsten in der Auenwälderlandschaft zwischen Bratislava und Komárno.

ℹ Dunajská Streda/Wassermühlen

Stadtverwaltung Senec (Mestský úrad Senec), Mierové nám. 8, 90301 Senec, Tel. 02/20205101, Fax 02/4592 3561, www.senec.sk.

Touristenbüro, Dunajská Streda, Hlavná 50, Tel. 031/5516521, www.dunstreda.eu. Informationen zur gesamten Schüttinsel. Weitere Infos über die Stadt: www.dunstreda.sk (auch auf englisch), zum Thermalpark: www.kupalisko.sk und www.thermalpark.sk.

Penzión Fortune, Kúpeľna 21, 92901 Dunajská Streda, Tel. 031/5511301, www.penzion-fortune.sk. Neue und preiswerte hübsche Pension am Thermalbad; DZ 50 Euro. Mit Restaurant.

Hotel Kormorán, 93101 Šamorín-Čilistov, Tel. 031/5626032, www.hotelkormoran.sk, info@hotelkormoran.

sk. Sehr schön am Donaukanal gelegen, nicht weit von den Auen entfernt; DZ 50–90 Euro.

SĽUK, Balkánska 31, Rusovce, Tel. 0902/805149. Bei einem Ausflug in die südlichen Gefilde Richtung Wassersportareal Čunovo ist es genau das Richtige für eine Einkehr. Das Lokal liegt nahe des Parks von Rusovce und bietet traditionelle slowakische Gerichte sowie Grillspezialitäten an. Im Sommer ist eine überdachte Terrasse geöffnet. Speisen bis ca. 8 Euro, täglich bis 22 Uhr geöffnet.

Rusovská reštaurácia, Balkánska ulica 113, Rusovce. Im Zentrum von Rusovce kann man in diesem Lokal u.a. delikate Fischspezialitäten bekommen. Nach einem Besuch der Römersiedlung Gerulata oder einem Fahrradausflug an der Donau entlang lädt das Lokal zum Ausspannen ein.

Die Umgebung von Bratislava

Restauracia Platan, 92901 Dunajská Streda, Ármina Vámberyho 7. Gutes Restaurant im Zentrum mit slowakischer Küche.

Restaurant und Pension Hóstád, Hlavná 43, 93005 Gabčíkovo, Tel. 031/5594133.

Autokemping Lelkes, Kupeľná, 92901 Dunajská Streda, Tel. 01/5521037. Ganzjährig geöffnet.

ATC Drucamp, Mliečany 1, 92901 Dunajská Streda, Tel. 031/5524091. 15. Mai bis 30. September.

Imkereimuseum (Múzeum včelárstva na Slovensku), 900 50 Kráľ'ova pri Senci, Tel. 33/7798049, www.vcelarskapseka.sk (Webseite funktioniert zur Zeit nicht); April bis Oktober Mo–Fr 9–17, Sa/So 9–13 Uhr.

Schüttinsel-Museum (Žitnoostrovné múzeum), Ul. múzejna 2, 92901 Dunajská Streda, Tel. 031/5522402, Mo–Fr 9–12 u. 13–17, Sa/So 10–12

u. 13–16 Uhr. Auch Sammlungen zu Archäologie und Ethnologie.

Vodný mlyn (Wassermühle), Petöfiho rad. 23, 94603 Kolárovo, Tel./Fax 035/7772045, vodnymlyn@stonline.sk. Von Mai bis Sept. 10–19 Uhr.

Aquapark (Thermal-Wasserwelt), 90301 Senec, Tel. 02/45648021, www.aquathermal.sk; täglich 10–22 Uhr.

Der Bereich der Schüttinsel und des Donautieflands, der im Text vorgestellt ist, wird durch die folgenden grünen Wanderkarten (VKÚ Harmanec Verlag) abgedeckt:

143-Gabčíkovo (rings um das Wasserkraftwerk und seine Kanäle, auch die ungarische Seite).

153-Podunajská Rovina–Diakovce (Region nördlich von Dunajská Streda mit den Wassermühlen).

154-Podunajská Rovina–Veľky Meder (Region um den toten Donauarm).

Karte S. 216

▲ *Ausgeklügelte Radmechanismen übertragen in Jelka die Wasserkraft ins Mühlwerk*

Sprachführer

Aussprachregeln: Ein Akzent über Voka- | Verbindung ck), č ist tsch, č der harte
len betont deren Länge, c wird grund- | und ž der weiche sch-Laut.
sätzlich wie z gesprochen (auch in der

Allgemeines

ja	áno
nein	nie
bitte (auffordernd)	prosím
bitte (anbietend)	nech sa páči
danke	ďakujem
gestern	včera
heute	dnes
morgen	zajtra
Guten Morgen!	Dobré ráno
Guten Tag!	Dobrý deň!
Guten Abend!	Dobrý večer!
Gute Nacht!	Dobrú noc!
Guten Appetit!	Dobrú chuť!
Prosit!, Zum Wohl!	Na zdravie!
Auf Wiedersehen!	Dovidenia!
wo?	kde?
wann?	kedy?
Sprechen Sie deutsch?	Hovoríte po nemecky?
Verstehen Sie?	Rozumiete?
Wieviel kostet das?	Koľko to stojí?
Haben Sie freie Zimmer?	Máte voľné izby?
Wo ist mein Gepäck?	Kde je moja batožina?
Schreiben Sie das auf!	Napíšte to!
Vorsicht!	Pozor!
Hilfe!	Pomoc!

Sohn	syn
Tochter	dcéra
groß	veľký
klein	malý
gut	dobrý
besser	lepší
schlecht	zlý

Zahlen

0	nula
1	jeden
2	dva
3	tri
4	štyri
5	päť
6	šesť
7	sedem
8	osem
9	deväť
10	desať
11	jedenásť
12	dvanásť
13	trinásť
14	štrnásť
20	dvadsať
30	tridsať
100	sto
200	dvesto
300	tristo
756	sedemsto päťdesiat šesť

1000	tisíc
1/2	pol

Orientierung

Tal	dolina, údolie
Berg	vrch, hora
Stein	kameň
Höhle	jaskyňa
Fluss	rieka
Bach	potok
Wasserfall	vodopád
See, Bergsee	jazero, pleso
Stausee	nádrž
Talsperre	priehrada
Brücke	most
Stadt	mesto
Dorf	dedina
Unterkunft	ubytovanie
Weg	cesta
Richtung	smer
Kreuzung	križovatka
Unterkunft	ubytovanie
Reisebüro	cestovná kancelária
Wechselstube	zmenáreň
Postamt	pošta
Apotheke	lekáreň
Krankenhaus	nemocnica
Eingang	vchod
Ausgang	východ
Einstieg	vstup

Ausstieg	výstup
Bahnsteig	perón oder nástupište
Zug	vlak
Schnellzug	rýchlik
links	vľavo
rechts	vpravo
geradeaus	rovno
oben	hore
unten	dole
nah	blízko
weit	d´aleko

Essen und Trinken

Restaurant	reštaurácia
Kneipe	hostinec
Kaffeehaus	kaviareň
Konditorei	cukráreň
Weinstube	vináreň
Bierstube	piváreň
Speisekarte	jedálny lístok
Kaffee	káva
Tee	čaj
Saft	džús
Milch	mlieko
Wein	víno
Bier	pivo
Likör	likér
Brot	chlieb
Hörnchen	rohlík
Gebäck	pečivo
Kartoffeln	zemiaky

Knödel	knedl'a
Suppe	polievka
Fleisch	mäso
Fisch	ryba
Ei	vajíčko
Käse	syr
Obst	ovocie
Gemüse	zelenina
Pilze	huby
warm	teplý
kalt	studený
süß	sladký
sauer	kyslý

In der Donauniederung fühlt man sich an die Amazonassümpfe erinnert

Reisetipps von A bis Z

Allgemeine Informationen

Großes Angebot über die Slowakei, Karten, landeskundliche Publikationen, Stadtpläne, Hotel- und Gastronomienachweise, teilweise kostenfrei, bietet:

Slowakische Zentrale für Tourismus
Vertretung Deutschland
Hildebrandstr. 25
10785 Berlin
Tel. 030/25942640
Fax 25942641
tourismus@botschaft-slowakei.de
www.slovakia.travel.

Das offizielle staatliche Reisebüro der Slowakei kann bei allen Buchungen unterstützen und organisiert alle möglichen Touren und Unterkünfte im Land (eigener Anreise):

SATUR
Karl-Marx-Allee 136
10243 Berlin
Tel. 030/4294113, Fax 4274756
www.satur-reisen.de
satur@satur-reisen.de.

Angeln

Zwischen der Alten Brücke in Bratislava und der Stauanlage von Hrušov bestehen an der Donau ideale Angelmöglichkeiten. Es gibt etwa 70 Fischarten. Natürlich ist der Besitz eines Angelscheins bzw. einer sogenannten Gastbewilligung Voraussetzung. Man bekommt ihn bei den jeweiligen Tourismusämtern oder Gemeindeverwaltungen für etwa 50 Euro (Gültigkeit eine Woche). An der Morava ist das Angeln nicht erlaubt.

Anreise mit dem Auto

Deutsche Besucher reisen, wenn sie aus Nord- und Mitteldeutschland kommen, via Dresden, Prag und Brno über die slowakische Autobahn D2 oder die Staatsstraße 2 in die Stadt ein. Von Berlin sind es 670 Kilometer nach Bratislava, bis auf ein kleines Stück im nordböhmischen Elbtal bei Usti n.L., wo die neue Autobahn Dresden–Prag noch nicht fertiggestellt ist, kann die Strecke ausschließlich auf Autobahnen zurückgelegt werden.

Reisende aus Süddeutschland und Österreich kommen via Wien über die österreichische Staatsstraße 9 (E 58) über Hainburg und den Grenzübergang Berg-Petržalka in die Stadt, die keine vier Kilometer hinter der Grenze liegt. Es ist auch möglich, über die österreichische 50 über den Grenzübergang Kittsee-Jarovce einzureisen oder über die Autobahn A 4 Wien – Budapest zu fahren. Benutzt man diese, verlässt man am Knoten Bruckneudorf diese Route und nimmt dann die Richtung Bratislava auf. Bei beiden Möglichkeiten fährt man über die slowakische Autobahn D2 von Süden her in die Stadt.

Anreise mit der Eisenbahn

Von Hamburg sowie Berlin, Dresden und Prag gibt es direkte Eisenbahnverbindungen mit der slowakischen Hauptstadt. Für aus Norddeutschland Kommende ist dies ohne Umsteigen sehr bequem. Der EC 175 Jan Jesenius verlässt Hamburg-Altona um 8.14 Uhr und erreicht Bratislava (über Berlin) um 19.51; der EC 171 Hungaria (nach Budapest) fährt ab Berlin-Hbf. (Abfahrt 06.46) und kommt 15.48 Uhr in Bratislava an. Der EN 477 Metropol (Nachtzug) verlässt Berlin-Hbf. um 18.22 Uhr und erreicht Bratislava um 5.36 Uhr am anderen Morgen.

Vom Hauptbahnhof gelangt man mit den Bussen 81, 83 und 93 und der Straßenbahnlinie 1 in die Innenstadt.

Wer aus Süddeutschland bzw. von München fahren will, muss mindestens einmal umsteigen. Am unkompliziertesten (einmaliges Umsteigen in Wien) ist deshalb für Reisende aus Süddeutschland die folgende Verbindung: Abfahrt München-Hbf. 9.34 Uhr, Ankunft Wien-Meidling 14.00 Uhr, Abfahrt Wien-Meidling 14.51 Uhr, Ankunft Bratislava-Petržalka 16.00 Uhr.

Jeweils 6 Züge tgl. von Prag, 15 tgl. von Wien vom Südbahnhof (die Linie wird liebevoll BratisLover genannt, Fahrdauer etwa 70 min, fast jede Stunde, Fahrradmitnahme möglich) über den ehemaligen Grenzbahnhof Marchegg zum Hauptbahnhof. Andere Linien, die über Hainburg und Kittsee fahren, enden am Bahnhof Petržalka (von dort erreicht man mit dem Bus Nr. 82 das historische Zentrum). Es gibt dabei ein besonderes EURegio-Ticket Slowakei bzw. Bratislava-Ticket. Es kostet als Tagesticket 15 €, wobei man so oft hin und her fahren kann bzw. unterbrechen, wie man will. Weitere Auskünfte unter www.bahn.de bzw. Tel. 11861 (in Deutschland) und unter www.oebb.at. Die Slowakischen Bahnen informieren unter www.zsr.sk und (vom Ausland) unter der Telefonnummer 00421/18188. Auch auf www.travelguide.sk finden sich Angaben zum Eisenbahn- und auch Busverkehr.

Anreise mit dem Flugzeug

Der Flughafen M.R. Štefánik befindet sich etwa neun Kilometer östlich des Bratislavaer Zentrums; Tel. 02/33033353 (zentrales Informationsbüro), www.airportbratislava.sk, www.letiskobratislava.sk, information@airportbratislava.sk. Direktverbindungen bestehen derzeit für den deutschsprachigen Raum nur mit Basel-Mulhouse-Freiburg. Wegen der geringen Distanz gibt es keine direkten Flugverbindungen nach Wien, die Verbindung nach Berlin wurde leider wieder eingestellt. Alle direkten Verbindungen findet man unter www.letiskobratislava.sk/35.html.

Vom Flughafen Bratislava gelangt man mit dem Bus 61 direkt in die Innenstadt. Diese Linie endet am Hauptbahnhof. Der ebenfalls am Flughafen abfahrende Bus 96 fährt nach Petržalka.

www.airberlin.com gibt Auskunft über Flüge aus Berlin von und nach Wien, allgemeine Auskünfte über die nationale Fluglinie Slovak Airlines gibt es unter www.slovakairlines.com.

Anreise mit dem Linienbus

Von Wien verkehren zehnmal täglich von der Erdbergstraße 200a im dritten Bezirk (Internationaler Busbahnhof Wien) Busse der Eurolines Austria bzw. der Blaguss Slovakia nach Bratislava und zurück. Sie fahren über den Flughafen Schwechat. Auf slowakischem Gebiet hält er in Petržalka, an der Nový Most und am Flughafen von Bratislava. Die Fahrzeit beträgt vom Busbahnhof bis Bratislava Nový Most genau eine Stunde, bis zum Flughafen Bratislava 75 Min. Sitzplatzreservierung erforderlich! Informationen, Fahrpläne und Reservierung: Eurolines Austria, Erdbergstraße 202, 1030 Wien, Tel. 0043/1/7982900, info@eurolines.at, www.eurolines.at, www.eurolines.sk.

Auch von 20 deutschen Städten fahren Eurolines-Busse nach Bratislava: www.eurolines.de. Weitere Auskünfte und Buchungsmöglichkeiten kann man auch von der Deutschen Touring Gesellschaft Frankfurt bekommen; Telefon 069/7903509, www.deutsche-touring.com. Über die Busverbindungen Bratislavas mit anderen slowakischen Städten gibt www.cp.sk Auskunft. Der zentrale

Omnibusbahnhof (Tel. 900/211312, 972/222222 bzw. 900/211222 und 55422734; Info-Assistent 12111) für den innerstaatlichen Überlandverkehr befindet sich etwas östlich der Innenstadt an der Mlynské Nivy 31. Vom zentralen Omnibusbahnhof kommt man mit dem Trolleybussen 202, 205, 208 und dem ›gewöhnlichen‹ Bus 70 zur historischen Altstadt. www.eurolines.sk, www.cp.sk und www.slovaklines.sk informieren allgemein über den slowakischen Busverkehr.

Anreise mit dem Schiff

Seit Sommer 2006 besteht zwischen Bratislava und Wien eine Direktverbindung mit einem Katamaran der Firma Twin City Liner. 5 Verbindungen täglich, die Fahrt dauert jeweils 60 Minuten. Die Abfahrt und Ankunft erfolgen in Wien am Schwedenplatz (für Rollstuhlfahrer die Rampe an der Marienbrücke), in Bratislava am Fajnorovo nábr. gleich hinter dem Nationalmuseum am Donauufer. Kinder bis zwei Jahren sind gratis, Kinder bis 12 Jahre fahren mit 50 Prozent Rabatt. Hunde (mit Maulkorb, Leine und Impfpass) sind kostenfrei, Fahrräder kosten einen Aufpreis von 7 € pro Strecke, eine Sitzplatzreservierung 3 €. Für Fahrräder und Rollstühle ist eine Voranmeldung unbedingt erforderlich. Doch wird auch nichtbehinderten Reisenden in der Saison die Voranmeldung empfohlen. Behindertengerechte Ausstattung. Buchung auch online möglich. Infos in Österreich: **Central Danube**, 1020 Wien, Tel. 0043/1/72710-212/-137, www.ddsg-blue-danube.at, www.twincityliner.com. Infos in Bratislava: **Flora Tour & Travel**, Twin City Liner, Medená 13, Tel. 54410235, www.twincityliner.com und www.floratour.sk.

Blue Danube Tours Bratislava, Vajanského nábr. 7, 81102 Bratislava, ist die größte der Schiffahrtsgesellschaften auf dieser Route, Tel. 52920886, Fax 52920890, www.bluedanubetours.sk. Eine Schiffslinie betreibt auch die Firma **LOD**, Fajnorovo nábr. 2, Tel. 02/52963518 bzw. 52932226, passen ger@pap.sk, www.lod.sk. Websites anderer Schiffsunternehmen: www.spap.sk bzw. www.pad.sk. Weitere allgemeine Informationen gibt es unter www.danube-river.org.

Autoverkehr und Autobahngebühren

Fahrzeugschein sowie die Grüne Versicherungskarte sind stets mitzuführen. Bei der Benutzung eines fremden Wagens sollte eine Vollmacht des Halters ebenso mitgenommen werden. Es gilt absolutes Alkoholverbot, man fährt ganzjährig und ganztägig mit Licht. Vor Bahnübergängen gilt auf den letzten 30 Metern eine Höchstgeschwindigkeit von 30 km/h. Die Höchstgeschwindigkeiten sind für Personenwagen in geschlossenen Ortschaften 60 km/h, außerhalb 90 km/h und auf Autobahnen 130 km/h. Motorräder dürfen auf Autobahnen inzwischen auch 130 km/h fahren. Fast alle Autobahnen und Schnellstraßen sind gebührenpflichtig. Preise für die Vignette: 10 Tage/10 Euro, 1 Monat/14 Euro, 1 Jahr/50 Euro. Die Vignetten sind teilweise auch außerhalb der Staatsgrenze an Autobahntankstellen der Nachbarländer erhältlich. In der Slowakei bekommt man sie allen Tankstellen wie auch Postämtern. Wird man auf der Autobahn ohne Vignette erwischt, werden etwa 200–500 € Strafe fällig, Fahrzeuge über 3,5 Tonnen zahlen bis 1660 €. Informationen über die slowa-

Unverkennbar: die Apotheke Zum Roten Krebs in der Bratislavaer Altstadt

kischen Autobahnen gibt es unter www. highways.sk.

Kraftstoff ist als Diesel (Nafta) und bleifrei (Super, Natural) überall erhältlich, da es ein dichtes Tankstellennetz gibt. Diesel ist teurer als in Deutschland, da er sehr stark besteuert ist.

Baden und Schwimmen

Die Donau empfiehlt sich wegen der Strömung und wegen möglicher Verschmutzung nicht zum Baden. Die Morava wäre besser geeignet, doch ist sie Grenzfluss zu Österreich und deswegen auch nicht zu empfehlen.

Im Bratislaver Stadtteil Nové Mesto gibt es auf dem alten Ziegelfeld in der Junácka 4 das **Pasienky-Hallenbad** (tgl. 7–21 Uhr) und in Dúbravka das **Freibad Rosnička** (M. Schneidra-Trnavského 2); Juni bis August tgl. 10–19 Uhr. Ebenfalls im Stadtteil Nové Mesto gibt es am **Štrkovecké jazero** (Štrkovecer See) Bademöglichkeiten (Zufahrt und Parkplatz an der Drieňová ul.).

Knapp 20 Kilometer östlich von Bratislava gibt es in rund um Senec eine große Anzahl aufgelassener und miteinander verbundener Kiesgruben, die **Senecer Sonnenseen** (Slnečné jazerá), wo zusammen mit Campingplatz und Thermalanlage ein großartiges Paradies für Wasserfreunde geschaffen wurde. Senec erreicht man ostwärts über die Autobahn D1 Richtung Žilina oder über die Staatsstraße 61. Die Seen liegen am Ostrand der Stadt und sind vorzüglich ausgeschildert.

Unter www.swim.sk ausführliche Informationen über Bäder und Schwimm-Möglichkeiten in der Slowakei.

Botschaften und Konsulate

Botschaft der Bundesrepublik Deutschland

Hviezdoslavovo nám. 10
81303 Bratislava
Tel. 00421/2/59204400
Bereitschafts-Tel. 00421/903/444633
public@germanembassy.sk
www.germanembassy.sk.

Botschaft der Republik Österreich

Ventúrska 10
81101 Bratislava

Tel. 00421/2/59301500
Fax 54432486
pressburg-ob@bmaa.gv.at
www.embassyaustria.sk.
Botschaft der Schweiz
Tolsteho ul. 9
81806 Bratislava
Tel. 00421/2/59301111
Fax 59301100
www.eda.admin.ch/bratislava.
► Auslandsvertretungen der Sowakei:
Botschaft der Slowakei
Friedrichstr. 60
10117 Berlin
Tel. 030/88926200, Fax 88926222
www.botschaft-slowakei.de.
Botschaft der Slowakei
Armbrustergasse 24
1190 Wien
Tel. 0043/1/318905520-0
Fax 3189055208
slovakembassy@vienna.mfa.sk
www.vienna.mfa.sk.
Botschaft der Slowakei
Thunstr. 63
3074 Muri bei Bern
Tel. 0041/31/3563930
www.mzv.sk/bern.

Campingplätze

Adressen und Hinweise zu einzelnen Campingplätzen findet man im Reiseteil dieses Buches. Offiziell ist außerhalb von Campingplätzen das Übernachten in Wohnmobilen, Zelten oder im Auto nicht zulässig. Karten mit allen Campingplätzen gibt es im Land an fast jeder Tankstelle und im Buchhandel.

Einreisebestimmungen

Seit dem Beitritt der Slowakei zur EU benötigen EU-Bürger nur noch ihren Personalausweis, bei Einreise mit dem eigenen Auto sind Führerschein, Fahrzeugschein und die Grüne Versicherungs-

karte erforderlich. Hunde und Katzen benötigen einen EU-Heimtierausweis. Sie müssen zusätzlich mit einen Mikrochip oder einer Tätowierung gekennzeichnet sein. Bestimmte Impfungen für Tiere sind obligat. Weitere Auskünfte erteilt u.a. die Konsularabteilung der Slowakischen Republik in Berlin unter 030/8892620 und die Botschaft der Slowakischen Republik in Österreich unter Tel. 01/318905520-0.

Elektrizität

Keine Adapter nötig, 220 V Spannung bei 50 Hz.

Geld und Zahlungsmittel

Die Währung im Land ist der Euro. Fast alle Geschäfte und Restaurants akzeptieren Kreditkarten sowie EC-Karten.

Notruf

Feuerwehr: Tel. 150 oder 112 aus allen Netzen ohne Vorwahl, **Notarzt:** 155 oder 112 Notarzt Rettung (112 aus allen Netzen ohne Vorwahl). **Polizei**: 158, **Bergrettung**: 18300.

Pannendienst

Über die Notrufnummer des ADAC – 0049/89/222222 – erhält man in der Slowakei durch den Partnerclub die nötige Unterstützung. Den österreichischen ÖAMTC erreicht man unter 0043/1/2512000. Partnerclub des ADAC in der Slowakei:
Slovenský Autotourist Club (SATC)
Račianska 71
Tel. 02/44456860
www.satc.sk (auch auf englisch)
satc@autoklub.sk.

Reiseveranstalter
Natrix
Česka 17

83103 Bratislava
Tel. (österreich. Büro): 0043/664/16
222 58
www.natrix.sk/de.
Reiseveranstalter, spezialisiert auf Öko-
tourismus in der Slowakei, außerdem
verkauft man kunsthandwerkliche Sou-
venirs u.ä. aus der Slowakei.

Sicherheit

Bratislava besitzt wie die gesamte Slowakei, manchen Gerüchten zum Trotz,
einen guten Sicherheitsstandard. Besitzer qualitativ hochwertiger Kraftfahrzeuge sollten jedoch auf bewachten
Parkplätzen oder in Parkhäusern ihr
Fahrzeug abstellen.
Nächtliche Spaziergänge durch die Innenstadt und selbst in den Außenbezir-
ken wie Petržalka können ohne Beden-
ken unternommen werden.
Einen eventuellen Diebstahl oder den
Verlust von Auto- oder Reisedoku-
menten meldet man der **Ausländerpoli-
zei**: Sasinková ul. 23, Tel. 09610/11111.
Nicht weit vom Americké nám, östlich
des Zentrums.

Sport

www.sportslovakia.sk informiert umfassend über das sportliche Leben des
Landes.

Sprache

Slowakisch ist eine eigenständige slawische Sprache und keineswegs nur ein
Dialekt des Tschechischen, wie bisweilen vermutet wird. Das erkennt man
schon daran, dass es beispielsweise im
Slowakischen ein ›ä‹ gibt, das das Tschechische nicht kennt. Auch weiche Kon-
sonanten, wie sie sich unter anderem in
einer Schreibweise wie Ľudovit (gesprochen etwa Ljudovit) manifestieren, zeigen diesen Unterschied.

In Bratislava kommt man mit Deutsch
und Englisch überall zurecht, in den
mittleren und besonders in den östlichen Landesteilen, abseits der großen
Touristenzentren, helfen fast nur die
Kenntnisse des Slowakischen.

Telefonieren

Vorwahl für die Slowakei aus dem Ausland: 00421. Die im vorliegenden Buch
angegebenen Telefonnummern beziehen sich im allgemeinen auf ein Anwäh-
len aus der Slowakei (aus slowakischen
Netzen) und tragen deshalb vor der jeweiligen Ortsvorwahl eine ›0‹. Für An-
rufe aus Deutschland lässt man diese
Null weg, so dass man für einen Anruf
bei einem Teilnehmer beispielsweise in
Bratislava 00421/2/(Nummer des Teil-
nehmers) zu wählen hat. Dementsprechend verfährt man bei anderen Orts-
vorwahlen oder bei slowakischen
Mobiltelefonen, die meist eine Vorwahl
besitzen, deren erste Ziffern 09 lauten.
Ein slowakisches Mobiltelefon ruft man
also aus Deutschland wie folgt an:
00421/9xx-/(Nummer des Teilneh-
mers), aus der Slowakei mit deutschem
Handy genauso.

Zollbestimmungen

Der Warenverkehr mit dem EU-Land
Slowakei wird nicht mehr kontrolliert.
Für steuerpflichtige Güter gibt es jedoch
Richtmengen, die nicht überschritten
werden dürfen. Alkohol: 10 Liter (über
22 Vol-%), 20 Liter (unter 22 Vol.-%),
Wein 90 Liter, Bier 110 Liter. Tabak:
800 Zigaretten.
Antiquitäten aus der Zeit vor 1945 benötigen offiziell eine Ausfuhrgenehmi-
gung.

Reisetipps von A bis Z

Literaturhinweise

Benyovszky, Karl, Spaziergang durch Alt-Preßburg, Albert Marenčin Verlag, Bratislava 2002 (www.marencin.sk). Nachdruck der Ausgabe von 1937, erschienen in der Verlagsbuchhandlung Siegmund Steiner. Der 1886 in Preßburg geborene und 1962 in Aussee gestorbene Journalist und Chefredakteur der ›Preßburger Zeitung‹ schildert diesem Buch anhand alter Archivaufzeichnungen das mittelalterliche und barocke Preßburg.

Benyovszky, Karl und **Grünfeld, Josef**, Preßburger Ghettobilder, Albert Marenčin Verlag, Bratislava 2002. Nachdruck der Ausgabe aus den 1920er Jahren. Wie das obige Werk ist auch dieses eine hochinteressante kulturhistorische Plauderei aus einer untergegangenen Welt.

Blackwood, Algernon, Die Weiden. In: Das leere Haus, Frankurt a. M. 1979. Eine grandiose Erzählung, in der eine von dämonischen Kräften beseelte Natur menschliche Eindringlinge bekämpft.

Grieser, Dietmar, Der Onkel aus Preßburg. Auf österreichischen Spuren durch die Slowakei, Amalthea Verlag Wien 2009. Lesebuch, das ein guter Reisebegleiter sein kann. Die Fülle unterhaltsamer kulturgeschichtlicher Plaudereien wird ergänzt durch Biographien bedeutender altösterreichischer Persönlichkeiten, die auf dem Gebiet der späteren Slowakei wirkten.

Lacika, Ján, Mit dem Rucksack durch die Slowakei – Rund um Bratislava, Dajama Verlag Bratislava 2001 (hg. v. Daniel Kollár). Ein kleines Taschenbuch aus einer Reihe gleichartiger Wanderbücher, das detailliert 50 reizvolle Tages- und Halbtages-Fußwanderungen in der näheren Umgebung Bratislavas und in den Kleinen Karpaten beschreibt. Unverzichtbar und auch in Deutschland erhältlich.

Hilfsbund Karpatendeutscher Katholiken (Hg.), Preßburg, Bratislava, Pozsony, Posonium, Istropolis. Lebendige Stadt am Donaustrom. Zusammengestellt von Theodor Deters, Stuttgart 2006. Eine sehr interessante Zusammenstellung älterer und alter Texte über die Stadt, unter Betonung des deutschen Anteils ihrer Geschichte.

Trančik, Martin, Zwischen Alt- und Neuland. Die Geschichte der Buchhändlerfamilie Steiner in Preßburg, Albert Marenčin Verlag Bratislava 1996 (www.marencin.sk). Im deutschen Sortimentsbuchhandel nicht erhältlich, in Bratislava aber stets in der Buchhandlung Steiner (Ventúrska 20) vorrätig bzw. über den Verlag bestellbar.

Sako Hoess, Renata und **Hackermüller, Rotraut**: Bratislava, Wieser Verlag Klagenfurt 2001 (Reihe Europa erlesen). Preßburg-Bratislava im Spiegel der nationalen und der Weltliteratur. Ein Kompendium von Prosa und Lyrik slowakischer wie internationaler Schriftsteller und Dichter aus drei Jahrhunderten.

Bratislava und seine Umgebung im Internet

www.bratislava.sk
Offizielle Seite Bratislavas. Umfassende Informationen, u. a. zu Verkehr, Unterkunft, Lokalen und Freizeitangeboten.

www.slovakia.travel
Seite der Slowakischen Zentrale für Tourismus. Vielleicht das Vollständigste, was es über Land und Leute gibt.

www.slowakei-net.de
Nichtkommerzielle Seite. Hunderte Links zu allen wichtigen slowakischen Behörden, Freizeiteinrichtungen, Bräuchen etc.

www.bratislavskykraj.sk und **www.region-bsk.eu**
Allgemeine, umfassende Informationen zur Region Bratislava. Verwaltung, Kultur, Tourismus; insbesondere viele Angaben zu Übernachtungsmöglichkeiten.

www.snm.sk
Die slowakischen Nationalmuseen im Überblick mit aktuellen Infos.

www.travelguide.sk
Plattform für Unterkunftsbuchungen für das ganze Land.

www.weltweit-urlaub.de/slowakei
Umfangreiche Informationen zu Hotels, Ferienwohnungen, Mietwagen, Freizeitparks, Wintersport und vielem anderen mehr in allen Regionen des Landes.

www.slowakei-abc.com
Kommerzielle, dabei umfassende Seite eines deutschen Tourismus-Marketing-Unternehmens.

www.meteo.sk
Wetterinformationen für alle slowakischen Orte. Leider nur in slowakischer Sprache, dennoch verständlich.

Der Autor

Gunnar Strunz, Jahrgang 1961, ist promovierter Geologe und Lehrbeauftragter an der FU Berlin für Mineralogie. Daneben leitet er Studienreisen nach Böhmen, Mähren, die Slowakei, nach Polen, ins Kaliningrader Gebiet und ins Baltikum. Im Trescher Verlag sind außerdem seine Reiseführer ›Königsberg-Kaliningrader Gebiet‹, ›Steiermark‹ und ›Niederösterreich‹ erschienen. Zusammen mit dem renommierten Fotografen Wolfgang Korall veröffentlichte er des weiteren Bildbände über Ostpreußen und die Burgen des Deutschen Ordens. Gunnar Strunz lebt in Berlin, Feilitzsch bei Hof (Oberfranken) und in Kaliningrad.

Danksagung

Besonderer Dank sei Ingrid Sorat von der Slowakischen Zentrale für Tourismus in Berlin ausgesprochen, die mir bei der Erstellung dieses Buches unermüdlich zur Seite stand. Ebenso Dank an die Städtische Touristenbehörde in Bratislava und die Geschäftsführung des Hotels Park Inn, die in großzügiger Weise einen Aufenthalt in Bratislava unterstützt haben. Dank geht auch an Marián Bilačič, dessen Detail- und Geschichtskenntnisse der Stadt Bratislava bereichernd in die Dartellung einflossen. Nicht zuletzt sei den Leitern des Kleinkarpatischen Kulturvereins und der Kleinkarpatischen Weinstraße und den Tourismusbeauftragten der Stadt Trnava Dank ausgesprochen.

Anhang

Ortsregister

Ortsregister Umland

Personen- und Sachregister

Bildnachweis

Trescher Verlag GmbH
Reinhardtstraße 9
10117 Berlin
Telefon 030/283 24 96

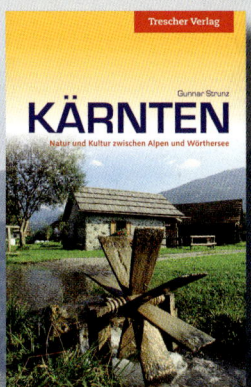

Kartenlegende

Autofähre		Ruine/Ausgrabungsstätte	
Bahnhof		Synagoge	
Bank		Sehenswürdigkeit	
Bar		Theater	
Brunnen		Tor	
Burg/Festung		Touristeninformation	
Busbahnhof		Turm	
Campingplatz			
Denkmal			
Dorfkirche		Autobahn	
Flughafen		Autobahn im Bau	
Hafen		sonstige Straßen	
Höhle		243 Straßennummern	
Hotel		Eisenbahn	
Internetcafé		Grenzübergang	
Kirche		Staatsgrenze	
Kloster		Hauptstadt	
Museum		Stadt/Ortschaft	
Post			
Restaurant			

Kartenregister